1　唐獅子図屛風（狩野永徳筆）

この「唐獅子図屛風」は、織田信長の安土城や豊臣秀吉の聚楽第・大坂城などの障壁画を制作した狩野永徳の代表作である。安土桃山時代には、この屛風のように、極彩色と金箔・銀箔を併用して力強い雄大な構図で描く濃絵《だみえ》とよばれる障壁画が隆盛した。なお、この屛風は、明治期になって毛利家より献上されて御物《ぎょぶつ》となった。

2　大坂夏の陣図屛風

元和元年（1615）年５月、大坂夏の陣の戦いによって、豊臣家は滅亡した。６曲１隻から成るこの屛風では、第５・６扇に大坂城の様子が描かれ、５扇からは豊臣秀頼の陣の様子がうかがえる。場外では戦闘が行われており、殺戮の場面も描き込まれている。長谷川等意の制作だが、長谷川等伯の一門であること以外は不詳。

3　世界図

（「四都図・世界図」より）

この「世界図」はリスボン・セビリア・ローマ・イスタンブールを描いた「四都図」と一対になっており、桃山時代～近世初期に描かれたものと考えられる。当時の日本における海外への志向を反映している。

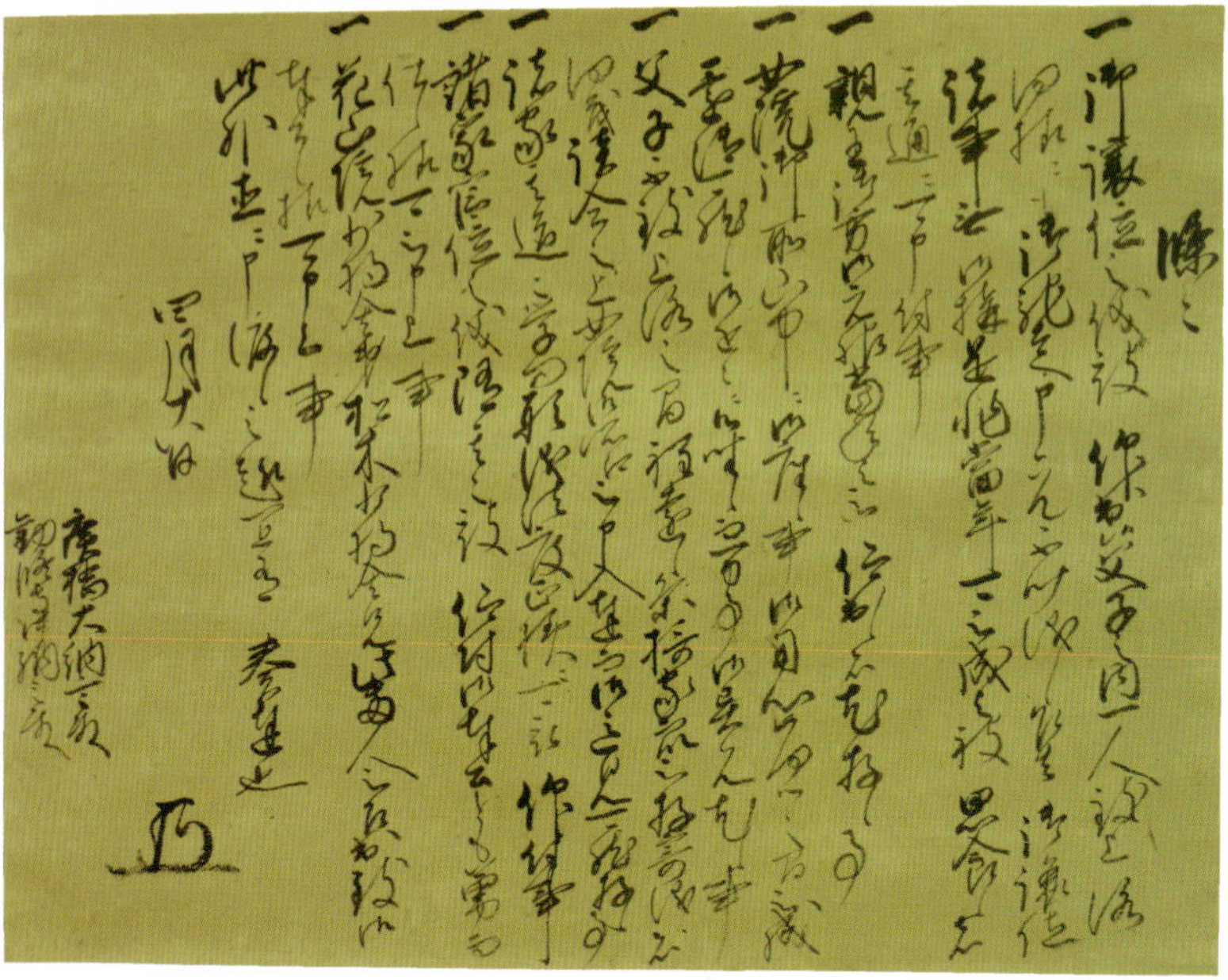

4　徳川家康条々（勧修寺家文書）

慶長15年（1610）4月、家康が駿府に下った勅使の広橋兼勝《ひろはしかねかつ》と勧修寺光豊《かじゅうじみつとよ》とに宛て、後陽成《ごようぜい》天皇の譲位、親王の元服時などを天皇に披露するよう指示したもの。従来は、近衛信尹《このえのぶただ》の日記『三藐院記《さんみゃくいんき》』に写し採られたものが利用されてきたが、これはその原本である。

天下人の時代

日本近世の歴史1

藤井讓治

吉川弘文館

目次

図版目次

〔口絵〕

〔挿図〕

近世の政治を描く—プロローグ

日本の近世は、どのような道筋を経て生まれ、その後どのように展開し、そして近代を迎えたのだろうか。本シリーズは、政治の流れを描くことで、これに応えようとするものである。

政治を描く

近世政治史の基礎知識は、高等学校の日本史教科書が多くは前提となっており、そこからなかなか抜け出せないでいる。しかし、この半世紀の間に近世政治史研究は、その時々の現代的課題に答えながら多様に展開してきた。その結果、多くの新しい事実の発見はもとより、新たな歴史の捉え方が提示されてきた。にもかかわらず、そうした成果が、一般の人びとや学生たちだけでなく、近世の社会史や文化史等の分野、また他時代を研究する人たちにも共有されたものとはなっていない。さらにいえば、近世政治史を研究する人たちでさえ必ずしもそれを捉え切れていないように思われる。

近世政治史研究のこれまでの展開と現状とを概観しておこう。まず、織豊《しょくほう》政権期から江戸幕府成立期の政治史研究においては、朝尾直弘氏が、武家権力と一向一揆《いっこういっき》を代表とする一揆との相克、そして武家がそれに勝利する過程のなかに、近世の政治権力の核となる将軍権力の創出を見出し、これまでの戦国大名の勢力争いのなかから統一政権が生まれたとする見方を転換させた。また藤木久志氏は、豊臣《とよとみ》政権の歴史的役割を惣無事令《そうぶじれい》の提唱によって特質づけた。この惣無事令は、高等学校の教科書にも記されるようになり、定説ともいえるものとなっている。しかし、この藤木氏の惣無事令については、近年、氏が根拠とした史料の年代推定またその解釈の不備が指摘され、それによって惣無事令の権限が関白《かんぱく》となることで秀吉が手にしたとする氏の立論も崩れ、多くの支持をえた惣無事論もいまやそのままでは成り立たなくなった。それゆえに、再度、豊臣政権期の政治のあり方、その特質を新たに提示することがいま求められている。

江戸時代前期の政治史研究は、江戸幕府日記や大名家史料など一次史料が利用されるようになり大きな進展をみせている。たとえば徳川家の代替《だいが》わりは、将軍宣下《せんげ》によってなされるのではなく、天下人の死を契機に、大名たちとの緊張関係のなかで新たな天下人として確認されることでなされるのであり、将軍職を譲ってのちも大御所《おおごしょ》となったものが領知宛行権《りょうちあてがいけん》・軍事指揮権を掌握し続けたことなどが明らかとされてきている。

本巻の直接の対象ではないが、近世を特質づける鎖国《さこく》は、一九五〇年代末まで日本の近代化をめぐってその特質が論じられてきたが、六〇年代以降、鎖国そのものの意味を時代に即して捉える方向に向かい、さらにその歴史的意味を一六世紀後半から一七世紀前半の東アジア世界の大変動のなかで理解するようになってきた。さらに八〇年代以降は、鎖国を日本に特殊な政策とみるのではなく、中国の海禁《かいきん》政策との類似性に注目し、東アジア世界のなかで位置づけようとする動向がみられるようになった。

第二次世界大戦後、近世の天皇は、戦前の天皇制への反動もあってながく研究の対象とはならなかった。しかし、一九六五年に始まる家永教科書裁判を大きな契機として、近世という時代における天皇をどのように位置づけ評価するかが問われるようになり、多くの研究が現在まで積み重ねられてきている。この点も、このシリーズで大きく取り上げられる論点であろう。

政治史叙述で定番となってきた三大改革については、その歴史的段階に応じた評価が求められている。一八世紀半ば、全国市場の形成とロシアを初発とする対外的インパクトとによってそれまでの幕《ばく》藩制《はんせい》国家が体制的危機を迎える寛政《かんせい》期を前にした宝暦・天明期、政権でいえば田沼時代が注目され、その後の政治過程もその流れの中で再定置されてきている。

開国については、一八五二年のペリー来航から捉えるのではなく、ロシアの進出とその脅威のもとで幕府内で「鎖国」が祖法《そほう》として明確化され、さらにそれが「国法」として提示されたことで、その後の対外政策の枠組を規定し、その流れのなかで「開国」が位置づけられようとしている。

大政委任論《たいせいいにんろん》についても、松平定信《まつだいらさだのぶ》が日本の国土と人民は天皇より将軍に預けられたものと述べ、一八世紀の末には幕府内で共有される認識となったこと、そしてその背景には将軍権威を立て直そうとする幕府の意図があったことが明らかにされ、その後の政治過程もこの点を踏まえて描き始められている。

以上をもって近世政治史研究の現状を言い尽くせたわけではないが、本シリーズは、こうした政治史研究の蓄積や展開を踏まえて、それらを基礎に改めて時系列的に叙述することで、政治の流れをより深く理解し、またそれらが異なる視角からの諸研究に生かされていくことを願っている。

天下人

本巻は、その第一冊目であり、日本の近世が生み出される過程を、それぞれの段階で政治の中心にいた人物、天下人《てんかびと》と目された人物、具体的には織田信長《おだのぶなが》、豊臣秀吉《とよとみひでよし》、徳《とく》川家康《がわいえやす》、そして家康の跡を継いだ秀忠《ひでただ》に視点をあてて描いていく。

まず、彼らのプロフィールを紹介しておこう。織田信長は、天文《てんぶん》三年（一五三四）、守護代《しゅごだい》織田信秀《のぶひで》の子として尾張《おわり》に生まれ、一七歳で家督《かとく》を継ぎ、尾張ついで美濃《みの》を攻略、その直後に「天下布武《ふぶ》」の印章を用い、永禄《えいろく》一一年（一五六八）、一五代将軍となる足利義昭《あしかがよしあき》を奉じて上洛、その後はつねに政治の中心にあり、義昭を追放し室町幕府を倒壊させたあと、安土《あづち》に居城を移し、本格的に天下一統を進めた。しかし、天正《てんしょう》一〇年（一五八二）、家臣の明智光秀《あけちみつひで》の謀反《むほん》により本能寺《ほんのうじ》で死去した。享年四九である。

信長の跡《あと》を受けた豊臣秀吉は、信長より三年遅れた天文六年（天文五年との説もある）、尾張の足軽《あしがる》の子として生まれ、信長に出会い、その努力と機知によって、信長の有力武将となり、信長亡きあと、織田氏の老臣間の争いを勝ち抜き、天正一三年には関白《かんぱく》、ついで太政大臣《だいじょうだいじん》にまで上り詰め、天正一八年には陸奥《むつ》会津に出向くことで天下一統を成し遂げ、ついで「唐入《からい》り」を掲げて朝鮮に出兵するが、その夢は敢《あ》えなく潰《つい》え、慶長《けいちょう》三年（一五九八）、伏見《ふしみ》城に六二年の生涯を閉じた。

徳川家康は、秀吉に遅れること五年、天文一一年に尾張の隣国三河《みかわ》に松平広忠《まつだいらひろただ》の子として生まれた。幼くして今川《いまがわ》氏の人質となるが、桶狭間《おけはざま》の戦いのあと三河岡崎に戻り、戦国大名として出発し、信長と同盟関係を築き、着実に地歩を固めていく。その後、秀吉に対抗するが、天正一四年には秀吉に臣従し、豊臣政権のもとで重きをなし、秀吉の死後、関ヶ《せきが》原《はら》の戦いで勝利することで事実上天下を掌握し、慶長八年には将軍宣下《せんげ》をうけ、江戸に幕府を開き、慶長二〇年大坂夏の陣で豊臣氏を滅ぼし、徳川の天下を確固たるものとし、翌元和《げんな》二年（一六一六）四月、七五年の生涯を駿府《すんぷ》で閉じた。

このようにプロフィールを書くと、信長、秀吉、家康それぞれの天下取りは、いかにも順調になされたかにみえてしまい、江戸時代の狂歌《きょうか》が「織田が搗《つ》き、羽柴《はしば》がこねし天下餅《てんかもち》、坐って食うは徳川家康」と揶揄《やゆ》した歴史像とあまり変わらぬものとなってしまう。しかし、実際はそうではなく、ある時には彼らが思い浮かべたとおりに進むこともあったが、ある時は窮地に追い込まれ、また当初の考えを大きく転換することを余儀なくされる場面も多々あった。本書では、そうした時々の局面をできるだけ丁寧に叙述するよう努めた。

東アジア世界

具体的な叙述に入るまえに、当時、日本を取り巻く世界、ことに東アジア世界についてみておこう。

一五世紀から一六世紀にかけての東アジア世界は、中国明《みん》帝国を中心に形作られていた。明皇帝から冊封《さくほう》（国王の称号を受け、君臣関係を結ぶこと）を受けた周辺諸国は、明に朝貢《ちょうこう》することで、その傘の下にあった。しかし、一六世紀に入るのを前後し、中国北方では女真族《じょしんぞく》が台頭し、南の海域では後期倭《わ》寇《こう》（海賊・武装商人団）の活動が活発となり、明はそれへの対策に追われていった。一六世紀の末、女真族は族長ヌルハチによる部族統一が進み、一六一六年後金《こうきん》が、ついで一六三六年清《しん》が成立し、一六四四年には明が滅んだ。

いっぽう海域で猛威を振るった倭寇は、実は日本人ではなく主として明の海禁策に反抗する中国人によるものであったが、この勢力は、台湾、東南アジア各地に交易を拡張し、明の公貿易体制を脅かしていった。

そこに新たに現れたのが、ポルトガル、スペインのヨーロッパ勢力であった。彼らは、強力な国家権力を背景にキリスト教の布教を旗印とし、鉄炮をはじめとする火器と軍船をもって東アジアの海域を制圧し、倭寇に替わって仲介貿易の掌握を図った。

こうしたなか、天文一二年（一五四三）あるいは一三年に、倭寇の統領である王直《おうちょく》のジャンク船が種子《たねが》島《しま》に漂着し、その船に乗っていたポルトガル人によって鉄炮が我が国に伝来した。伝来した鉄炮は、またたくまに戦国の日本に広がり、合戦の勝敗を決めるまでになった。

また天文一八年、鹿児島に上陸したフランシスコ・ザビエルによって日本にキリスト教が伝えられ、新しい価値観・世界観が日本に入ってきた。こうして日本も東アジア世界のなかに改めて組み入れられる。その中で秀吉の「唐入り」構想も浮上してくるのである。その後、ポルトガル・スペインに遅れて、新教国のオランダ・イギリスが東アジアに姿をみせ、日本の朱印船《しゆいんせん》を含めて、この地域の交易をめぐった競争が激化していく。

一　戦国乱世から天下一統へ

1―信長上洛と将軍義昭

尾張平均

織田信長《おだのぶなが》は、尾張《おわり》下四郡の守護代《しゅごだい》織田大和守《やまとのかみ》の老臣三奉行の一人であった織田信秀《のぶひで》の嫡男として天文《てんぶん》三年（一五三四）に生まれた。誕生日は五月一一日、生まれた地は尾張の勝幡《しょばた》城と推測されているが、確かなことはわかっていない。

尾張の中央部に勢力を拡大し、また内裏《だいり》の築地《ついじ》垣《がき》屋根修復の費用を献納するなど、力を蓄えてきた父信秀が、天文二〇年三月に死去し、信長は一七歳で家督を継ぐことになった。こののち織田家の家督をめぐって、一族間で、有力家臣を巻き込んだ抗争の日々が続いた。そうしたなか弘治《こうじ》元年（一五五五）四月、信長は、那古屋《なごや》より尾張のより中央部にある清洲《きよす》に本拠を移し、尾張統一を一歩進めたが、翌年四月、それまで同盟関係にあった美濃《みの》の斎藤道三《さいとうどうさん》が子の義龍《よしたつ》と戦い敗死し、織田と斎藤の関係は微妙なものとなった。

永禄《えいろく》元年（一五五八）一一月、近江《おうみ》の朽木《くつき》谷《だに》に逃亡していた将軍足利義輝《よしてる》が京都に戻り、義輝を支

図１　織田信長画像

える細川晴元《ほそかわはるもと》・六角承禎《ろっかくじょうてい》（義賢《よしかた》）とそれまで京都を掌握していた三好長慶《みよしながよし》とが対立を深めるなか、永禄二年二月、信長ははじめて上洛し、将軍義輝に謁見《えっけん》した。この上洛は、のちの永禄一一年の上洛とは異なり、天下に号令することよりも、尾張統一にむけての布石であったと思われる。尾張に戻った信長は、翌三月、斎藤義龍と結んだ織田信賢《のぶかた》を岩倉《いわくら》城に攻めそれを追い、長く続いた一族間の抗争を終結させ、尾張統一を成し遂げた。

桶狭間の戦い

尾張統一を成し遂げたといっても、東には遠江《とおとうみ》そして三河《みかわ》までを領国に取り込んだ駿河《するが》の今川義元《いまがわよしもと》が、また北には美濃の斎藤義龍が尾張に圧力をかけていた。天文二三年（一五五四）に相模《さがみ》の北条氏康《ほうじょううじやす》・甲斐《かい》の武田晴信《たけだはるのぶ》（信玄《しんげん》）と三国同盟を結び、東と北からの脅威を取り除いた義元は、永禄三年（一五六〇）五月、四万五〇〇〇とも言われる軍勢を率い西上した。この義元の西上は、上洛を目的としたものか、単に尾張の信長を攻めるためのものであったかは明らかではない。ともあれ、信長は、尾張に侵攻してきた今川勢に対し、劣勢のなか約二〇〇〇の兵をもって義元の本陣を襲い、その首級をあげた。世にいう桶狭間《おけはざま》の戦いである。

この戦いでの信長の勝利は、今川方にとって大きな痛手とはなったものの、今川氏が消え去ったわけではなく依然として大きな勢力を保持しつづけた。しかし、信長にとっては、東の脅威を押さえ込んだことの意味は大きいものがあった。さらに、このの ち同盟を結ぶ松平元康《まつだいらもとやす》（徳川家康《とくがわいえやす》）が、この戦いを機に今川氏の人質から解放され三河岡崎に帰ったことは、特記すべき出来事である。

翌永禄四年、関東では、越後《えちご》の長尾景虎《ながおかげとら》（謙信）が、関東管領《かんとうかんれい》の上杉憲政《うえすぎのりまさ》とともに小田原の北条氏を攻め、閏三月には関東管領となり上杉氏を継いだ。その結果、上杉氏と甲斐の武田氏とのあいだで北信濃における抗争が激化していった。

美濃攻略

いっぽう、信長にとって北の脅威であった美濃の斎藤義龍が永禄四年（一五六一）五月に病死し、子の龍興《たつおき》がその跡を継いだ。これを好機とみた信長は、西美濃に侵攻するが、龍興の反攻にあい、清洲《きよす》に撤退せざるをえなかった。美濃攻略は容易ではなかった。

永禄六年三月、松平元康が清洲城の信長のもとを訪れ、信長の娘五徳《ごとく》と元康の嫡男信康《のぶやす》との婚約が成立し、両者は同盟関係に入った。信長にとっては東の防衛線が確保されたことになる。いっぽう、元康にとっては今川氏との関係を絶ち、独立する条件を手にしたのである。翌永禄六年七月、元康は今川氏真《いまがわうじざね》との関係を絶ち、家康と改名した。そして翌永禄七年二月、家康は三河一向一揆《いっこういっき》を鎮圧し、三河平定を成し遂げた。

他方、信長は、永禄七年までに小牧山《こまきやま》に本拠を移し、美濃攻略にそなえた。それとともに、信濃に進出し美濃の斎藤氏を援助する甲斐の武田氏を牽制《けんせい》するため、越後の上杉謙信《うえすぎけんしん》とのあいだで使者を行き来させ、永禄七年には上杉氏とのあいだでゆるい同盟関係に入った。この同盟は、上杉謙信にとっては北信濃川中島《かわなかじま》で激闘を繰り返してきた信玄を牽制する効果をもっていた。しかし、こうした上杉氏との関係が、武田氏と信長との関係を必ずしも敵対的なものとしたわけではなかった。同年一一月、信長は、養女を武田勝頼《かつより》に嫁がせることで、信玄との同盟関係をも構築し、美濃攻略の布石を一つ一つ置いていった。

　中央では、永禄八年五月一九日、三好長慶の家督を継いだ三好義継《よしつぐ》と長慶の家臣で大和《やまと》多《た》聞山《もんやま》城の松永久秀《まつながひさひで》らが、将軍義輝を京都の将軍邸に攻め殺害した。しかし、三好政康《まさやす》・三好長逸《ながやす》・岩成友通《いわなりともみち》のいわゆる三好三人衆と松永久秀は相対立し、三好三人衆は義輝の従兄弟で阿波《あわ》にいた義栄《よしひで》の擁立をはかった。こうしたなか七月二八日、松永久秀の監視下にあった義輝の弟一条院覚慶《いちじょういんかくけい》（のちの足利義昭《よしあき》）は奈良を脱出し、近江に逃れ、幕府の再興を訴え、諸大名にそれへの協力を求めた。こののち義昭を核に天下の情勢は大きく動き始める。

図2　足利義輝画像

　信長といえば、美濃攻略のため、たびたび美濃に兵を出すが、思うにまかせず、永禄九年閏八月には斎藤龍興勢に大敗を喫した。しかし永禄一〇年八月、斎藤龍興の老臣である稲葉《いなば》通朝《みちとも》・氏家卜全《うじいえぼくぜん》・安藤守就《あんどうもりなり》の三人が信長に内通してきたのを機に、美濃に攻め入り、斎藤氏の居城稲葉山城を囲み、城下井ノ口《いのくち》を焼き払い、一気に城を攻め落とした。七年かかった信長の美濃攻めの最後としては、あっけないものであったが、ここに「天下布武《ふぶ》」を掲げた信長の戦いが開始されることになる。

「天下布武」

美濃攻略を終えた信長は、斎藤氏の城下町あった井ノ口を岐阜と改め、みずからの本拠をここに移した。岐阜の名は、古くからあったこの地域の地名であるが、岐阜の政《せい》秀寺《しゅうじ》の住職に信長が迎えた禅僧沢彦宗恩《たくげんそうおん》が、中国周《しゅう》の文王《ぶんおう》が岐山《きざん》からおこったという故事を引いて新たな意味づけをしたものだといわれている。

この岐阜への改称とともに、信長は、「天下布武」の印章を使い始める。「天下布武」は、「天下に武を布《し》く」の意であり、信長の天下統一への強烈な意志を示したものである。信長が天下を意識しはじめたのは、麟《りん》の文字を元にした花押《かおう》を用いはじめた永禄八年（一五六五）ころだとされている。麟は麒麟《きりん》の雌を表し、麟は仁厚く至治の世に現れる動物とされており、この文字に信長は自らの意図を秘かに託したというのである。また、この年は、足利義輝が松永久秀と三好三人衆によって白昼殺害された年であり、この事件が信長が花押を替えた契機だともされている。

こうしたなか永禄一〇年（一五六七）一一月、正親町天皇《おおぎまちてんのう》の綸旨《りんじ》が信長のもとに届いた。

今度国々属本意由、尤《もっとも》武勇之長上、天道之感応、古今無双之名将、弥《いよいよ》可被乗勝之条為勿論、
就中《なかんずく》両国御料所且《かつ》被出御目録之条、厳重被申付者、可為神妙旨、綸命如此、悉《これをつくせ》之以状、

永禄十年十一月九日　右中弁（花押）

晴豊

織田尾張守《(信長)》殿

ここでは、信長の美濃の攻略が成ったことを祝し、信長を「古今無双之名将」と褒めちぎり、これ以降も勝利を重ねるであろうとしたうえで、尾張・美濃の御料所《ごりょうしょ》（朝廷の領地）だけでなく別に書き上

図3　信長の印章

「天下布武」

「天下布武」

「天下布武」

「天下布武」

「宝」

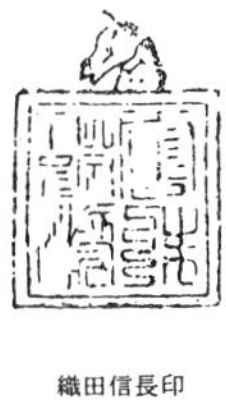

織田信長印

図4　信長の花押

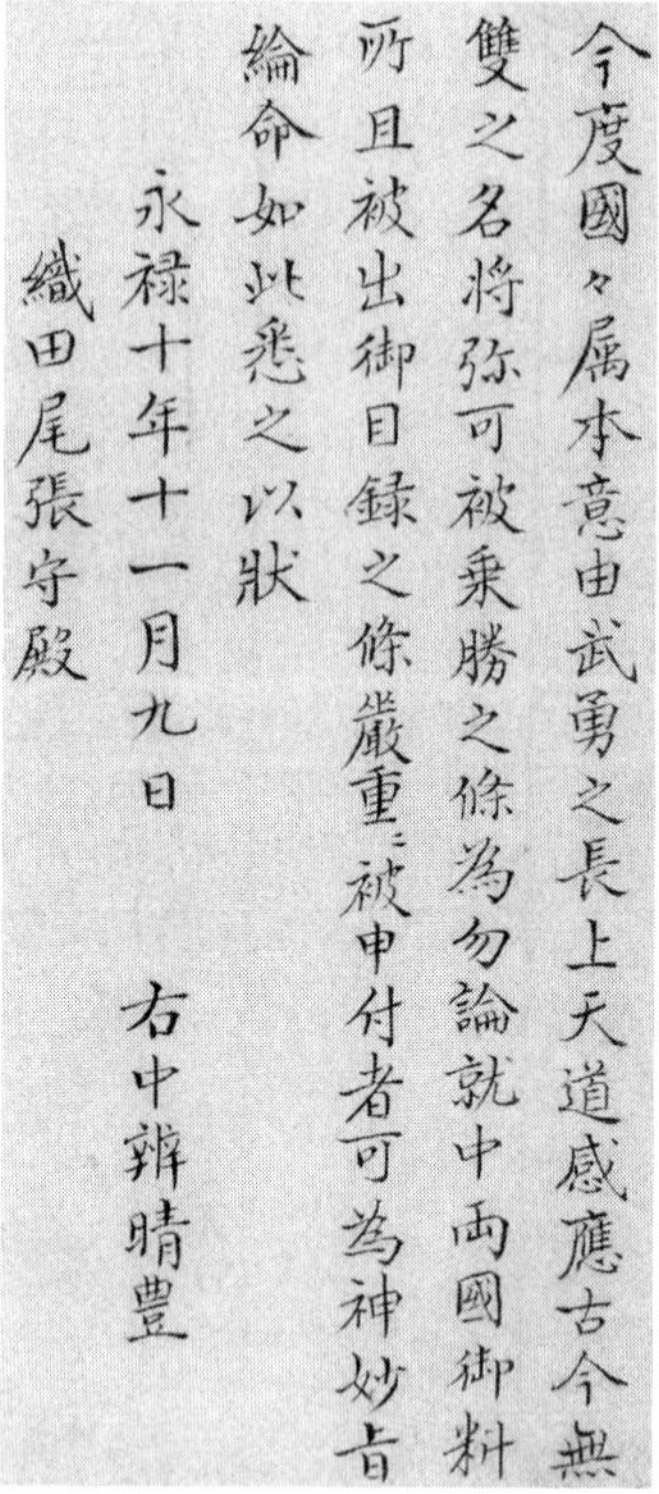
今度國々属本意由武勇之長上天道感應古今無
雙之名将弥可被乗勝之條為勿論就中両國御料
所且被出御目録之條厳重ニ被申付者可為神妙旨
綸命如此悉之以状
永禄十年十一月九日　右中弁晴豊
織田尾張守殿

図5　正親町天皇綸旨（立入文書）

げた御料所の回復を厳しく申し付けてくれれば神妙であるとの天皇の意向が伝えられた。信長は、これにすぐさま応えたわけではないが、信長にとってこの綸旨は天下一統へと踏み出すことの正当性の一つを獲得することにつながった。

同じ日、正親町天皇は、別に女房奉書《にょうぼうほうしょ》を出して、誠仁《さねひと》親王元服《げんぷく》の費用の拠出を求めた。そこには、天皇が誠仁親王の元服を急いでおられ、信長へその馳走を依頼するようにとの意向とともに、先年には信長の父も御所の普請を援助しており、それと変わりなく、一廉《ひとかど》の援助するようにと、信長の父信秀の功績をあげて援助が求められている。

稲葉山城攻めを前にした五月、信長は先年来約束していた徳川家康の嫡子信康《のぶやす》と娘との婚姻を実行し、家康との同盟関係をより強固なものとし、ついで同年九月、北近江の浅井《あさい》長政《ながまさ》に妹の市《いち》を嫁入りさせることで同盟を結んだ。さらに翌年二月には北伊勢に侵攻し、その地を制圧したあと、北伊勢の有力国人の神戸《かんべ》氏に三男信孝《のぶたか》を養子として入れた。

こうした準備をととのえたうえで信長は、越前一乗谷《えちぜんいちじょうだに》の朝倉義景《あさくらよしかげ》の元にあった足利義昭を岐阜に迎えた。永禄一一年七月二五日のことである。上洛のためのもう一つの名分《めいぶん》を手にした瞬間であった。義昭は大和脱出後、近江矢島にあったが、若狭《わかさ》の守護《しゅご》武田《たけだ》義統《よしずみ》に援助を求めて若狭に入り、ついで一一月、朝倉義景を頼り、越前一乗谷に移った。一乗谷での義昭は、義景に出兵を求めるが、義景はこれに応じず、また上杉・武田・北条の「三和」を勧め、謙信にも出兵を求めるが、謙信は越後国内の状況から動くことができず、義昭の思いにまかせなかった。そこに信長からの誘いがあった。義昭は、この信長の誘いに応じ義景を見限り、岐阜へと移った。その間、三好三人衆の強い要請によって、逼《ひっ》塞《そく》していた阿波《あわ》からこのころには摂津まで出てきていた足利義栄に将軍宣下《せんげ》があり、形のうえでは室町幕府は再興された。しかし義栄は、京都に入ることなく、摂津《せっつ》富田《とんだ》に止まり、同年九月にその地に病死し、幕府としての実質はなかった。

信長・義昭の上洛

岐阜に義昭を迎えた信長は、永禄一一年（一五六八）八月、近江佐和山《さわやま》まで出て、六角《ろっかく》氏に義昭の上京を助けるよう求めるが、六角氏はそれを拒絶、信長はやむなく岐阜に帰った。九月七日、信長はふたたび岐阜を発し、近江の六角義賢《よしかた》（承禎《じょうてい》）・義治《よしはる》を攻める。六角父子は、日をおかず居城の観音寺城《かんのんじじょう》を放棄し、甲賀《こうか》へと敗走した。二二日、信長は、近江桑実寺《くわのみでら》に義昭を迎え、二六日、義昭とともに上洛、信長は東寺《とうじ》に、義昭は清水寺《きよみずでら》に陣を布いた。

上洛を果たした信長は、京都の警固を細川藤孝《ほそかわふじたか》に命じ、自らは義昭とともに桂川《かつらがわ》を超え、三好三人衆を攻撃、山城勝龍寺《やましろしょうりゅうじ》城の岩成友通、摂津芥川《あくたがわ》城の三好長逸《ながやす》らを追い、芥川城に入った。そののち三好方の諸城も陥落し、信長・義昭は、畿内中央部をほぼ掌握した。そのうえで信長は、石山本願寺《いしやまほんがんじ》に五〇〇〇貫、堺《さかい》に二万貫の矢銭《やせん》（軍用金）を賦課《ふか》した。石山本願寺はそれに従ったが、堺はこの時には屈しなかった。

一〇月一四日、信長と義昭は京都に凱旋《がいせん》、義昭は六条本圀寺《ろくじょうほんこくじ》に入り、一八日に念願の征夷大将軍《せいいたいしょうぐん》に任じられた。将軍となった義昭は、恩賞として信長に副将軍でも管領《かんれい》でも望み次第に就けようと持ちかけたが、信長はそれを固辞し、堺・草津・大津に代官を置くことを求め、同月二六日には、早々に岐阜へと帰った。

こうした中央での動きのなか永禄一〇年七月、武田・今川・北条の三国同盟から離脱した武田信玄は、翌年一二月六日、甲斐府中《かいふちゅう》を発ち、駿河《するが》の今川氏真《いまがわうじざね》を攻めた。氏真は、この攻撃を凌《しの》ぐことがで

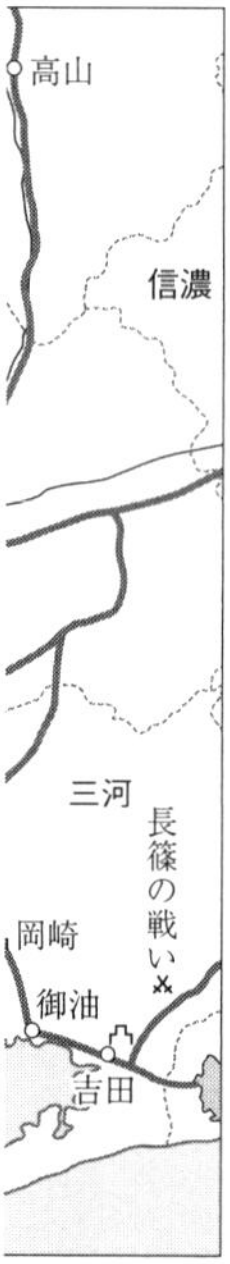

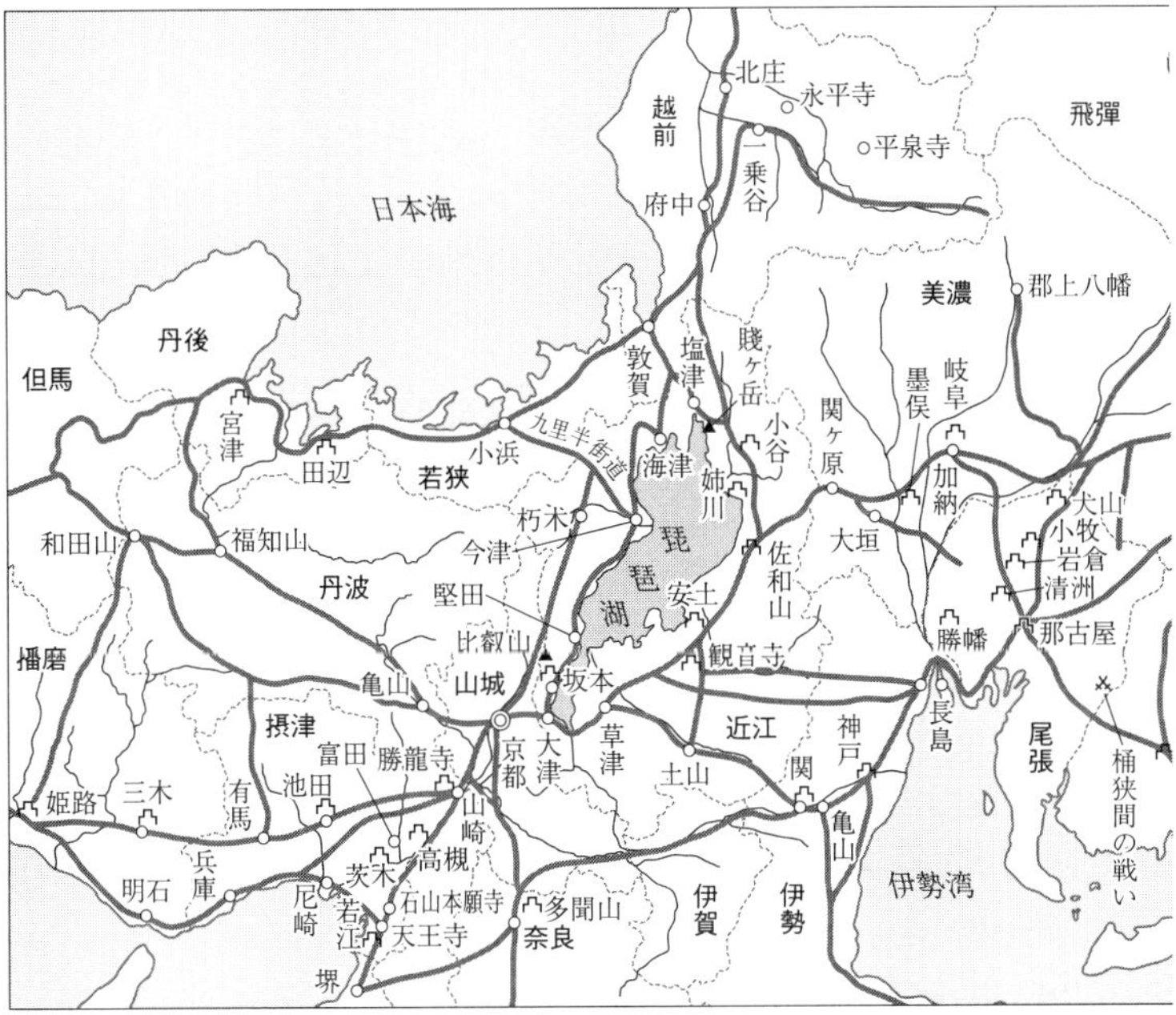

図6　信長期の畿内近国図

永禄3年（1554）ころから天正4年（1576）の安土に本拠を移すころまでの信長に関わる地名や城郭等を主に図示したものである。信長の居城は、弘治元年（1555）年に尾張那古屋より同国清洲へ、永禄7年（1564）ころ尾張小牧山へ、そして同10年（1567）美濃岐阜へ、さらに天正4年（1576）に近江安土へと変遷する。

きず、遠江の掛川城《かけがわ》に退去し、駿河は武田氏の勢力下にはいった。

今川氏の衰えをみた三河の徳川家康は、同月一二日、遠江に侵攻し、翌年にかけて掛川城を攻めたてた。家康の攻撃をうけた今川氏真は、五月六日、その軍門に降った。ここに名門今川氏は滅亡する。北条氏政《ほうじょううじまさ》は、永禄一二年正月、武田氏の同盟破棄に対抗して軍を起こすが、駿河東部で武田勢と対陣のまま膠着《こうちゃく》状態に入った。

殿中御掟

永禄一二年（一五六九）正月五日、息を吹き返した三好三人衆は、信長在京の間隙《かんげき》をついて義昭の居所六条本圀寺を攻めた。この報を岐阜で聞いた信長は、わずか数騎を従え急遽上洛するが、信長が京に着いたときには、奉公衆・三好義継《よしつぐ》らの奮戦によって三好三人衆は撃退されていた。

上洛した信長は、同月一四日に「殿中御掟《でんちゅうおんおきて》」九か条を、一六日に「追加」七か条を定め、義昭の行動をしばった。「殿中御掟」九か条は信長が判物《はんもつ》で箇条を示し、将軍義昭がその袖に花押を据えることで義昭がそれを承認する形をとった。その内容は、幕府殿中での規範を定めたもので、日常召し仕う者、公家衆、惣番衆《そうばんしゅう》の出仕・祗候《しこう》の仕方、また公事《くじ》訴訟の手順を決めたものである。「追加」七か条は「寺社本所《ほんじょ》が現在知行《ちぎょう》している土地を理由なく押領《おうりょう》することの禁止」「喧嘩《けんか》・口論の停止《ちょうじ》」「将軍への直訴《じきそ》の停止」「訴訟は奉行人を経て行うこと」などが盛り込まれていた。

掟を定め義昭の行動を統制・抑圧するいっぽう、信長は、義輝の御所跡に義昭の居所となる二条城を築きそれを提供した。二月二日から石垣普請が始まり、三月七日にその石垣も完成し、四月一四日には、義昭は完成した二条城に移った。信長はこの二条城の普請現場で、宣教師《せんきょうし》ルイス・フロイスを引見している。

岐阜に帰った信長は、同年八月、南伊勢の木造具政《こづくりともまさ》の内応を機に伊勢国司《こくし》北畠具教《きたばたけとものり》の大河内《おかわち》城を攻めた。一か月余の攻城戦ののち、具教は、信長の二男信雄《のぶかつ》に北畠の家督を譲ることを条件に開城、事実上、信長の軍門に降った。ここに伊勢は、信長の分国に組み入れられた。

図7　足利義昭木像

五か条の条々

伊勢攻めを終えた信長は、永禄一二年（一五六九）一〇月一〇日に上洛する。理由は判然としないが、義昭と衝突し、わずか七日の在京で一七日に岐阜に帰った。おそらく義昭が、信長の北畠乗っ取りをこころよく思わなかったこと、さらに義昭がこのころさかんに毛利元就《もうりもとなり》と大友宗麟《おおともそうりん》（義鎮《よししげ》）、上杉謙信と武田信玄との講和をすすめるなど、独自の動きをみせていたことが、その背景にあったのではなかろうか。

信長は、こうした義昭の動きを制する必要に迫られた。信長は、義昭に対し永禄一三年正月二三日付で五か条の「条々」をつきつけた。

この条々は、信長の朱印状《しゅいんじょう》で発せられ、その袖に事を承認したことを示す義昭の黒印《こくいん》が捺されている。
第一条　義昭が諸国へ御内書（将軍の書状）を遣わす場合には、信長の書状を副《そ》えること、
第二条　これまでの義昭の下知《げち》を破棄し、よくよく思案したうえで改めて方針を定めること、
第三条　義昭に忠節を尽くした者に恩賞や褒美を与えたくとも義昭の領内にその所領がない場合には、信長の領分から義昭の意向次第に提供すること、
第四条　天下のことはとにもかくにも信長に任された以上は、信長としてはたとえ誰であろうと将軍の意向を聞くことなく、自由に成敗すること、
第五条　天下は静謐《せいひつ》になったのだから、禁中《きんちゅう》のことについては、なにごとも油断なきようにすること、
以上の五か条であった。なお、第四条、第五条の「天下」は、本来は日本全土の意であるが、ここでは政治の中心である「京都」ないしそれを核とした広がりの意で使用されている。
第一条で、義昭の勝手な政治工作を禁じ、第二条でそれまでの義昭の政策を否定し、第三条で義昭には十分な領地のないことをあらためて認識させ、信長なくしてはその立場はないことを義昭に思い知らせようとした。さらに、第四条で、「天下之儀」はもはや信長の専権事項であり、義昭には関与させないと宣言したのである。
確かに、この条々をもって義昭は、その行動を信長によって決定的に統御されることになったが、

図８　信長朱印五か条の「条々」

その後の義昭は、それを反故《ほご》にする行動をしばしばみせるようになり、義昭と信長の間の溝は少しずつ深まっていく。

諸国への上洛要求

五か条の条々を義昭に承認させた信長は、第二弾を発した。信長は、五畿内・紀伊・近江、西は播磨《はりま》・因幡《いなば》・備前《びぜん》、東は伊勢・三河・遠江・飛驒《ひだ》、北は越前・能登・越中《えっちゅう》の諸将に対し、禁裏の修理、将軍の御用、そのほか天下静謐を進めるため近く上洛するので、それぞれ遅滞なく上洛し、将軍に挨拶するよう求める書状を送った。

諸将を上洛させ、将軍に挨拶させることは、将軍としての義昭の自尊心を満足させるとともに、信長の実力を認めさせ、また朝廷・公家・寺社そして民衆にその力を見せつける効果を持っていた。さらに、それを拒否するものは、領域の平和を乱すものとして討伐する名目ができたのである。

この上洛要請に応えた大名・武将もあったが、越前の朝倉義景はそれを拒んだ。それを理由に信長は、永禄一三年（一五七〇）四月二〇日、越前に向け京を発した。ところが若狭を通り越前敦賀《つるが》に兵を進めたところで、北近江の小谷《おだに》城に拠る浅井長政が信長に背き、義景に味方した。妹の市を嫁がせ、同盟関係を築いたと思っていた信長にとっては、思いもよらぬ展開となった。信長はやむなく、しんがりを木下秀吉《きのしたひでよし》に任せ、若狭から朽木谷を経てどうにか京都まで逃げ帰った。

信長方のこうした状況をみた六角承禎や一向一揆が南近江で蜂起《ほうき》するなか、信長は、五月二一日に岐阜にようやく戻り、反撃の準備にかかった。

姉川の戦い

元亀《げんき》元年（一五七〇）六月一九日、信長は岐阜を出発。二一日、浅井氏の居城である小谷城と相対する位置にある虎御前山に本陣を置き、ついで小谷城下をはじめ所々に火をかけるが、翌二二日、一旦兵を引き龍か鼻に本陣を移し、小谷城の南に位置する横山城を取り囲み攻めたてた。こうした動きに対し、浅井勢に加勢するため朝倉勢は近江に入り、姉川を挟んで、家康勢を加えた織田勢と対峙《たいじ》した。そして、二八日の未明、合戦の火ぶたが切られ、数時間に及ぶ戦いののち織田勢が圧勝した。いわゆる姉川《あねがわ》の戦いである。

戦いの結果、横山城は信長の手に落ちたものの、合戦に勝利したからといって、北近江の地が信長の勢力下に入ったわけでも、近江浅井氏が滅亡したわけでもなく、長政は依然として北近江の地に勢力を保持しつづけた。

こうしたなか三好三人衆がふたたび挙兵し、摂津野田《のだ》・福島《ふくしま》に拠った。これに対し、信長は、八月下旬岐阜を発ち、京都で将軍義昭の軍と合流して、摂津へと向かい、野田・福島の三好勢を攻めた。信長方にはこの時、のちには敵対関係となる根来衆《ねごろしゅう》が参加していた。

こうした情勢をみた顕如《けんにょ》は、三好方に味方し、反信長の立場を明確にした。信長・義昭軍による三好三人衆総攻撃目前の元亀元年（一五七〇）九月一二日、石山本願寺は寺内の早鐘をつき、信長方との戦闘の火ぶたを切って落とした。本願寺側の主力は、鉄炮を擁《よう》した根来・雑賀《さいか》などの紀州の一揆たちである。これと前後し、顕如は、濃州郡上惣門徒中《じょうしゅうぐじょうそうもんと》、江州《ごうしゅう》中郡門徒中をはじめ河内・紀伊から四国・九州までの坊主衆・門徒中に対し、蜂起を促す檄文《げきぶん》を送った。

石山本願寺蜂起す

いっぽう、近江では朝倉・浅井軍が比叡山《ひえいざん》・六角氏とも手を結び、湖西から大津、さらには醍醐《だいご》・山科《やましな》・鳥羽《とば》・伏見へと侵攻し、義昭・信長の掌握下にあった京都を脅かしはじめた。他方、信長は、三好方から石山本願寺攻めの本陣を水攻めされ、それに持ちこたえられず、石山攻めを一時断念し、奪取されかかった京都へと軍を戻し、さらに坂本《さかもと》に軍を進め朝倉・浅井軍の掃討《そうとう》にかかった。

織田軍に攻められた朝倉・浅井軍は、比叡山に軍を引いた。これをみた信長は延暦寺に、信長に味方するか、そうでなくとも信長方の叡山内での軍事行動を容認するかを求め、どちらも採らないのであれば一山を焼き払うと恫喝《どうかつ》した。しかし、延暦寺は朝倉・浅井軍を山上に入れることでこれに応えた。

信長勢の撤退で勢いをえた三好三人衆は、摂津・河内から南山城に軍を進め、近江では六角承禎父子が南近江の一向一揆とともにふたたび蜂起し、信長勢は、南からも北からも攻め立てられた。さらに一一月には、伊勢長島の一向一揆が尾張小木江《おわりこきえ》城を攻撃し、城将で信長の舎弟である織田信興《のぶおき》を討ち取った。信長包囲網が形作られ、信長は窮地に追い込まれた。永禄一一年の入洛以降、またその後の展開をも含めても、この時が信長にとって最大の試練の時であった。

追い込まれた信長は、局面を打開するため、正親町天皇の綸旨をえ、将軍義昭をも前面に立てて講和を進め、一一月末には六角氏と、一二月初旬には朝倉・浅井氏と講和をようやく結ぶことで、この窮地を凌いだ。ただ、この正親町天皇の綸旨や将軍義昭の調停による信長と朝倉との和睦は、信長にとっては幸いであったが、この和睦調停、ことに正親町天皇の調停は、朝廷自体が戦禍に巻き込まれることを避けることを主たる目的としたものであったことも見落とせないところである。

比叡山焼き討ち

周囲から包囲された信長は、その状況を打破するために動きだす。元亀二年（一五七一）二月には浅井氏の将で近江佐和山《さわやま》城主である磯野員昌《いそのかずまさ》を招降させ、老臣の丹羽長秀《にわながひで》をそこに入れたものの、五月、伊勢長島《ながしま》の一向一揆を攻めたが果たせず、逆に撤退時には攻撃され、大垣《おおがき》城主であった氏家卜全《うじいえぼくぜん》が戦死し、柴田勝家《しばたかついえ》が負傷するなど、織田軍は完敗した。さらに、摂津では三好三人衆の動きが活発化し、高槻《たかつき》城の和田惟政《わだこれまさ》が三好方となった池田氏に攻められ戦死するなど、信長方は劣勢であった。

八月、近江に入った信長は、九月三日には南近江の一向一揆の拠点である金森《かながもり》を攻撃、ついで一二日、坂本に入り、前年の要請に応えなかった比叡山を焼き討ちにし、政治勢力としての延暦寺を徹底的にたたいた。公家の山科言継《やましなときつぐ》は、その日の日記に「仏法破滅、不可説々々、王法如何あるべき事哉」と、「仏法破滅」を嘆くと同時に、中世にあって仏法と両輪であった王法の行く末を案じた。この焼き討ちは、政治勢力としての延暦寺の打倒であるとともに、岐阜と京都を結ぶ交通・軍事上の拠点の確保という意味合いをも持っていた。

焼き討ちの翌日、信長は上洛し、洛中洛外の領主に田畠一反に一升の米を賦課し、集めた五二〇石の米を「公武御用途」「禁裏様の御賄《おまかない》」にあてるとの名目で、京中の町ごとに五石ずつ貸し付け、その利米の上納を命じた。こうすることで、朝廷・公家・寺社が受けた比叡山焼き討ちのショックを和らげようとした。

翌元亀三年に入っても反信長の動きは収まることはなかった。本願寺顕如は、正月一四日、信長を

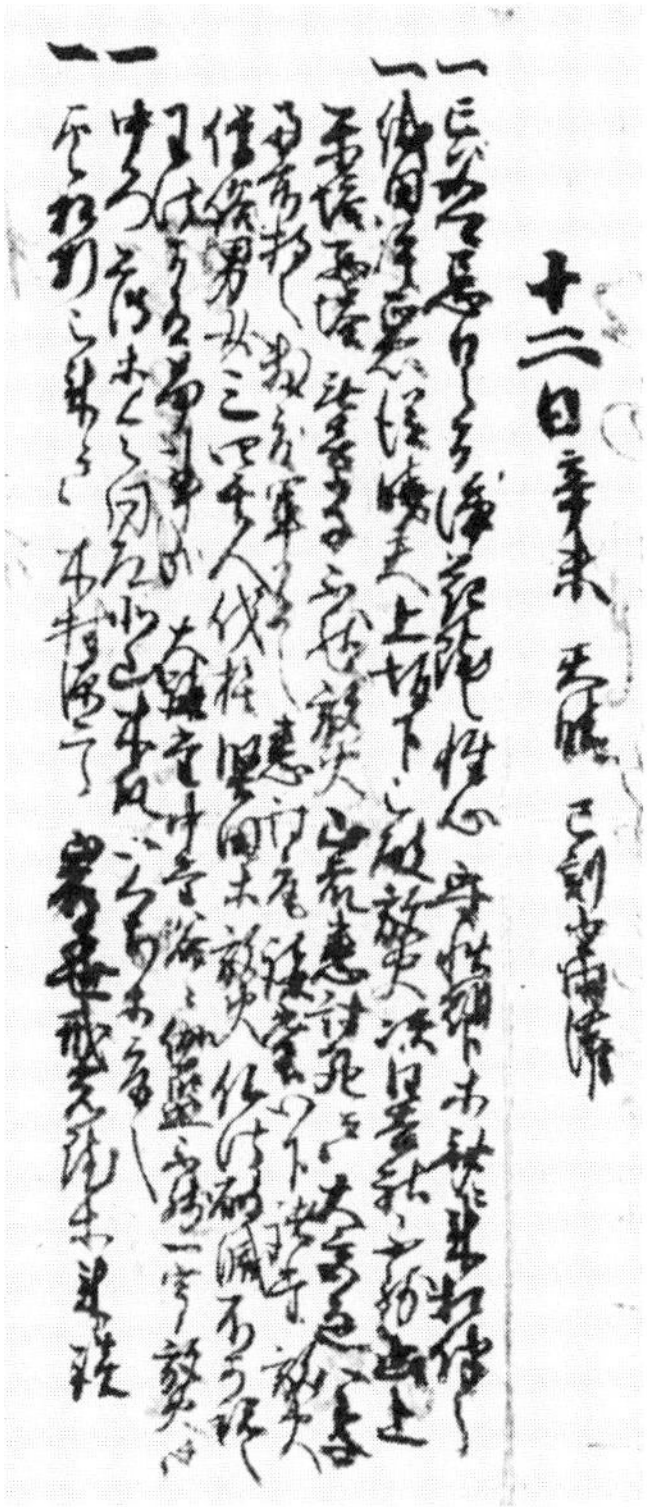

図9　『言継卿記』に記された比叡山焼き討ち

挟み撃ちにすべく武田信玄に出馬を要請した。また、近江では、金森・三宅《みやけ》の一向一揆が六角承禎父子と呼応してふたたび兵をあげた。

いっぽう、信長は正月に小谷城の近傍にある虎御前山《とらごぜんやま》に築城し、小谷城の浅井氏の動きを封じ込めようとするが、越前の朝倉義景がすぐさま近江に出陣し小谷城に入った。こうした動きに信長は、そこに長陣はせず、岐阜へと帰るが、三月にふたたび近江に入り、ついで上洛、間もなく岐阜に帰った。四月に入ると、これまで信長方についていた松永久秀・三好義継が反信長の立場をとる。しかしこの時期、決定的な衝突はみられない。

元亀二年の遠国

永禄九年（一五六六）までに中国地方の大半をその領国としていた毛利元就が、元亀二年（一五七一）六月一四日、死去した。元就死去後も、永禄六年に父隆元《たかもと》の跡を継いでいた輝元《てるもと》は、一族の吉川元春《きつかわもとはる》・小早川隆景《こばやかわたかかげ》に支えられ、中国地方最大の戦国大名としてその勢力を保持しつづけた。

東国に目を転じると、相模《さがみ》・武蔵《むさし》・伊豆を分国としていた北条氏康《うじやす》が、同年一〇月三日に没した。氏康は、甲斐武田・駿河今川氏と同盟を結ぶが、この三者による同盟は、武田氏の駿河進出の動きのなかで永禄一二年崩壊した。そこで氏康は、越後上杉氏と同盟を結び、のちに越後上杉家の家督を景勝と争うことになる景虎《かげとら》を謙信の養子とし越後に送り込んだ。しかし、氏康は、死にあたって子の氏政に上杉謙信と断交し武田信玄と復交するよう遺言し、それに氏政が従ったことで、北条氏と上杉氏との同盟は破棄され、武田氏との同盟関係が復活した。これは、武田信玄にとっては西上の条件が調ったことを意味した。

この時期の戦国大名間の同盟は、周辺大名との利害が対立すると、たちどころに破棄され、それまで対抗関係にあった者たちと新たな同盟が結ばれた。

2―信長政権の樹立

義昭との確執

元亀《げんき》三年（一五七二）九月、信長は義昭《よしあき》に一七か条の「異見書」をつきつけた。第一条で、参内のことを大切にするよう上洛のおり申したにもかかわらず、それをおろそかにしていることを責め、このままだと松永久秀《まつながひさひで》らに殺害された一三代将軍義輝《よしてる》同様の結末を迎えることになろうと、第二条では、元亀元年の約束のごとく御内書《ごないしょ》を出す際には信長の書状を添えることになっていたにもかかわらず、それを無視して諸国に発していること、第三条以下では、忠節の家臣らの処遇が十分ではないこと、幕府に持ち込まれた訴訟の裁き方が妥当でないこと、諸国から進上された金銀などを秘かにため込み、公の用に使用していないことなど具体的な事例をあげて非難する。

そして最終条で、いまの義昭は万事においてどん欲で、道理も外聞も考慮することがないと噂されており、下々の土民《どみん》・百姓までが義昭を「あしき御所」といっている、赤松満祐《あかまつみつすけ》に殺された六代将軍義教《よしのり》も同様にいわれたとも伝え聞いている、なにゆえにこのように陰口をたたかれるのか、もって分別すべきだ、と結んでいる。

この一七か条の異見状は、背後で反信長勢力をあやつる義昭への、信長からの宣戦布告ともいうべきものである。

武田信玄の西上

甲斐・信濃《しなの》を掌握していた武田信玄は、永禄《えいろく》一二年（一五六九）に北条氏との同盟を復活させ、翌年正月には駿河《するが》へと軍を進め、東部の一部を除いて駿河を制圧した。同年四月、信玄は、将軍義昭に京着一万疋、義昭の家臣一色藤長《いっしきふじなが》に五〇〇〇疋の領知を献上することを約束するとともに、嫡子勝頼《かつより》に官職と将軍の名前の一字を賜ること、北条・上杉の言を取り上げないこと、信長が義昭の威をかりて近隣に書状を出していることには異論のあることを申し送った。信玄の目が、本格的に京都に注がれ始めたことを示す出来事である。元亀二年（一五七一）、信玄は遠江《とおとうみ》から三河《みかわ》へと軍を出し、徳川家康と戦うが、小手調べとでもいうべきもので、勝敗が決するようなものではなかった。

元亀三年五月、信玄から義昭に忠節を誓う起請文《きしょうもん》が出され、これに応えて義昭は、天下静謐《せいひつ》に奔走するよう信玄に御内書を与えた。ここに、信玄の西上の大義名分《たいぎめいぶん》がととのった。また、先に延暦寺復興を依頼されていた信玄は、同年七月、権僧正《ごんのそうじょう》に任じられた。

同じ七月、義昭は重ねて上杉・武田の講和を命じた。この時には信長の添状が出されている。さらに八月、義昭は、信長と本願寺《ほんがんじ》を講和させようと信玄を通じて働きかけた。信長・信玄・謙信・本願寺顕如《けんによ》そして義昭、それぞれの思惑が渦巻き、政局のヘゲモニー争いが繰り広げられた。

こうしたなか一〇月三日、武田信玄は、大軍を率いて甲府を出陣した。出陣とともにこのことを反信長勢力である浅井《あさい》・朝倉両氏そして本願寺に伝えた。信玄西上の開始を告げる出来事である。信濃の青崩峠《あおくずれとうげ》から遠江に入った武田軍は、浜松城には向かわず、合代島《ごうだいしま》に本陣を置き、二俣《ふたまた》城を攻撃しそれを落とした。こうした信玄の動きに信長は、上杉謙信とのあいだで誓紙《せいし》を交わし、信玄を背後から脅かそうとする。また信長にとって幸いなことに、信長包囲網の一翼を担っていた越前の朝倉義景《あさくらよしかげ》が、一二月三日、突然、近江《おうみ》から越前に軍を引いてしまい、その包囲網の一角が綻《ほころ》びた。これに対し、信玄は義昭にも本願寺にも義景の再出馬を働きかけるが、効を奏さなかった。

それでも信玄は、一二月二二日、遠江合代島を出発、三河へと軍を進めた。それを知った家康は、信長からのわずかな援軍とともに、三方原《みかたはら》で武田軍を背後から襲うが、その反撃にあい、あえなく敗退した。いわゆる三方原の戦いである。

この信玄の勝利を聞いた足利義昭は、反信長の姿勢を鮮明にした。本願寺も、各地の一向一揆に決起を促した。

遠江刑部《おさかべ》で越年した信玄は、翌元亀四年正月、三河野田《のだ》城を囲み、二月一七日それを攻略する。しかし、病が重くなったため、やむなく軍を反し、四月一二日、信濃駒場《こまば》で五三歳の生涯を閉じた。信玄の死は伏せられたが、すぐさま重病であるとの噂が流れた。運は、ここでも信長に味方した。

室町幕府の倒壊と天正改元

信玄が野田城を攻め落とした元亀四年（一五七三）二月の終わり、義昭は二条城の堀を掘らせ、防備をかためるとともに、三井寺光浄院暹慶《みいでらこうじょういんせんけい》に挙兵させた。「公儀御逆心」の報はすぐさま信長の元に伝えられたが、信玄が西進する状況下では岐阜を動くことはできなかった。信長は、義昭と人質を交換することで和睦《わぼく》をはかったが、信玄の西上を信じていた義昭はこれを拒絶した。

三月二九日、上洛した信長は、再度義昭に和議を申し入れる。しかし、義昭は信長が京都においた奉行の村井貞勝《むらいさだかつ》の屋敷を囲み、信長の申し出を蹴った。信長は四月四日、上京に放火し、二条城を裸城同然とした。孤立した二条城の義昭は、やむなく禁裏《きんり》に斡旋《あっせん》を依頼し、七日、信長と和平した。この上京焼き討ちは、義昭攻めという軍事上の効果だけではなかった。中世以来、京都の経済を支配していた叡山《えいざん》の勢力を京都から一掃する結果をもたらし、信長による京都支配を大きく進展させる契機ともなった。

和平がまとまると、信長はすぐさま岐阜にもどるが、義昭はなお二条城にあって、毛利輝元《もうりてるもと》に兵粮《ひょうろう》料を出すよう求めるなど再挙兵を画策しつづけ、七月三日、二条城から宇治槙島《うじまきしま》城に移り、ふたたび挙兵した。信長はすぐさま上洛し槙島城を攻め、一八日、義昭の息義尋《ぎじん》を人質にとり、その降伏を受け入れた。降伏した義昭は、枇杷庄城《びわのしょう》へと退去した。このちも義昭は征夷大将軍の職を保持したが、この降伏は、事実上の室町幕府の倒壊を意味した。

義昭が槙島に退去した直後、信長は一三日付で安芸《あき》の毛利輝元に送った書状に「いわんや天下棄て置かるうえは、信長上洛せしめ取り静め候」と記した。すなわち、義昭は「天下」ここでは京都を見捨てた以上、信長が上洛し「天下」を取り静めると宣言したのである。

そして七月二七日、信長は、村井貞勝を室町幕府以来、京都支配の要であった「所司代《しょしだい》」に任じた。さらに翌二八日、信長の奏上によって年号は「元亀」から「天正《てんしょう》」へと改められた。この改元は、争乱に悩まされた元亀の年号が不吉であると、改元を求めていた信長の意向が入れられたものであり、朝廷から示された安永・天正・文禄・寛永・明暦の諸案のなかから、信長が天正を選んだ。織田政権発足を象徴する改元といえよう。なお、「天正」の出典は『老子経《ろうしきょう》』の「清浄なるは天下の正と為る」による。この一連の出来事は、京都の支配者が将軍義昭から信長に代わったことを象徴的に示す出来事であった。

浅井・朝倉攻め

天正元年（一五七三）八月四日、岐阜に帰った信長は、すぐさま浅井攻めのため軍を近江に進めた。これに対し、越前朝倉義景は近江へと軍勢を出すが、浅井氏の小谷城への道を信長勢に遮断《しゃだん》され、越前へと撤退する。そのあとを追って信長勢が越前に入り、信長は府中《ふちゅう》に本陣を据えた。

図10　朝倉義景画像

この侵攻に義景は本拠の一乗谷《いちじょうだに》を捨て、大野郡の賢勝寺《けんしょうじ》に逃れ、八月二〇日、自刃して果てた。すぐさま越前を跡にした信長は、小谷城を攻め、同二七日、浅井久政《ひさまさ》・長政父子を自刃させた。ここに、長年信長を苦しめつづけた朝倉・浅井氏が滅亡する。そして浅井氏の旧領は翌年三月、羽柴秀吉に与えられた。秀吉にとっては、織田政権の有力武将としての地位の獲得を意味した。小谷城落城の折、長政の妻であり信長の妹である市は、娘三人とともに信長の陣に送り届けられ、命を助けられた。この三人の娘のうち、長女の茶々《ちゃちゃ》はのちに秀吉の室に、二女の初《はつ》は京極高次《きょうごくたかつぐ》の室に、三女の江与《えよ》は江戸幕府二代将軍徳川秀忠《とくがわひでただ》の室となった。

いっぽう、義昭の帰洛が俎上《そじょう》にあがっていた。毛利輝元側から信長に対して、帰洛の要請があった。信長はそれを受け入れる姿勢をみせるが、義昭が信長の人質を求めたため決裂、結果、一一月九日、義昭は紀伊由良《ゆら》へと居を移した。この交渉を毛利側で担った安国寺恵瓊《あんこくじえけい》は、交渉決裂後の一二月一二日、国元への書状で交渉の経過や畿内の情勢を伝えるとともに、

信長の代、五年、三年は持たるべく候、明年あたりは公家などに成らるべきかと見および申し候、左候て後、高ころびにあおのけにころばれ候ずると見え申し候、藤吉郎(秀吉)さりとてはの者にて候、

と記した。この後の歴史の展開を予言したものとして、興味深いものがある。

こうした情勢の変化を読んだ本願寺顕如は、信長に名物茶碗「白天目《しろてんもく》」を献じて講和した。信長との二度目の講和である。同一二月、信長は正親町天皇に譲位を勧め、正親町天皇は喜んでそれを受けた。しかし、翌年の激動する政局のなかで譲位は実現しなかった。

天正二年正月、越前で一向一揆が蜂起し、朝倉攻めのあと信長から守護代《しゅごだい》に任じられていた桂田長《かつらだなが》俊《とし》（前波吉継《まえばよしつぐ》）を、一乗谷に攻め敗死させた。ついで越前各所に一揆が蜂起し、北庄《きたのしょう》に置かれた織田三人衆を襲った。攻められた織田三人衆は、越前からの撤退を条件に、一揆と和睦し、越前を去った。その結果、越前国は加賀国と同様「一揆持ち」の国となった。

越前での信長分国の崩壊は、信長にとって見過ごすことのできぬものであったが、お膝元ともいえる尾張の地を脅かす伊勢長島の一向一揆を殲滅《せんめつ》することが、越前よりも火急の課題であった。

長島の一向一揆殲滅

天正二年（一五七四）三月、信長は、反旗を翻《ひるがえ》した松永久秀《まつながひさひで》の降伏の願いを入れ、久秀の城、大和多《た》聞山《もんやま》城に入った。そして、勅許《ちょっきょ》を得て正倉院《しょうそういん》の蘭奢待《らんじゃたい》（香木の一種）を一寸八分（五・五センチ）切り取った。足利義政《あしかがよしまさ》以来の出来事であり、信長の威光を別の形で示すものであった。

天正二年四月二日、石山本願寺が三たび挙兵した。紀州に退去した義昭が、武田勝頼《かつより》・上杉謙信・北条氏政の三和をはかり、本願寺への援助を求めたことに応じてである。本願寺が挙兵すると、近江の六角承禎《ろっかくじょうてい》、河内《かわち》・摂津の諸将が呼応し、また越前には本願寺から坊官《ぼうかん》（寺の最高指導者の家政を担当）の下間頼照《しもつまらいしょう》が派遣された。

東に目を向けると、五月、武田勝頼が遠江に侵攻し、家康の武将小笠原長忠《おがさわらながただ》（信興《のぶおき》）の遠江高天神《たかてんじん》城を包囲し、六月、それを落とした。信長は援軍を送るも間に合わず、家康にとって大きな痛手となった。それだけでなく、信長にとって勝頼は東の大きな脅威となった。

こうした分国周辺での劣勢のなか、信長は七月一二日、伊勢長島の一向一揆を討つために出陣した。志摩の九鬼《くき》をはじめとする水軍による水上封鎖を行い、「干《ひ》殺《ごろ》し」の戦法で九月二九日、長島一向一揆を殲滅《せんめつ》した。翌三年には、長島城は修築され、織田分国の経済・軍事の重要拠点として再編されることになる。

この年の正月、越後の上杉謙信は西上野《こうづけ》に出兵し、四月まで関東各地を転戦するが、目立った成果もなく越後に引き上げ、また七月には加賀へ侵攻する。いっぽう、小田原の北条氏政が七月、上野厩橋《うまやばし》城を攻めた。それに対し謙信は一一月、ふたたび上野に出陣するが、閏一一月、北条軍が

右第１扇に長篠城、第４扇に鉄砲隊を描く

図11　長篠合戦図屏風

上杉氏の関東での拠点の一つであった下総関宿《しもうさせきやど》城を落とし、関東の過半を北条氏が制圧した。

長篠の戦い　天正三年（一五七五）四月、信長は、前年反旗を翻した河内高屋《かわちたかや》城の三好康長《やすなが》を攻め降伏させ、ついで石山本願寺を攻め、二一日に上洛、二八日には京都を発ち岐阜に帰った。この直後、信長は塙直政《ばんなおまさ》を大和守護に任じる。大和は源《みなもとの》頼朝《よりとも》以来、守護が置かれず、興福寺《こうふくじ》が事実上の守護として大和を支配していたが、信長はその慣例を打破したのである。これは大和の人びとにとってはよほど大きな衝撃であったようで、興福寺の僧はその日記に「先代未聞ノ儀」と記している。

同じ四月、武田勝頼は三河へ侵入し、徳川方の長篠《ながしの》城を攻めるが、城主奥平信昌《おくだいらのぶまさ》の奮戦にあい城を落とせなかった。救援を求められた信長はそれに応え、五月一三日、岐阜を発った。岡崎で合流した織田・徳川軍は、武田軍との合戦場となる設楽《したらが》原《はら》に堀を掘り、柵を構築し、さらに鉄炮一〇〇〇挺（『信長公記《しんちょうこうき》』では一〇〇〇挺、『信長記』の三〇〇〇挺三段撃ちは小瀬甫庵《おぜほあん》の創作）を準備し、武田の騎馬隊を迎え討った。二一日早朝に始まった戦いは、未《ひつじ》の刻（午後二時）ころまで続いたが、織田・徳川軍の鉄砲隊に武田軍の騎馬隊が大敗を喫《きっ》して戦いは終わった。長篠の戦いである。あらたな武器「鉄炮」と鉄炮隊という戦法が合戦の帰趨《きすう》を決定することを象徴する出来事であった。しかし、この戦いで勢力図が大きく変化したわけではない。

長篠の戦いが終わった六月、信長は、明智光秀《あけちみつひで》に丹波《たんば》・丹後《たんご》平定《へいてい》作戦を命じる。この平定戦は、断続的に続けられるが、その終結は天正七年を待たねばならなかった。

七月、朝廷は信長の官位を昇叙《しょうじょ》しようと持ちかけるが、信長はそれを固辞し、家臣への姓の下賜《かし》と任官とを願い出た。その結果、明智光秀は惟任日向守《これとうひゅうがのかみ》に、丹羽長秀《にわながひで》は惟住《これずみ》に、塙直政は原田備中守《びっちゅうのかみ》に、それぞれ姓を与えられ、また任官した。

越前の一向一揆攻め

天正三年（一五七五）八月、信長は、前年に長島の一向一揆を殲滅し、ついで長篠の戦いで武田軍を破ることで、本拠の尾張・美濃の南方と東方を固め、「一揆持ち」となった越前の再占領に踏み出した。

越前は、加賀に続いて「一揆持ち」となったが、そのなかは一枚岩ではなく、一揆勢のなかには大坊主衆を誅伐《ちゅうばつ》せんとする者もあらわれるなど、大坊主衆と各地の一揆とのあいだでは軋轢《あつれき》・矛盾が顕在する兆《きざ》しが見えはじめていた。本願寺からは坊官の下間頼照《しもつまらいしょう》が派遣されていたが、百姓たちは必ずしもこれに従わず、不満と矛盾が深まっていた。『朝倉始末記』には、

（「土民《どみん》」たちは）坊主たちへは後生《ごしょう》をこそ頼みたれ、下部《しもべ》の如く荷を持たせ槍《やり》を担《になわ》させ召し仕わる事、何とも心得ざる事なり、富田・桂田（前波吉継）のみならず諸侍を退治し粉骨を尽したるは国郡を進退せんと思ひて強敵どもを伐捕けるに、何とも知れぬ上方衆の下知として国中をほしいままにせらるるは案の外の事なり、

として、「まず坊主どもを討ち取るべしと決めた」と記されている。

八月、信長は息子の北畠《きたばたけ》（織田）信雄《のぶかつ》・神戸《かんべ》（織田）信孝《のぶたか》、そして柴田《しばた》勝家《かついえ》・丹羽長秀・滝川一益《たきがわかずます》ら直属のほぼ全軍を率いて出陣。先陣は、明智光秀と羽柴秀吉が務めた。一六日、信長は越前府中に入るが、その翌日の所司代《しょしだい》村井《むらい》貞勝《さだかつ》への書状で、

府中町にて千五百ほどくびをきり、その外、近辺にて都合二千余きり候、……府中町は死がいばかりにて、一円あき所なく候、見せたく候、

と申し送った。伊勢長島同様の殲滅作戦である。その後もこの「首切り」を伴う掃討作戦は続けられ、信長は九月下旬まで越前に滞在した。

越前国掟

越前を去るにあたり、信長は、北庄に築城することを命じ、柴田勝家に一国八郡を任せ、府中に前田利家・佐々《さつさ》成政《なりまさ》・不破《ふわ》光治《みつはる》を勝家の目付《めつけ》として置き、越前仕置《しおき》の基本

方針ともいうべき「越前国掟《えちぜんくにおきて》」九か条を定めた。

第一条　国中へ非分な課役を課してはならず、もし臨時に必要がある時には信長に尋ねよ。

第二条　信長が領知を安堵《あんど》した侍を思うがままには使ってはならない、さりとて帯紐《おびひも》を解くような対応ではいけない、要害は気遣いを怠ることのないよう、また領知は必ず支給せよ。

第三条　裁判は、ひいきすることなく公平厳重に行え、双方が納得しない場合は、信長の裁許を仰ぐこと。

第四条　京都の公家たちの領知は、一向一揆以前に実際に知行していたものについては、信長の朱印状にもとづき還付すること。

第五条　いずれの分国《ぶんこく》においても関所《せきしょ》は停止しているので、越前についても同様である。

第六条　大国を預けおくのだから、なにごとにも気遣いし、油断なきように、第一に「武篇」が肝要であり、武具・兵粮《ひょうろう》を蓄え、五年も一〇年も支配を続けることのできるよう分別すること、所詮、どん欲にならず、取るべき年貢などは納めさせることが肝要である。寵童《ちょうどう》・猿楽《さるがく》・遊興・見物は停止する。

第七条　鷹狩りは停止する。戦闘の足がかりをみるためのものは許す。

第八条　領内に給人《きゅうにん》をつけない領知を設ける。これは忠節のものに給与すべき領知であると申し触れるように。そうでないと人は、恩賞の地がないとして、忠義を励まないので、そのように分別せよ。給人がつくまではその領知は信長の蔵入《くらい》れとする。

第九条　新たな事態が生じても、何事においても信長のいうとおりにすること。さりとて無理非法だと思いながら、追随してはならず、不都合であれば申し出よ、聞き届けるであろう。とにもかくにも信長を「崇敬」し、「影後」にてあだに思ってはならない。信長のいる方には足をむけない心持ちが肝要である。そのようにすれば「侍の冥加《みようが》」があり、その身も長久《ちようきゆう》である。このことを分別せよ。

掟の内容は、領知・裁判・関所撤廃など越前支配の要となる事項について定めたものであり、のちの秀吉の新領国支配政策に通ずるものがあるが、特に注意すべきは、越前のすべてが柴田勝家の掌握するところとはなっていない点である。越前一国が与えられたといっても、そこには信長が朱印状をもって領知を与えた武士がおり、また公家領も信長によって保証された。さらに、上級裁判権は信長の手にあり、勝家の権限は大きく制限されていたのである。最終条の第九条では、信長への絶対的服従を求め、それが「侍の冥加」だと言い含めている。そこには、絶対者信長という言説が形作られている。

安土築城

越前から岐阜に凱旋《がいせん》し、一〇月一二日に上洛した信長は、各地から相次いで上洛してきた武将たちから礼を受ける。こうした状況をみて、信長に反旗を翻していた本願寺顕如も、信長に請《こ》うて和議を結んだ。この和議を信長は「赦免《しやめん》」と位置づけた。信長は、本願寺に対

図12　安土城復元コンピューターグラフィック（天主　内藤昌復元）

する優位を主張したのである。

天正三年（一五七五）一一月四日、信長は、権大納言《ごんだいなごん》に任じられ、ついで七日には右近衛大将《うこのえのたいしょう》を兼ね、嫡男信忠《のぶただ》は秋田城介《あきたじょうのすけ》に任じられた。これを機会に信長は、公家衆や門跡に新たな知行を「朱印状」をもって与え、信長が彼らの庇護者であること、そしてその領知を保障するのは信長であることを朱印状を出すことで明確にした。

右大将《うだいしょう》任官直後、信長は北関東の大名や有力武将に対し書状を相次いで送った。その内容は、甲斐武田氏の近年の動きを信長への「不儀」とし、それへの対処として五月、長篠の戦いで武田勢を打ち破ったが、武田勝頼一人を討ち漏らした、そこで武田氏の本拠である甲斐を攻め武田氏を退治をするつもりである、その折に信長へ味方することは、「天下」のため「自他」のためにしかるべきことと思う、というものであった。そこには「天下」が政治のスローガンとして明確に打ち出されている。

岐阜に帰った信長は同月二八日、美濃・尾張両国と岐阜城を嫡男信忠に譲った。『信長公記』は、これを「家督」を譲ったと記している。

こうした下ごしらえをした信長は、明くる天正四年正月、丹羽長秀を奉行として、近江安土《あづち》に天下支配の拠点となる城、安土城の築城に着手した。城地として選ばれた安土は、この段階の信長領国のほぼ中央にあり、しかも東海道《とうかいどう》・中山道《なかせんどう》が近くを通り、美濃・尾張も京都も一日行程の地にあり、また、琵琶湖の水運で若狭・越前、さらには北国《ほっこく》へとつながる地にあった。

信長は当座の屋敷ができた二月二三日、岐阜から安土に居を移すが、安土城の普請が本格化するのはその後である。四月一日から尾張・美濃・伊勢・三河・越前・若狭および畿内の諸侍が動員され、石垣の築造が始まった。また、天主《てんしゅ》築造のために京都・奈良・堺の大工や諸職人が徴発された。しかし、安土城の天守閣が完成し、信長がそこに入るのは三年後の天正七年のことである。

第二次信長包囲網・石山戦争

信長が安土へと移った同じ天正四年（一五七六）二月、足利義昭は、紀州の由良から毛利氏の領内、備後《びんご》の鞆《とも》に居を移し、毛利氏に出馬を要請するとともに、上杉謙信に武田勝頼・北条氏政と和解して上洛するよう働きかけた。

こうした義昭の反信長工作のなか、本願寺顕如は四月、石山本願寺で四たび挙兵した。以降、天正八年の石山開城まで続く信長と本願寺の戦いの始まりである。五月三日、信長軍は石山本願寺を攻撃するも、天王寺《てんのうじ》を陣所としていた信長の有力武将であった原田直政が討ち死にするなど、本願寺の反撃にあい撤退を余儀なくされた。

いっぽう義昭の誘いに容易には動こうとしなかった毛利氏が、五月七日、義昭の懇望に応えて反信

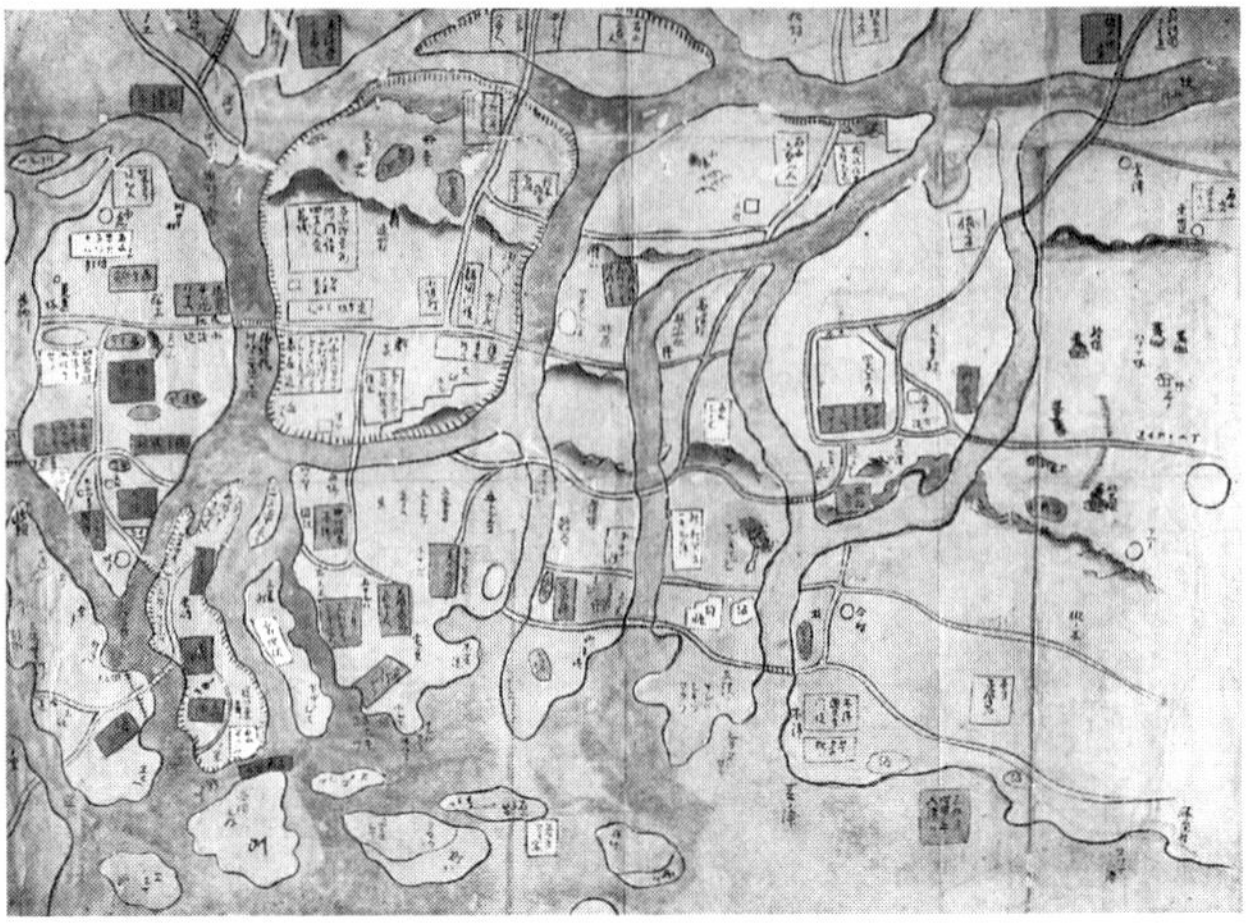

図13　石山合戦配陣図

長の旗幟《きし》を鮮明とし、そのことを島津氏をはじめとする西国大名や上杉謙信・武田勝頼にも通報した。これに喜んだ義昭は、武田・北条・上杉の三和を命ずるとともに、謙信と加賀の一向一揆との講和を進めるよう顕如に働きかけた。この呼びかけに、謙信はこれまでの親信長の立場を捨て、顕如とも和約し、反信長の立場に立った。ここに強力な信長包囲網が完成する。

そして七月一三日、毛利の水軍八〇〇艘が、石山本願寺を包囲する織田方の水軍三〇〇艘が作り上げていた海の包囲網を突破し、石山本願寺に兵粮を入れた。信長は、陸上での本願寺攻撃をなおも続けたが、大坂湾の海上権を失ない、石山本願寺攻略は容易には進まなかった。

包囲網のもとで

天正四年（一五七六）の秋、上杉謙信は越後から越中に入り、その地を制圧したのち、加賀・能登へと侵攻、能登の七尾《ななお》城を取り囲み、そこで越年した。甲斐の武田勝頼は、天正五年正月、小田原《おだわら》の北条氏政の妹をめとり、両者は同盟関係に入る。直接的ではないが、信長包囲網は強化された。西では同年三月、毛利方についた備前の宇喜多直家《うきたなおいえ》が播磨《はりま》に、ついで四月には海上から室津《むろつ》に侵攻し、さらに毛利輝元が三原《みはら》に本陣を進めた。

いっぽう信長は二月、大軍を率いて南下し、和泉貝塚《いずみかいづか》で一向一揆を退け、本願寺に味方し石山に兵を送り込んでいた紀伊雑賀《さいか》一揆を攻め、三月、それを降伏させ、信長方につくことを誓紙をもって誓約させた。しかし、その後の雑賀衆の動きはそれに反し、これまでどおり本願寺側に味方していく。また、信長は七月、越前の柴田勝家に加え、羽柴秀吉に命じ、北陸に軍を進めた。

閏七月六日、『信長公記』が「二条御新造へ御移徙《いし》」と記すように、信長はこれまで京都内の寺院をその宿所としてきたが、自らの京都屋敷を造成し、この日移った。この屋敷は、前年四月に上洛した折、以前足利義昭のために建てた二条御所の跡地に新たに信長の京都屋敷として建てられたもので、天正七年一一月に誠仁親王《さねひとしんのう》が移るまで、信長の京都屋敷として使用された。

八月になると、雑賀の一揆がふたたび蜂起する。北国では、いちど越後に戻った謙信がふたたび能登の七尾城を囲み、九月一五日、これを落とした。この結果、上杉氏の領国は越後・上野に加え、越中・能登そして加賀の北半分に大きく拡大した。

一〇月に入ると、石山包囲網の一拠点であった天王寺砦を任されていた松永久秀が、東西の様子をみて居城の信貴山《しぎさん》城に引き上げ、信長に反旗を翻した。しかし一〇月一〇日、織田信忠・明智光秀らの攻撃を受けて、城に火をかけ自刃した。

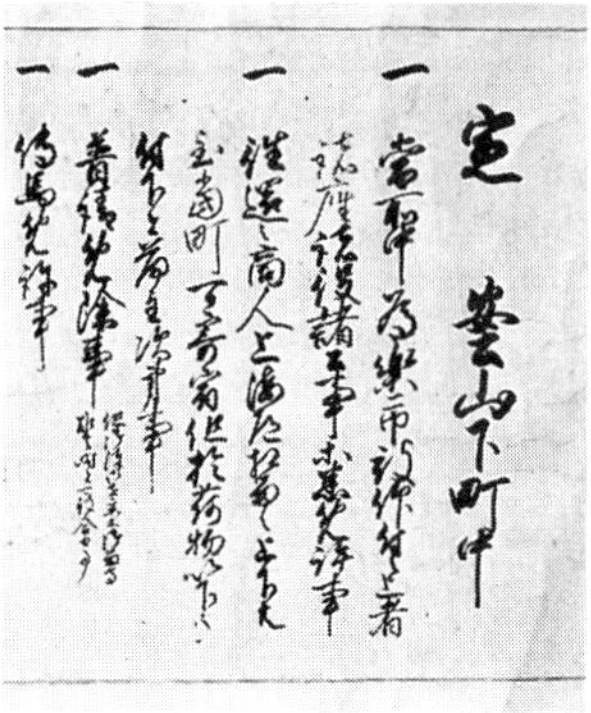

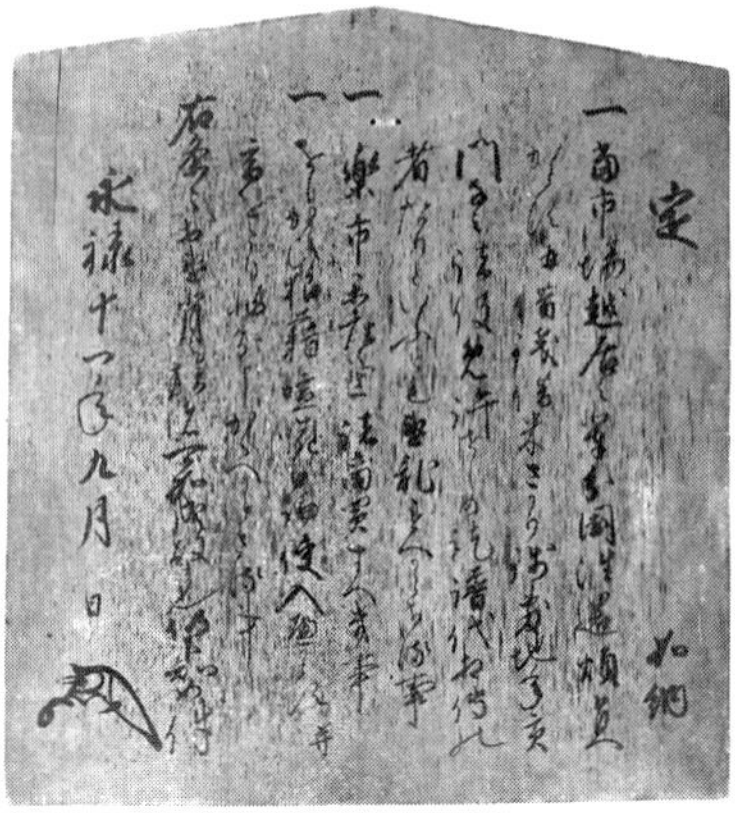

図14　最も古いとされる永禄11年の美濃国加納宛楽市楽座令

信貴山城が落ちた直後、信長は、秀吉に中国攻めを命じた。中国に向かった秀吉は、播磨の姫路城を本拠とし、播磨に侵攻してきた宇喜多勢を押し返し、播磨上月《こうづき》城に、毛利氏に敗れ鳥取から逃れてきた尼子《あまご》勝久《かつひさ》を入れた。さらに但馬《たじま》に進出し竹田《たけだ》城を攻略、城代《じょうだい》として弟の秀長《ひでなが》をそこに入れた。

安土城下

天正五年（一五七七）六月、信長はほぼ完成した安土の城下に対し、つぎのような一三か条の定を公布した。

第一条　城下安土を楽市《らくいち》とし、座《ざ》を撤廃し、諸役・公事を免除する。
第二条　往還《おうかん》の商人は安土城下に寄宿すること。
第三条　普請役を免除する。
第四条　伝馬役《てんまやく》を免除する。
第五条　放火による火事は、その亭主は罰しない。
第六条　借家人や同居人が犯罪を犯した場合でも、その子

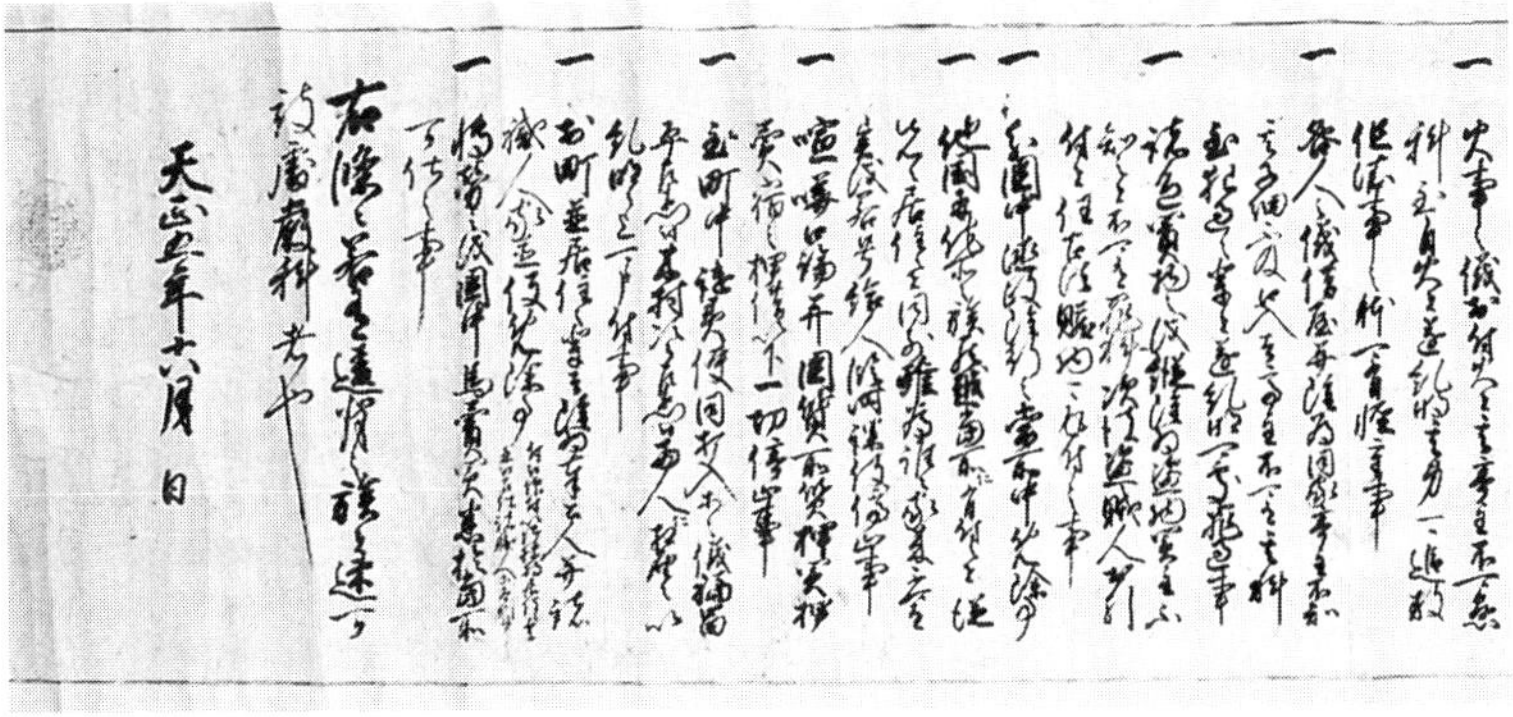

図15　天正5年の楽市楽座令

細を知らなかった亭主は罰しない。

第七条　盗物であっても買主がそれを知らなければ罪に問わない。

第八条　分国中に徳政《とくせい》が行われても、安土城下は免除する。

第九条　他国・他所から安土に移住した者は、先住者と同様の待遇とする。

第一〇条　喧嘩《けんか》・口論を禁止する。また押し売り・押し買いなどを禁止する。

第一一条　町中に譴責使《けんせきし》などを入れる場合は、役人の了解のうえで行う。

第一二条　町中に居住の者の家並《いえなみ》は免除する。

第一三条　国中の馬の売買は安土で行うこと。

安土における楽市・楽座、徳政の免除、普請役・伝馬役をはじめとする役負担の免除、往還商人の安土通過の強制、都市秩序維持のための諸方策が定められている。これら諸政策は、城下町に住む商人や職人に多くの特権を与え、城下の市場としての振興をはかった優遇政策であり、信長の都市政策の根幹をうかがうことのできるものである。こうした政策の多くは、のちに展開する各地の城下町での基本政策ともなるもので、その嚆矢《こうし》として注目される。

翌年正月二九日、安土の侍町で火事が起きた。国元岐阜に家族を置いて一人暮らしていた弓衆《ゆみしゅう》の福田与一の失火であることがわかった。そこで信長は、国元岐阜に家族を置いて一人暮らしの者がどれくらいいるか調べあげさせた。結果その数はなんと直属の家臣である弓衆で六〇人、馬廻衆《うままわりしゅう》で六〇人、合計一二〇人にのぼった。この結果に信長は激怒した。理由は、家臣の安土集住を命じた信長の命に反して、家族を国元に残していたことにあった。信長は、岐阜の信忠に命じ、見せしめとして妻子を国元においていた弓衆の領地の居宅を焼き払い、屋敷地の樹木を伐り尽くさせた。その結果、国元に家族を残していた他の家臣たちは、相次いで家族を安土へと引っ越させた。武士の城下町集住を推し進めることになった事件である。

3――石山戦争の終結と領国の拡大

信長辞官

天正《てんしょう》六年（一五七八）二月、播磨《はりま》三木《みき》城の別所長治《べっしょながはる》が毛利方につき、信長に反旗を翻《ひるがえ》した。これに東播の諸城が同調した。信長方にとっては、いったん勢力下に置いた播磨が危うくなった。

いっぽう領国内の諸将を大動員し、三月一五日の出陣を期していた上杉謙信が、九日に厠《かわや》で倒れ、一三日に四九歳の若さで没した。北の信長包囲網に綻《ほころ》びが生じた。謙信亡きあと、上杉・北条同盟の証として謙信の養子となった景虎《かげとら》と、謙信の姉と長尾政景《ながおまさかげ》の間に生まれ謙信の養子となった景勝《かげかつ》が、家督をめぐって争い、上杉氏は外へ向かう余裕はまったくなくなった。両者の対立が決着するのは、景虎が自刃した翌年三月のことである。信長にとっては思わぬ僥倖《ぎょうこう》であった。

しかし、謙信の死を機に信長を取り巻く情勢が一気に優位に転換したのかといえば、そうでもない。四月に嫡男信忠を大将として明智光秀・丹羽長秀らも動員し、石山本願寺を攻めるが、思わしい戦果はなかった。

天正四年一一月、正三位内大臣、翌五年一一月、従二位右大臣、翌六年正月、正二位と急速に官位を上昇させていた信長は、同六年四月九日、突然、右大臣・右大将を辞した。その理由を信長は、奏《そう》請状《せいじょう》において「征伐之功未終之条」「万国安寧《あんねい》四海平均之時、重応登用之勅命《ちょくめい》」と述べている。すなわち、「征伐」がいまだ終わっていない、それを成し遂げた時には、ふたたび登用の勅命に応じたいというのである。さらに続けて、「然《しか》らば顕職《けんしょく》をもって、嫡男信忠卿に譲与せしむの由」と、信長の官職を嫡男信忠に譲ることをもとめた。この辞官の評価はいろいろあるが、ともかく朝廷側からの官位昇進攻勢を遮《さえぎ》り、信長包囲網との戦いに専心するためのものであり、さらに信忠に「顕職」を「譲与」することで、自らがより上位に立つことをねらったのであろう。この信長の申し出に対し、正親《おおぎ》町《まち》天皇は信長の辞官を認めたが、信忠への「譲与」は認めなかった。ここには両者のかけひきを垣間見ることができる。

七月には、小早川隆景《こばやかわたかかげ》・吉川元春《きっかわもとはる》が備前・美作《みまさか》を越え、播磨上月城《こうづき》を包囲し落城させた。秀吉軍はやむなく西播から撤退し、東播の三木城攻めに専念するが、海上からは英賀《あが》城・高砂《たかさご》城を通じて三木城への兵粮補給が毛利方によって続けられた。

荒木村重の反逆

天正六年（一五七八）一〇月、信長方であった摂津有岡《せっつありおか》城主の荒木村重《あらきむらしげ》が本願寺に与同し、信長に反旗を翻した。それに茨木《いばらぎ》城の中川清秀《なかがわきよひで》、高槻《たかつき》城の高山右近《たかやまうこん》らも敵方となった。これは信長方にとっては予測もしなかった出来事であった。京都・安土と西国との間が遮断されるだけでなく、義昭上洛の道を開くことになりかねない事態となった。信長は、すぐさま村重・清秀を、周辺に展開していた織田方の軍勢をもって攻め立てたが、容易に落ちなかった。そうしたなか、信長は大坂方・毛利方に対し、正親町天皇を利用し、その綸旨をもって講和を図ろうとした。しかし、本願寺はそれには応じなかった。

同年六月末、伊勢・志摩の九鬼嘉隆《くきよしたか》・滝川一益《たきがわかずます》が率いた水軍が熊野灘《くまのなだ》に出、大坂へと向かい、七月には、雑賀《さいか》や淡輪《たんのわ》などの本願寺方の水軍を蹴散らし、またたく間に大坂湾の制海権を手中にした。それに対し一一月六日、毛利水軍が大坂湾の制海権を奪回すべく、六〇〇艘の軍船で鉄板で覆われた九鬼率いる大船に挑んだが、大船から乱射され壊滅的打撃を受け、制海権奪回は無惨にも潰《つい》えた。信長側の反攻への転機となった海戦である。

この報に接した信長は、高槻城・茨木城攻めにみずから出陣した。まず高槻城が開城、ついで茨木城も開城に応じた。そして羽柴秀吉・明智光秀・滝川一益・丹羽長秀ら織田軍の中核部隊をもって村重を攻めるが、こちらは容易には落ちず、村重が有岡城を捨て尼崎《あまがさき》城へと落ちたのは七年九月のことであり、最終的に降伏するのは、石山開城後の天正八年八月であった。

九州では、天正六年一一月一二日、豊後《ぶんご》の大友宗麟《おおともそうりん》と薩摩《さつま》の島津義久《しまづよしひさ》が日向耳川《ひゅうがみみかわ》で戦い、義久が勝利する。島津氏のこの勝利は、北九州で大友氏と対立していた毛利氏にとっては、大友氏の圧力が減退することを意味した。毛利方は、天正七年正月一六日を期して荒木村重に加勢するため出陣することを触れ、同時にこのことを武田勝頼に通報し、西上を求めた。

こうした毛利方の動きを阻止するため、信長は豊後の大友宗麟と通じ、毛利氏の背後をうかがうよう策謀する。その結果、同年正月、毛利氏の重臣の一人杉重良《すぎしげよし》が大友氏と通じ豊前で蜂起したことで、毛利軍の東上は頓挫《とんざ》し、三月には毛利方にあった宇喜多直家《うきたなおいえ》が信長方につき、情勢は信長方優位に展開していく。

安土城天守の完成

天正七年（一五七九）五月一一日、信長は、安土城天守に入った。宣教師《せんきょうし》のルイス・フロイスは『日本史』のなかで、この日が信長の誕生日であったことを記している。完成した天主の高さは、約三七メートル、内部は七階、一階は石垣の中で土蔵、二階は書院造りで信長の居室をはじめ多くの部屋や納戸《なんど》、三階以上は、狩野永徳《かのうえいとく》とその一門による金箔の上に極彩色を施した濃絵《だみえ》が描かれ、その画題は花鳥や中国の故事を描くが、六階は釈迦《しやか》の説法の図をはじめとした仏教画で統一されていた。最上階の七階は三間四方で、内外ともに金色、そこに中国古代の三皇・五帝・孔子《こうし》十哲《じつてつ》などが描かれていた。

『信長公記』は、こうした天守閣《てんしゆかく》の内部の様子を詳述したあと、室町《むろまち》将軍の館をさらに豪華に仕上げ、花の都京都を移したごとく城下を作りあげたことは、信長の「御威光・御手柄」を示すものだと締めくくっている。

この天守完成直後の二七日、信長は、当時折伏《しやくぶく》活動（悪人・悪法をうち砕き日蓮《にちれん》の仏法を広めること）によって都市を中心にその勢力を拡大していた法華宗《ほつけしゆう》（日蓮宗）の弾圧を意図し、安土の浄土宗《じようどしゆう》浄厳院《じようごんいん》において、法華宗と浄土宗の高僧に対論《たいろん》をさせた。結果は、信長の介入により法華宗が敗北し、その場で法華僧たちは袈裟《けさ》をはぎ取られ、そのあと法華宗本山一三か寺は侘証文《わびしようもん》を書かせられたうえ莫大な償金を出させられた。この一件は、統一権力による日蓮宗《にちれんしゆう》弾圧の最初の事件であり、安土宗論《あづちしゆうろん》と称されている。

信雄叱責状

天正七年（一五七九）六月、明智光秀が攻めあぐねていた丹波八上城《たんばやかみ》が落ち、八月九日には丹波黒井《くろい》城も落ちたことで、天正三年に始まった丹波戦がようやく終結した。そして光秀は細川藤孝《ほそかわふじたか》とともに丹後《たんご》へも侵攻し、一〇月にはその地を平定した。翌年八月、丹波は明智光秀に、丹後は細川藤孝に与えられる。

明智光秀らによる丹波平定の直後、信長の二男北畠信雄《きたばたけのぶかつ》は伊賀《いが》攻めに失敗する。これを聞いた信長は、信雄の伊賀攻めは本願寺攻めへの参陣を忌避《きひ》するためのもので、「無念至極」であるとし、それについで本願寺攻めは「第一に天下のため、父への奉公、兄（信忠）への大切、かつは、その方のため、現在・未来をかけた戦いである」のに、この失態は「言語道断、曲事《くせごと》之次第」と叱責《しっせき》した。この叱責状は信雄の失態を責めたものであるが、信長が石山本願寺攻めを「現在・未来をかけた戦い」と最重要視していたことを物語るものでもある。

天正八年正月一七日、荒木村重とともに信長方に頑強に抵抗しつづけていた三木城は、のちに「三木の干殺《ひごろ》し」と称される秀吉による兵粮攻めによって、開城に追い込まれ、城主の別所長治はこの日自刃して果てた。

石山開城

こうした状況のなか、朝廷を介した本願寺との講和工作が開始された。天正七年（一五七九）一二月末には正親町天皇の意向が女房奉書《にょうぼうほうしょ》で示され、ついで翌年三月一日には天皇の「叡慮《えいりょ》」が、勅使《ちょくし》を立てて示された。そして同一七日、信長は、籠城衆の赦免《しゃめん》、退去を保証する人質の差し出し、加賀二郡の返付、石山退去は七月盆前とすること、摂津花隈《はなくま》・尼崎城の引き渡しなど七か条の講和条件を朱印状《しゅいんじょう》でもって本願寺につきつけた。そしてそれに添えられた起請文《きしょうもん》には「今度本願寺赦免之事、叡慮として仰せ出され」たので、本願寺が異議なければ、「条数」のとおり、いささかも違背《いはい》しないとの旨を記した信長の血判《けっぱん》起請文が、勅使の二人宛に出された。

三木落城と毛利方の援助を期待できなくなったなか、顕如は決断を迫られ、同年閏三月五日、顕如の年寄名で五か条の血判起請文を勅使の勧修寺晴豊《かじゅうじはれとよ》・庭田重保《にわたしげやす》に呈し、信長側の人質提供、往還・末寺の保証、加賀二郡の返付、大坂益前の退城、支城の明け渡しなどを、ことごとく天皇の命として受け入れた。そして顕如自身も、信長から示された七か条と本願寺側から示した五か条をともに相違なきものとするので、そのことを天皇に奏達するよう二人の勅使に依頼した。

本願寺側の立場は、天皇の命に従ったまでで信長に屈服したのではない、というものであったが、実態は信長による「惣赦免《そうしゃめん》」であり、石山退城が象徴するように本願寺は信長に屈服したのである。顕如が石山から退城し、紀伊雑賀の中心鷺森御坊《さぎのもりごぼう》に移ったのは四月九日のことである。しかし、顕如

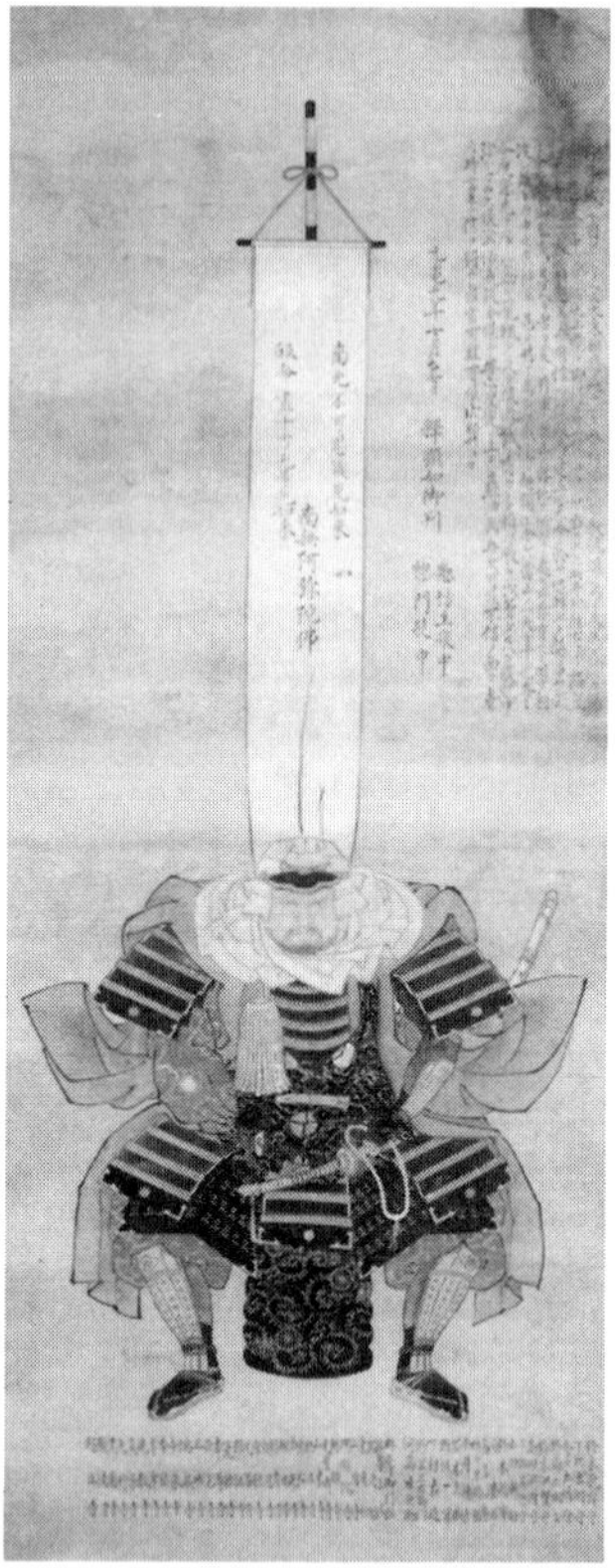

図 16　顕如画像

の子、教如《きょうにょ》は、この石山退城に反対し、諸国に檄文《げきぶん》を発し、なお抵抗を続けるが、八月二日に石山を退去した。

信長が、伊勢長島や越前の一向一揆を皆殺しともいえる方法で殲滅《せんめつ》したのとは違い、圧倒的優位のもとでの講和によって戦いを終息させ、法主顕如の存在を否定しなかったのは、信長にとってなお大きな脅威でありつづけた諸国の一揆勢力を法主《ほっす》を存続させることで押さえ込もうとしたためだ、とする藤木久志氏の見解は至当なものであろう。

支配の深化

顕如が石山を退場した天正八年（一五八〇）四月、加賀では、柴田勝家が一向一揆を攻め、その拠点であった尾山《おやま》（金沢）御坊《ごぼう》が落ち、九二年におよぶ「一揆持ち」の国が姿を消した。西では、秀吉が但馬《たじま》・因幡《いなば》・伯耆《ほうき》への侵攻を開始する。それに対し毛利勢も伯耆・備中《びっちゅう》に入り、両陣営が激突する様相を見せはじめていた。

図17　教如画像

石山開城の直後から信長は、すでに分国としていた国々にもその支配を固めるために新たな施策を展開する。八月、明智光秀に丹波を、細川藤孝に丹後を宛行《あておこな》うが、細川藤孝の丹後転封《てんぽう》にさいして、国中の総検地《そうけんち》実施、指出《さしだし》による国侍《くにざむらい》の「本知《ほんち》」の保障、知行分相応《ちぎょうぶんそうおう》の軍役《ぐんやく》、指出を上回る検地の「出来分《できぶん》」の直

図18　正親町天皇

轄化などを命じ、新たな領国支配の指針を示した。さらに大和に対しては、まず、八月、大和多聞山《たもんやま》城主であった筒井順慶《つついじゅんけい》に「国中諸城」の破却を命じ、翌月には明智光秀・滝川一益を大和に派遣し、大和一国検地のため、興福寺《こうふくじ》・法隆寺《ほうりゅうじ》をはじめとする有力寺院だけでなく国《くに》衆《しゅう》にも、その所領の差し出しを求めた。

天正九年の馬揃え

天正九年（一五八一）正月、信長は明智光秀に命じ、京都での「御馬揃《おんうまぞろえ》」に集結せよとの指令を「御分国《ごぶんこく》」全域に朱印状をもって伝えさせた。「御馬揃」に先立ち、内裏の東側に馬場が新たに作られ、その両側には天皇をはじめ公家衆や女官らが見物するための桟敷《さじき》が設けられた。「御馬揃」は、二月二八日に開催された。一番は丹羽長秀と与力《よりき》である摂津・若狭衆《わかさしゅう》、二番は蜂屋《はちや》頼隆《よりたか》と河内《かわち》・和泉《いずみ》衆、三番は明智光秀と大和・上山城《かみやましろ》衆、四番は村井《むらい》貞成《さだなり》と大和・上山城衆、五番は嫡男の信忠《のぶただ》をはじめとする一門衆、六番は近衛《このえ》前久《さきひさ》を筆頭とする公家衆、七番は旧室町幕府の旧臣たち、八番は信長の馬廻《うままわり》と小姓衆《こしょうしゅう》、九番は柴田勝家と越前衆、そして最後の一〇番は信長と先手頭《さきてがしら》など直属部隊で構成されていた。

この馬揃えを見物した公家の吉田兼見《かねみ》はその日記に「各《おのおの》結構をつくし、中々筆端に述べ難し」と記し、『信長公記』は、この大馬揃えの詳細について記したあと「貴賤《きせん》群衆の輩《やから》、か丶る目出《めで》たき御代に生まれ合わせ、天下安泰にして黎民烟戸《れいみんかまど》さ丶ず、生前の思出、ありがたき次第にて、上古・末代の見物なり」と結んでいる。

この馬揃えは、直接の契機は安土で信長が行った左毬打《さぎっちょ》（左義長《さぎちょう》、正月に行われる火祭）の様子を聞いた正親町天皇から京都での開催を求められたことにあったが、実質的には、丹波・丹後の平定、石山本願寺の石山退去、加賀平定、荒木村重の謀反の鎮圧を経て畿内近国に確固たる支配を確立したことを内外に示す信長の一大デモンストレーションであった。

同年三月一日、朝廷は、表向きはこの馬揃えの褒美《ほうび》として信長に左大臣任官を申し出るが、信長は譲位のことを「申沙汰」馳走《ちそう》する際にお請けしたいと返事をする。信長のこの返事を受けて、朝廷では早急に譲位を「申沙汰」するよう信長に求めた。これに対し、信長は、ひとまず了承するが、時を置かず、当年は「金神《こんじん》」の年なので譲位には不都合とその延期を求めた。「金神」とは陰陽道《おんみょうどう》の神で、その方角に対して普請《ふしん》を始めることや移転・嫁取りなどを避けねばならなかったが、これは譲位延期の名目に過ぎなかった。ともかく、これで正親町天皇の譲位はまたも先送りとなった。

領国の拡大

天正九年（一五八一）六月、秀吉は、二万の軍を率いて姫路を出発、因幡鳥取城攻め《いなば》に向い、一〇月二五日、毛利輝元の将吉川経家《きっかわつねいえ》を因幡鳥取城に囲み滅ぼした。同月、信長は、府中三人衆のうち佐々成政《さっさなりまさ》に越中《えっちゅう》を、前田利家に能登を与えた。その折に、越前の知行の明け渡し、今年の年貢の処理、妻子の能登引っ越し、府中の要害と家臣の家屋を菅屋長頼へ引き渡すよう求められた。これは、のちの江戸時代における大名の転封原則とほぼ同様のものであった。

翌天正一〇年二月三日、信長は、甲斐武田攻めを、駿河口《するがぐち》を家康に、関東口《かんとうぐち》を北条氏政に、飛騨口《ひだぐち》を金森長近《かなもりながちか》に、伊奈口《いなぐち》を信忠に命じた。こうしたなか駿河口で駿河江尻《えじり》城にいた信玄の娘聟にあたる穴山梅雪《あなやまばいせつ》が、家康を通じて降伏。三月二日には、この武田攻めで最大の難関と思われていた信濃《しなの》の高遠《たかとお》城が激戦の末、陥落。これを機に武田方は総崩れとなり、勝頼も新府の城に火を懸け落ち延びるが、三月一一日、田野《たの》で自刃した。

三月五日に安土を発った信長は、伊奈谷《いなだに》で勝頼父子の首級を実検した。そして一九日に上諏訪《かみすわ》まで軍を進め、その後は甲斐、駿河を経て四月二一日に安土に帰った。

武田氏滅亡の結果、信長の領国は信濃・甲斐だけでなく、関東にも及んだ。家康に駿河、滝川一益に上野《こうづけ》と信濃二郡、河尻秀隆《かわじりひでたか》には穴山梅雪の本領を除く甲斐、森長可《もりながよし》には信濃四郡が与えられた。さらに注意すべきは、信長の領国が拡大しただけでなく、関東・南奥羽の大名・国人たちが、信長に使者を送り、「入魂《じっこん》」の関係に入り、信長の影響力は大きく拡張した。

いっぽう、武田氏との同盟関係にあった上杉氏は危機を迎える。南の信濃からは森長可が北上し、西からは越前の柴田勝家が加賀を収め、越中の上杉氏の拠点である魚津《うおづ》城を攻め立てた。

三月一五日、秀吉は播磨・但馬・因幡の兵を率いて姫路を発し、備前・備中へと向かった。備中高松城の清水《しみず》宗治《むねはる》に投降を勧めるが、宗治はそれに応じなかった。これ以降、本能寺の変の直前の高松城開城まで、秀吉による高松城の水攻めが続く。

太政大臣か、関白か、将軍か

天正一〇年（一五八二）四月二三日、勧修寺晴豊《かじゅうじはれとよ》が信長の東国平定を祝う勅使《ちょくし》として安土に行き、正親町《おおぎまち》天皇と誠仁親王《さねひとしんのう》からの祝いの品を届けた。その直後、晴豊は所司代《しょしだい》村井貞勝《むらいさだかつ》のもとを訪れ、安土へ女房衆を下して、信長を太政《だいじょう》大臣か関白か将軍に推任《すいにん》したいとの朝廷側の意向を伝えた。近年、この推任を提起したのは村井貞勝であるとする説があるが、ここではそれを採らない。

五月四日、晴豊は再度女房衆とともに安土に下った。女房衆の一人大御乳人《おおおちのひと》は「天下はいよいよ平和になって、朝家は古今比類なく満足なので、望みの官に任じて国務に尽力するように、いずれ上洛の時申すであろう」との誠仁親王の手紙を携えていた。

朝廷からの使者に接した信長は、森蘭丸《もりらんまる》に命じて用件を聞かせた。それに対し晴豊は、「関東打《うち》はたされ珍重に候間、将軍になさるべきよし」と伝えたところ、信長は森蘭丸を介して朝廷からの「御書」を受け取った。晴豊たちは、信長に会いたいと申し出るが、信長は、天皇・誠仁親王へは改めて返事はすると応えた。それでも晴豊たちは信長への面会を繰り返し望む。信長は六日になってようやく面会する。その時、信長が朝廷からの推任に答えたかどうかは定かでない。晴豊の日記の書きっぷりからすれば、面談だけで返事はしなかったと思われる。その夕刻、信長は、勅使一行を船で大津《おおつ》に送り返した。

ちょうどそのころ備中《びっちゅう》では、秀吉が高松城包囲を開始し、毛利方も毛利輝元《もうりてるもと》・小早川隆景《こばやかわたかかげ》・吉川元春《きっかわもとはる》が参陣、両者が高松城を挟んで対峙《たいじ》していた。秀吉から毛利方が動き始めたとの急報に接した信長は、すぐさま西国出陣を決定、明智光秀《あけちみつひで》・細川忠興《ほそかわただおき》・高山右近《たかやまうこん》・中川清秀《なかがわきよひで》らに先陣を命じ、二九日に上洛し本能寺《ほんのうじ》に入った。そして二日後の六月二日、中国出陣を命じられた一人である明智光秀の奇襲にあい、四九年の生涯を京都本能寺に閉じた。本能寺の変である。

二　天下人秀吉

1―覇者は誰か―本能寺の変から小牧・長久手の戦い

本能寺の変

天正《てんしょう》一〇年（一五八二）六月二日、織田信長《おだのぶなが》は、家臣の明智光秀《あけちみつひで》に攻められ、本能寺《ほんのうじ》において自刃した。享年四九であった。

この前月の五月、信長は羽柴秀吉《はしばひでよし》から備中《びっちゅう》高松城攻めの様子を聞き、中国へ自ら出陣することに決し、先陣を明智光秀・細川忠興《ほそかわただおき》・高山右近《たかやまうこん》・中川清秀《なかがわきよひで》らに命じた。

先陣を命じられた光秀は、まず近江坂本《おうみさかもと》城に帰ったあと、五月二六日にもう一つの居城である丹波《たんば》亀山《かめやま》城に入った。光秀は、翌二七日に丹波と山城《やましろ》の国境にあり京都を一望できる愛宕山《あたごやま》に登り、そこに一晩参籠《さんろう》して何事か祈願し、山上の西坊で連歌会《れんがえ》を催した。その時の光秀の発句は、

　ときは今、あめが下しる、五月哉

であった。「時」は光秀の本姓である「土岐《とき》」を指し、「あめが下しる」は天下を掌握するの意であり、この時、信長追討《ついとう》を決意したとするのが通説である。

図19 （伝）明智光秀画像

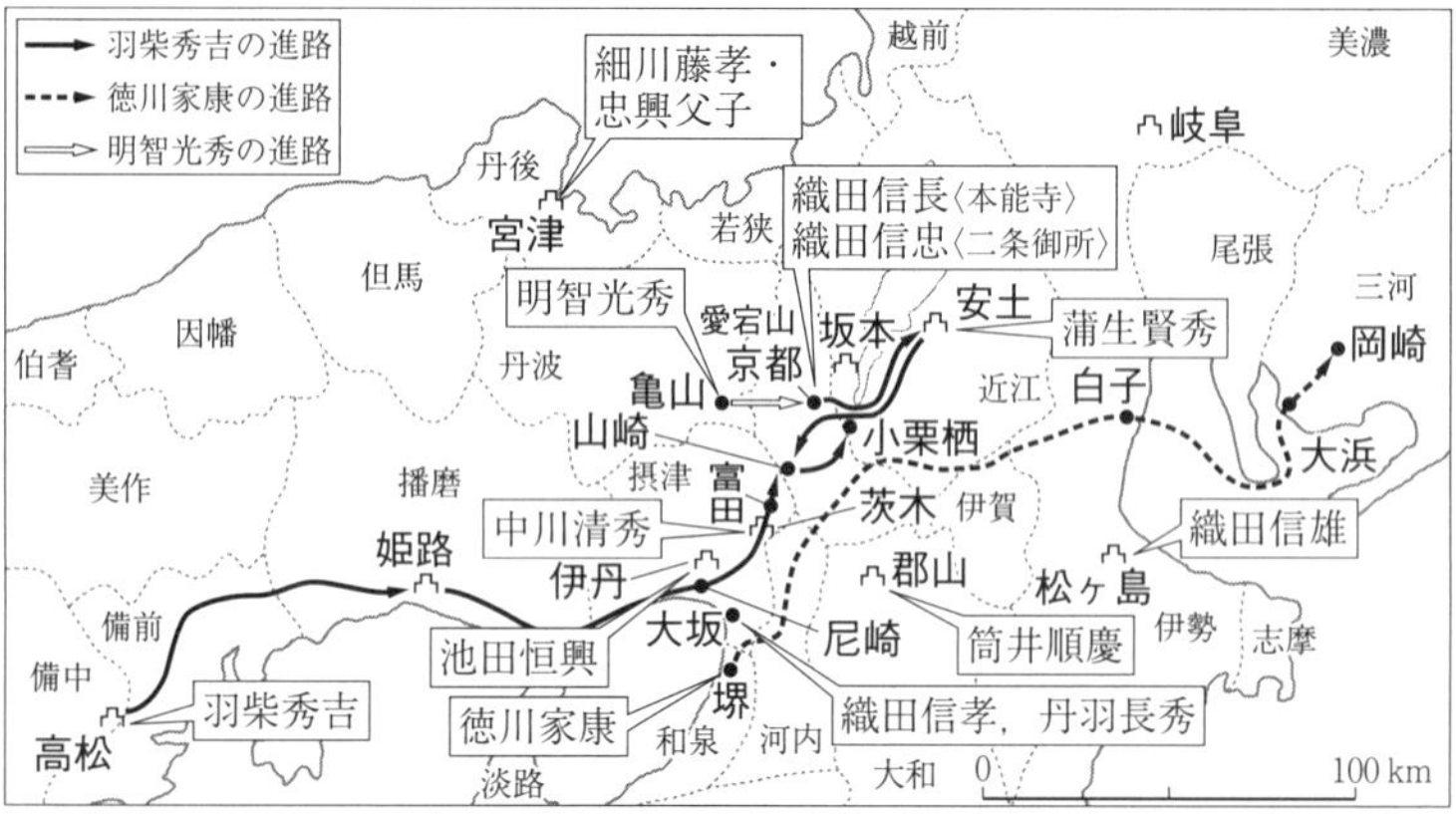

図20 本能寺の変関係図

いっぽう、信長は近江日野《ひの》城主蒲生賢秀《がもうかたひで》らに安土《あづち》城の留守を命じ、わずかの小姓衆《こしょうしゅう》をつれて上洛、本能寺に入った。それを見た光秀は、六月一日亥《い》の刻（午後一〇時）、亀山《かめやま》を発ち、摂津《せっつ》へは向かわず、丹波と山城の境の老ノ《おいの》坂《さか》を越え、京都へと軍を進めた。そして二日未明、本能寺に宿した信長を攻め、自刃に追い込んだ。いわゆる本能寺の変である。

この時、京都妙覚寺《みょうかくじ》にいた信長の嫡子信忠《のぶただ》は本能寺へ救援に向かうが、すでに本能寺は火の手があがり打つ手なく、誠仁親王《さねひとしんのう》の二条御所に入り、誠仁親王を禁裏《きんり》に移したものの、明智勢に攻められ、自刃した。享年二六であった。

図21　誠仁親王画像

光秀「謀《む》反《ほん》」の理由は定かではないが、信長が無防備で本能寺に滞在し、柴田勝家《しばたかついえ》は越中《えっちゅう》で上杉勢と戦闘中、秀吉は備中高松城攻めの最中、大坂にあった神戸《かんべ》（織田）信孝《のぶたか》・丹羽《にわ》長秀《ながひで》たちは四国出陣を間近にひかえ、さらに徳川家康《とくがわいえやす》は堺見物中と、畿内中心部、ことに京都は軍事的空白の状況にあり、こうした状況を光秀は、自らが天下を掌握するに千載一遇の機会と捉えたのではなかろうか。

山崎の戦い

秀吉は、備中松山において、光秀「謀反」の報を、変の翌日六月三日に手にした。そこで秀吉は、信長の死を伏せたまま、毛利方との和平交渉に入り、三日の夜までに講和を成立させた。この講和がこうも早く成立したのは、五月二五日ころ、信長出馬を必至とみた毛利方から伯耆《ほうき》・美作《みまさか》・備中の割譲を条件に秀吉側に講和の申し出のあったことが、その背景にあった。

領土問題の詳細はひとまずおき、松山城主清水宗治《しみずむねはる》の切腹と開城とを毛利方がのみ、翌日、宗治が切腹、高松城は秀吉側に引き渡された。毛利方が信長自刃の報を手にしたのは、その日の夕刻であった。毛利方にとっては、こと遅きに失した。

秀吉は、翌五日も毛利方の動きを確かめるかのように高松を動かず、六日夕刻ようやく陣を引き払い、七日に姫路城に戻った。そしてすぐさま出陣の準備に取りかかり、城内のすべての金銀米銭を諸将・諸卒に配分し、この戦いへの意気込みを示した。そして九日、姫路を発ち、一一日には摂津尼崎《あまがさき》に着陣した。その間、大坂の神戸信孝・丹羽長秀、伊丹《いたみ》の池田《いけだ》恒興《つねおき》、中川清秀・高山右近らに参陣を誘い、一二日に摂津富田《とんだ》へ進み、そこで軍議を持った。しかし、その段階では神戸信孝・丹羽長秀の参陣はなく、両者が参陣したのは一三日の昼頃であった。

一三日の夕刻、秀吉と光秀との間で合戦が始まった。戦闘は二時間たらずで終わり、明智軍は敗退した。光秀は勝竜寺《しょうりゅうじ》城に逃げ入るが、夜陰にまぎれそこを脱出し、近江坂本城へと向かった。しかし、途中の山科《やましな》の小栗栖《おぐるす》で百姓の鎗《やり》を受け傷をおい、家臣の介錯《かいしゃく》で自刃した。光秀の天下掌握はひとときであったことから、のちに「三日天下」と称されるようになる。

清洲会議

天正一〇年（一五八二）六月一六日、秀吉は、織田信孝とともに安土へ軍を進め、ついで長浜《ながはま》、二二日には美濃に入り、美濃・尾張《おわり》を回復したあと、六月二四、五日ころ清洲《きよす》に入った。

この清洲で信長亡き後の織田家の家督と知行割《ちぎょうわり》を決める会議が織田信雄《おだのぶかつ》・信孝《のぶたか》兄弟と織田氏老臣たちによってもたれたが、その日が六月二七日とされているものの、確かなことはわかっていない。おそらく秀吉・信孝が清洲に入ってから、織田信雄・柴田勝家・丹羽長秀・池田恒興らが清洲に集まって以降、繰り返し信長の旧重臣たちを中心に寄合《よりあい》がもたれ、ことが決せられたのであり、一度の「会議」ですべてが決せられたのではなかろう。

さて、このいわゆる「清洲会議」において、織田家の家督は、勝家が支持した信孝ではなく、秀吉が主張した本能寺の変で死去した信長の嫡男信忠の遺子で、わずか三歳の三法師《さんぼうし》（のちの織田秀信《ひでのぶ》）と決した。

この清洲会議では、本能寺の変のあと、放棄せざるをえなくなった甲斐《かい》・信濃《しなの》・上野《こうづけ》を除く信長の旧領は、信長の子である信雄・信孝を含む諸将に分割された。信雄は伊勢のほかに尾張を、信孝は美濃を、柴田勝家は越前のほか秀吉の領知であった近江長浜周辺を、秀吉は播磨《はりま》のほか山城《やましろ》・河内《かわち》・丹《たん》波《ば》を、丹羽長秀は若狭《わかさ》のほか近江で二郡、池田恒興は摂津池田・伊丹《いたみ》のほか大坂・尼崎・兵庫を、堀秀政は丹羽長秀の旧領を、それぞれ得た。

屛風中央にあたる右隻第6扇上部に賤ヶ岳城、左隻第2･3扇中央に大岩山の砦を描く

奈良興福寺《こうふくじ》の僧が書いた『多聞院日記《たもんいんにっき》』の七月六日条には、

天下の様、柴田（勝家）、羽柴（秀吉）、丹羽五郎左衛門（長秀）、池田紀伊守（恒興）、堀久太郎（秀政）、以上五人して分け取りの様にその沙汰あり、信長の子供は何も詮に立たずと云々、

と、その時の様子が記されている。

清洲会議を終えた秀吉は、七月一一日に京都本圀寺《ほんこくじ》に入ったが、そこへは公家たちが相次いで訪問し、信長の後継者のごとく秀吉を扱った。そして、秀吉は京都の南に位置する山崎《やまざき》に新城を築き、ついで一〇月一五日には京都の大徳寺《だいとくじ》で信長の葬儀を挙行し、信長の後継者は秀吉であることを見せつけた。

いっぽう、織田信雄・信孝の兄弟は上方《かみがた》での地位確保・強化をめざし、駿府《すんぷ》の徳川家康を味方につけるべく、家康に北条氏との抗争を止め、両者の和与を求めた。それに対し家康は、年来信長から恩義に預かってきたことを理由にそれを受け入れ、北条氏との和与を一〇月末には成立させた。その和与の内容は、家康が信濃佐久《さく》郡・甲斐都留《つる》郡を、北条氏が上野沼田《ぬまた》領をそれぞれの力をもって勢力下

図22　賤ヶ岳合戦図屏風

に置くことを認め合うものであった。

賤ヶ岳の戦い

天正一〇年（一五八二）末、秀吉は近江に軍を進め、柴田《しばた》勝豊《かつとよ》の長浜城を攻略、ついで信孝の岐阜城を攻め、それを降伏させ、信孝のもとにあった三法師を安土に移した。信孝は家康の援助を期待したが、その時家康は動かなかった。

天正一一年閏正月、秀吉は信雄を安土に迎え、三法師に代わって政治を委ねた。この時期、秀吉は、対外的には信雄を「殿様」と遇している。その後、秀吉は伊勢の滝川《たきがわ》一益《かずます》を攻めるが、二月末に柴田勝家が江北に進出し、柳ケ《やなが》瀬《せ》に布陣したのを受けて、三月一七日、木《き》之《の》本《もと》に本陣を構え、両者の対峙がしばらく続く。

四月一六日、秀吉に降伏していた信孝が岐阜城に挙兵した。これに対し、秀吉は大垣《おおがき》城に自ら軍を率い急行した。これを機に江北の戦線は動きだす。二〇日、柴田方の佐久間《さくま》盛政《もりまさ》が秀吉方の中川清秀が陣取った大岩山《おおいわやま》の砦《とりで》を落とした。この報に接した秀吉は、一騎駈けでわずか五時間ほどで木之本に戻った。これに動揺した佐久間は軍を引こうとするが、それを秀吉勢が攻撃、また賤ヶ《しずが》岳《たけ》に陣を敷い

図23　柴田勝家画像

ていた秀吉方の桑山重晴《くわやましげはる》・丹羽長秀もその攻撃に加わり、勝家の本陣に迫った。結果、勝家は、本陣を払い北庄《きたのしょう》へと逃れた。いわゆる賤ヶ岳の戦いである。

　秀吉勢は、勝家の跡を追って越前に入り、勝家の居城北庄城を包囲した。二三日、勝家はその妻となっていたお市《いち》の方とともに、城に火を放ち自害した。なお、お市と浅井長政《あさいながまさ》のあいだに生まれた三人の娘は城から出され、秀吉に委ねられた。

　秀吉に反旗を翻《ひるがえ》した信孝は、五月二日、兄信雄によって自害させられた。この結果、主の居なくなった美濃には、大坂を含む摂津を領していた池田恒興が移り、摂津は秀吉が領することになった。その直後から秀吉は、大坂城の築城を始める。この戦いの直後、天正一一年四月、小早川隆景《こばやかわたかかげ》に宛てた書状で、秀吉は、

　東国は氏政（北条）、北国は景勝（上杉）まで筑前（秀吉）覚悟にまかせ候、毛利右馬頭殿（輝元）秀吉存分次第に御覚悟なされ候へば、日本の治、頼朝以来これにはいかでか増すべく候や、

と豪語した。これは、秀吉一流の大ほらであるとされてきたが、むしろ柴田攻めにあたって、その背後を攻めるよう上杉景勝《うえすぎかげかつ》に求め、それが機能していたこと、北条氏政《うじまさ》については、織田信雄と家康の

良好な関係と家康と北条氏の同盟関係を前提に、東国が戦闘のない「無事」の状況にあったことを、少し過大に表現したもので、従来の評価よりは実質的なものとみなすべきであろう。

賤ヶ岳の直後、越前と加賀二郡が丹羽長秀に、能登と加賀二郡が前田利家《まえだとしいえ》に、滝川一益の旧領北伊勢が信雄に、さらに丹波は秀吉の養子秀勝《ひでかつ》に、但馬《たじま》・播磨は秀吉の弟秀長《ひでなが》に与えられた。この直後、秀吉は、側室となっていた前田利家の娘まあ宛の書状で、

大さか《（坂）》をうけとり候て、人数いれおき、くに〳〵《（国々）》のしろわり《（城割）》候て、これいこ《（以後）》むほう《（謀反）》なきようにいたし申候て、五十ねんもくに〳〵しづまり候ように申つけ候、

と、天下平定への意気込みを語っている。

秀吉の城・大坂城

すでに述べたように、賤ヶ岳の戦いに際し柴田勝家に与《くみ》した織田信孝が、兄信雄に攻められ降伏、天正一一年（一五八三）五月二日に自刃した。これを受け大坂・尼崎を領していた池田恒興が信孝の旧領美濃に移ったのを機に、秀吉は、摂津を自らの領地に取り込み、清洲会議後に築城した山崎の城を放棄し、畿内の要としての大坂に新城を築き始めた。この直後に秀吉が関東の領主に送った書状のなかで「大坂は、五畿内の廉目《かどめ》よいところ（要所）であるので、ここを居城と定めた」と述べている。

九月一日、大坂城普請《ふしん》の鍬初《くわぞ》めがなされ、本格的な城普請が始まった。普請は、小牧《こまき》・長久手《ながくて》の戦いのさなかも続けられ、天正一二年八月はじめに秀吉は正式に大坂城に入った。この後、大坂城は天

図24　大坂城図屏風

正一五年九月、京都内野《うちの》の地に新たに築かれた聚楽第《じゅらくだい》に秀吉が移徙《いし》するまで秀吉の本城であり、また聚楽第を本城としてのちも、秀吉にとって本城にも準じる重要な城と位置づけられつづける。

家康と秀吉

天正一一年（一五八三）五月、家康は家老の石川数正《いしかわかずまさ》を大坂の秀吉のもとに派遣し、大名物《おおめいぶつ》の茶入《ちゃい》れ初花《はつはな》肩衝《かたつき》を贈り、賤ヶ岳の戦勝を賀した。それに応えて、秀吉は八月、津田左馬《つださま》を遣わし、不《ふ》動国行《どうくにゆき》の刀を家康に贈り、友好な関係を保った。こうしたなか家康は、秀吉に自らの手で関東の「無事」、具体的には北条氏と関東の諸領主との和睦を実現させると伝えた。

これに対し秀吉は一〇月末、家康に関東の「無事」がいまだ実現していないが「如何之儀」かと問いただし、また信長の在世時にはいずれも「疎略」なき者たちであったのだから「無事」が調うのは当然だとし、さらになにかと延引する者があれば、家康と談合のうえ軍勢を派遣し成敗したい旨の書状を送った。この時、秀吉は家康に鷹を「進上」している。このことは、両者の関係が上下、主従の関係ではなく、対等の関係にあり、秀吉が家康を丁重に遇していることを示している。秀吉の書状を受けて、家康は北条氏政に対し、秀吉から「関東惣無事《そうぶじ》」のことを言ってきたので、それを伝えるが、よくよく考えたうえで返事をして欲しいと求めた。しかし、この要請は簡単には実現せず、秀吉・家康の関係が小牧・長久手の戦いで敵味方へと転じるなか、うやむやになった。

小牧・長久手の戦い

秀吉の勢力拡大をよしとしなかった織田信雄は、それまで形のうえでは信雄を「殿様」としてきた秀吉から離れ、家康に接近し、家康を自らの陣営につけて、秀吉との対決に突き進んだ。天正一二年（一五八四）三月六日、信雄は、三人の家老を秀吉に通じたとして切腹させた。このことは事実上、秀吉への宣戦布告となった。家康は、その翌日に浜松《はままつ》を出陣しており、信雄・家康の両者が十分打ち合わせたうえでの行動であったことが知られる。

いっぽう、秀吉も信雄の動きを予測していたかのように、三月一〇日に大坂を出馬、翌日には近江に入った。この前後から、信雄は、四国の長宗我部《ちょうそかべ》氏に働きかけ、かつ紀州の雑賀一揆《さいかいっき》・根来衆《ねごろしゅう》には信雄・家康の連名で大坂攻撃を求め、さらに家康は同盟関係にあった北条氏に援軍を求めるとともに、越中《えっちゅう》の佐々成政《さっさなりまさ》にも働きかけた。

それに対し秀吉は、美濃の池田恒興・森長可《もりながよし》を味方につけ、北国の丹羽長秀・前田利家、越後の上杉景勝を秀吉側につけ、佐々成政の動きを牽制《けんせい》させた。さらに宇喜多秀家《うきたひでいえ》・毛利輝元《もうりてるもと》には中国筋の警戒を求め、四国に対しては淡路《あわじ》の仙石秀久《せんごくひでひさ》を、紀州雑賀に対しては岸和田《きしわだ》城の黒田孝高《くろだよしたか》らを備えさ

屏風中央近くの左隻第１扇下部に池田恒興、同第２扇上部に森長可の討死場面を描く

せた。

小牧・長久手の戦いは、尾張小牧山に信雄・家康が本営を、楽田《がくでん》に秀吉が本営を置き、両者対峙が基本構図である。この戦いで最も大きな戦闘は、秀吉軍の別働隊が、家康の後方撹乱《かくらん》のために三河へと兵を出した折のものである。四月六日夜、秀吉の甥、のちに関白となる秀次《ひでつぐ》を主将に、池田恒興・森長可らの軍勢が三河に向けて動き出すが、それに気づいた家康は、それを背後から攻め、長久手で秀次軍を破った。この戦いで秀吉は、池田恒興父子・森長可を失った。秀吉にとっては手痛い敗北であった。この長久手の戦い後は、ふたたび膠着《こうちゃく》状態に入り、尾張・美濃・伊勢で相手側の城を攻める戦闘が断続的に続くが、決着がつかないまま、一〇月下旬、秀吉が北伊勢に侵攻することで信雄に圧力をかけ、一一月一五日、伊勢桑名《くわな》

南方の矢田河原《やだかわら》で、両者が会見、講和が成立した。

その場にはいなかった家康は浜松に軍を引くが、そこへ秀吉から使者が派遣され、講和を求めた。家康は、信雄が和睦した以上、自分も異存はないと応じた。信雄の要請に応えそれを援助したまでだというのが家康の立場であった。しかし、次男の於義丸《おぎまる》（のちの結城秀康《ゆうきひでやす》）を養子として秀吉の元に送ることに同意している。実質的には人質といってもよい。この後も秀吉と家康のあいだで、人質をめぐっての交渉が続けられるが、天正一三年末には決裂、秀吉は、「家康成敗」へと向かう。

図25　小牧長久手合戦図屛風

2―関白秀吉

根来・雑賀攻め

秀吉は、天正一三年（一五八五）に入ると、小牧《こまき》・長久手《ながくて》の戦いの際、織田《おだ》信《のぶ》雄《かつ》・徳川家康方に与《くみ》した紀州雑賀《さいか》・根来衆《ねごろしゅう》、四国の長宗我部《ちょうそかべ》元親《もとちか》、そして越中の佐々《さっさ》成政《なりまさ》の討伐にかかった。まず最初が雑賀・根来衆、すなわち紀州攻めである。

図 26　根来寺多宝塔

秀吉は三月二一日、大坂城を出陣、根来衆が籠もる千石堀《せんごくぼり》城、雑賀衆の籠もる沢《さわ》城を攻略し、二三日には根来寺へ軍を進め、それを従え、ついで二四日に雑賀一揆を攻め落とした。さらに高野山《こうやさん》がこの時、秀吉に帰服した。この高野山の帰服は、木食応其《もくじきおうご》の手腕によるところが大きかった。秀吉が応其に対し、

　木食一人に対し高野を立ておかせられ候間、高野の木食と存ずべからず、木食が高野と存ずべきこと、

と語ったといわれている。その後、応其は秀吉の信任を得て、京都の大仏造営をはじめ多くの寺社造営に関わった。

四月二六日に大坂へと凱旋した秀吉は、五月三日、本願寺《ほんがんじ》に大坂中島《なかのしま》に寺地を与えている。

四国攻め・越中攻め

次の標的となったのは、土佐《とさ》の長宗我部元親であった。秀吉は、四国出陣を天正一三年（一五八五）六月と定め、羽柴秀長《はしばひでなが》を総大将とし、羽柴秀次《ひでつぐ》を添えて淡路から阿波《あわ》へ、宇喜多秀家《うきたひでいえ》・蜂須賀正勝《はちすかまさかつ》・黒田孝高《くろだよしたか》らを讃岐屋島《さぬきやしま》へ、小早川隆景《こばやかわたかかげ》・吉川元長《きっかわもとなが》らを伊予《いよ》へと派遣し、三方から進撃させた。各地で小規模な戦いがなされたが、圧倒的な秀吉軍の前に長宗我部元親は決戦することなく、証人を出し和を乞うた。八月初め秀吉は、それを許し、土佐一国を

元親に与えた。それ以外の地、阿波は蜂須賀家政《いえまさ》、讃岐は仙石秀久《せんごくひでひさ》と十《そ》河存保《ごうながやす》、伊予《いよ》は小早川隆景・安国寺《あんこくじ》恵《え》瓊《けい》・来島通総《くるしまみちふさ》らに与えられた。

四国攻めがほぼ終息した八月、秀吉は越中の佐々成政を攻めるため京を発った。倶利伽羅峠《くりからとうげ》を越えて越中に入った秀吉に、成政は八月二六日、頭をまるめて降伏した。成政に同調していた飛驒《ひだ》の姉小《あねがこう》路《じ》氏もこの時、秀吉に降りた。戦後処理として成政に与えた一郡を除く越中は前田利家の子利長《としなが》に、飛驒は、翌年金森長近《かなもりながちか》に与えられた。

図27　豊臣秀吉画像
（宇和島伊達文化保存会本模写）

秀吉関白となる

天正一三年（一五八五）七月一一日、秀吉は関白に任じられた。唐突とも思える任官である。秀吉の任官は、口宣《くぜん》案からすれば、天正一〇年一〇月三日に従五《じゅご》位下《いのげ》左近衛権少将《さこのえごんのしょうしょう》、天正一一年五月二二日に従四位下参議《さんぎ》、天正一二年一一月二二日に従三位権大納言《ごんだいなごん》に叙任したことになる。しかし、残された口宣案の筆跡はすべて同じであり、従三位権大納言叙任《じょにん》の際に他は遡《さかのぼ》って作成されたものであり、従五位下権少将、従四位下参議の口宣案は、従三位権大納言叙任のために形式を調えたにすぎないが、この権大納言叙任は、小牧・長久手の戦い直後のことであり、そこには秀吉を取り込もうとする朝廷の思惑がみえる。

翌天正一三年二月一二日、左大臣二条昭実《にじょうあきざね》が関白《かんぱく》に就き、空いた左大臣には、三月一〇日に右大臣近衛《このえ》信輔《のぶすけ》（信尹《のぶただ》）が就いたことで、秀吉に右大臣の職が廻ってきた。しかし、秀吉は信長が前右大臣の地位にあって斃《たお》れたことから、それを受けず、この日、従二位内大臣に叙任された。なお、この時まで秀吉の本姓は信長と同じ「平《たいら》」である。

これで落ち着いたかにみえた朝廷人事も、近衛信輔が関白の職を強く望んだことで、関白の職を死守しようとする二条昭実とのあいだで紛糾し、決着がつかないまま秀吉のもとに持ち込まれた。秀吉は、「いずれが非となってもその家の破滅となり、それでは朝家のためによろしくない」とし、自らが関白となることを信輔に提案した。信輔はその提案に逡巡するが、秀吉が信輔の父である前久《さきひさ》の猶《ゆう》子《し》となり、信輔と兄弟の契りを交わし、いずれは関白を信輔に譲ろうと持ちかけ、さらに近衛家には一〇〇〇石、他の摂家《せっけ》には五〇〇石を与えることを約束した。

こうした秀吉の攻勢のもとに、前久は「四海《しかい》を掌《てのひら》にしている秀吉を、だれが否といえようか」とし、また信輔も「当家の再興になるならば」とやむなく賛成した。ここに、藤原姓の従一位関白秀吉が誕生するのである。叙任は、紀州攻めを終え、四国攻めがまだ終結しない天正一三年七月一一日になされた。

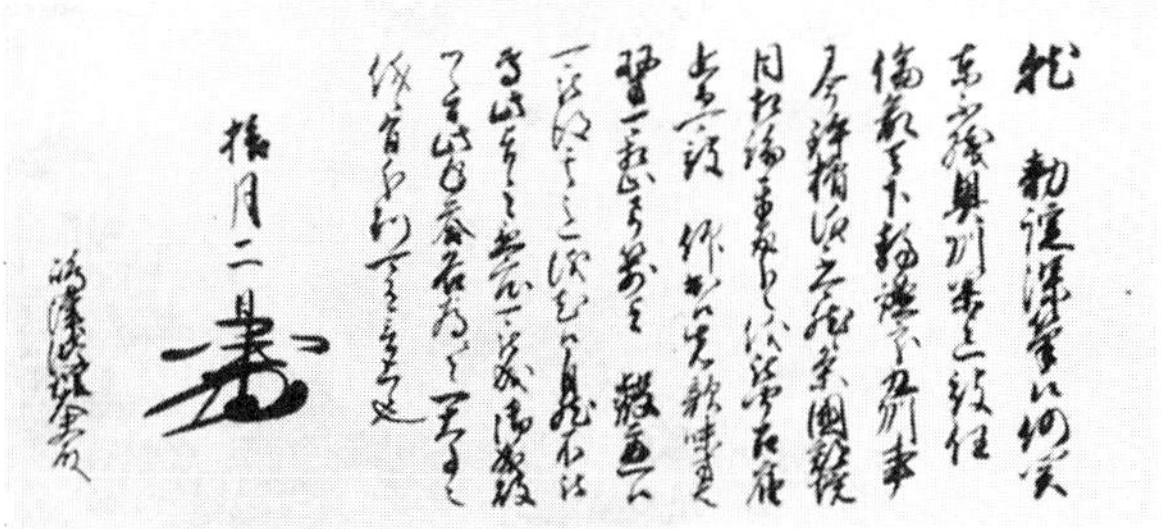

図28　九州停戦令
（天正13年10月2日 島津義久宛羽柴秀吉直書）

九州停戦命令

本能寺《ほんのうじ》の変以降、九州では豊後《ぶんご》の大友《おおとも》、肥前《ひぜん》の龍造寺《りゅうぞうじ》、薩摩《さつま》の島津《しまづ》の三氏が三つ巴《みどもえ》の戦いを展開していたが、天正一二年（一五八四）二月、龍造寺隆信《たかのぶ》が有馬《ありま》攻めの際、島津氏の援軍に敗れ、戦死してしまった。その結果、島津氏の勢力が北九州にも延び、圧迫された豊後の大友氏は、秀吉に援助を求めた。

この機会をとらえ、天正一三年一〇月二日、秀吉は島津家久《いえひさ》に勅命《ちょくめい》を標榜《ひょうぼう》し停戦を命じた。その書状は、「勅諚《ちょくじょう》によって伝える。関東は残らず、奥州の果まで綸命《りんめい》に随い、天下静謐《せいひつ》であるにもかかわらず、九州ではいまにいたっても「鉾楯《ぼうじゅん》」合戦が続いているのはよろしくない。国郡境目の相論についてはそれぞれの言い分を聞いたうえで秀吉が決める、まず敵味方とも弓箭《きゅうせん》を止めよ。これが叡慮《えいりょ》である。この命令に同意するのが当然であるが、背くのであれば「成敗」する。よくよく考えて返答せよ」というものであった。

天皇の権威を前面に押し立てての停戦命令である。しかし、天皇から具体的な「勅諚」や「叡慮」が示されたわけではなく、秀吉がいわば勝手に関白の地位によって出したものであり、鎌倉以来の名族島津氏に対しては、「叡慮」を持ち出さざるをえなかったのだ。

この書状と同様のものが大友義統《おおともよしむね》にも送られたと思われ、大友氏はそれにすぐに同意するが、秀吉からの命令を受け取った島津氏では激論が交わされ、「秀吉は由来なき仁、島津家は源頼朝《みなもとのよりとも》以来連綿と続く家柄であり、関白顔する秀吉ごときに返事など笑止」との強硬意見もでた。しかし結局、勅命であるのでそれを受け、停戦に応じるとともに、大友氏との戦いは信長が定めた講和を大友氏が破ったための防戦であると自らの立場を陳述することとし、翌天正一四年正月その返事を出し、家臣の鎌田政弘《かまたまさひろ》を上洛させた。

上洛してきた鎌田政弘に対し、秀吉は九州国分け案を提示した。その内容は、肥後《ひご》半国・豊前《ぶぜん》半国・筑後《ちくご》を大友氏に、肥前《ひぜん》を毛利氏に、筑前《ちくぜん》を秀吉直轄とし、残りを島津氏の領地とするというものであった。秀吉は、鎌田に七月以前にその返事をするよう、もしなければ秀吉みずから出馬すると申し渡した。

景勝、ついで家康の上洛

島津氏に停戦命令を出すいっぽう、天正一三年(一五八五)一一月、秀吉は、家康とのあいだでの人質交渉がいっこうに進展しないなか、「家康成敗」を決断し、年末には上杉景勝《うえすぎかげかつ》をはじめ諸大名にそれを伝え、さらに翌年正月初旬には二月一〇日に出馬すると報じた。こうしたなか、尾張の織田信雄が正月二七日、岡崎に家康を訪ね、秀吉と家康のあいだを仲介し両者は和睦することになった。

この和睦を受けて秀吉は、真田昌幸《さなだまさゆき》らに、家康が人質を出し、「如何様にも秀吉次第の旨」を懇望《こんもう》したので、家康を赦免《しゃめん》したと報じ、秀吉優位のもとこの講和がなったとした。しかし、秀吉側からは、妹の朝日《あさひ》が家康の正室として三河に下ることになり、また甲信の支配を家康の裁量にまかせるなど、決して秀吉側が圧倒的優位に立つ一方的な和睦ではなかった。さらに家康は、この和睦が成立するや、伊豆三島に出向き、相模《さがみ》小田原《おだわら》の北条氏政《ほうじょううじまさ》と面談し、両者の「入魂《じっこん》」を確認している。

秀吉は家康とのひとまずの和睦が実現すると、形の上では「入魂」のあいだがらにあった越後の上杉景勝に上洛するよう圧力をかけ、三月には石田三成《いしだみつなり》が宇都宮国綱《うつのみやくにつな》を介して景勝の上洛を督促した。こうした働きかけの結果、景勝はその圧力に屈し、秀吉のもとに使者を派遣し、上洛の意向を伝えた。それに畳《たた》みかけるように、秀吉は、家康とは縁者となり、また人質・誓紙が家康から提出されており、東国のことは秀吉の意向どおりとなっているのだから、関東の境目などが決まる以前に上洛するよう、直接景勝に求めた。

こうした秀吉による攻勢のなか、景勝は同年五月二〇日、越後《えちご》春日山《かすがやま》を発ち、加賀金沢《かがかなざわ》付近で石田三成の出迎を受け、六月七日に京着、一四日に大坂城に出仕し、秀吉に臣礼をとった。秀吉が、景勝を臣下とした瞬間である。この折、景勝は佐渡の支配を承認されるとともに、関東・奥羽の諸大名と豊臣政権とのあいだの取次《とりつぎ》をも命じられ、その直後、秀吉の執奏《しっそう》で従四位下少将に叙任された。

家康と和睦し、景勝を上洛させた秀吉は、対馬《つしま》の宗義調《そうよししげ》に「日本の地においては、東は日下《ひのもと》までことごとく治掌し、天下静謐《せいひつ》のこと候条」と東国が秀吉の掌となったと報じるとともに、「筑紫《ちくし》を見物

図29　後陽成天皇画像

ながら」動座すると九州へ自ら出陣すること、さらに「高麗国《こうらい》へ御人数を遣わす」と朝鮮への軍勢派遣を表明した。

家康との関係は、この和睦ですべてが終わったわけではなく、上杉景勝を臣従させ、そのことを通じて北から家康・北条に圧力をかけつつ、家康に上洛を求めた。しかし、家康はそれに容易には応じなかった。そこで秀吉は九月、家康に対し上洛の担保として秀吉の母である大政所《おおまんどころ》を三河に下向させることを伝え、重ねて上洛を求めた。

上洛を実現させるための秀吉の細心の詰めに応じざるをえず、一〇月一四日、家康は浜松を出発、大政所が岡崎に着いたのを確認して京へと向かい、二六日、大坂で秀吉に対面した。ここに両者は、「入魂」となり、家康は「何様《いかよう》にも関白殿次第」と秀吉に従属する姿勢をとった。その折、秀吉と家康が談合した結果、「関東之儀」は家康に任せることになった。さらに家康は、在京中に秀吉の執奏によって権中納言、従三位に任叙された。一一月一一日、家康は岡崎に戻り、翌日、質となった大政所は、岡崎を発って秀吉のもとに帰った。

家康の上洛・臣礼は、家康が秀吉へ一層臣従したことを示すものであったが、秀吉自身が「入魂」と表現したように、家康との関係は対等な要素をなお残すものであった。

家康が京都を発つ前日の一一月七日、正親町《おおぎまち》天皇が和仁親王《かずひとしんのう》に譲位、後陽成《ごようぜい》天皇が誕生した。二五日、即位礼が行われるが、それを沙汰した秀吉は、太政大臣《だいじょうだいじん》に任官、豊臣《とよとみ》の姓を与えられた。そして即位礼では後陽成天皇に即位灌頂《そくいかんじょう》（即位式に行われた密教儀式）を伝授した。なお『公卿補任《くぎょうぶにん》』は任官の日付を一二月一九日としている。

秀吉の九州動座

天正一四年（一五八六）七月までの返事を島津氏に求めた秀吉は、その返事をただ待っていたのではなく、国分け案を提示するとともに、毛利輝元に対し、「弓箭覚悟」を指示し、豊前・肥前の人質をとること、軍勢の派遣、兵粮《ひょうろう》の確保とを同時に命じた。この指示の末尾に「高麗御渡海事《こうらいごとかいのこと》」がみえ、秀吉はこの段階で九州平定の先にある朝鮮出兵を構想していたことがわかる。

秀吉からの国分け案を受け取った島津氏では、一族・重臣が談合した結果、六月一三日、義久は肥《ひ》後八代《ごやつしろ》に出陣した。この報は、六月二八日付で大友氏から秀吉に伝えられた。その報を七月一〇日に京都で受け取った秀吉は、すぐさま島津「征伐」を決断し、長宗我部父子をはじめとする四国勢に先《さき》手《て》を申しつけ、二〇日に出陣させ、毛利輝元・吉川元春《きつかわもとはる》・小早川隆景など中国勢を先手に加え、そのあとから羽柴秀長、秀次に備前・播磨・丹波・美作《みまさか》・紀伊・淡路の軍勢を添えて派遣することとした。

しかし、毛利勢は容易には動かず、島津勢は筑後・筑前へと侵攻した。それに対し秀吉の軍師黒田《くろだ》孝高《よしたか》は、輝元らの出兵を督促し、八月中旬、毛利勢の九州出兵が固まり、九月末から九州渡海が始まり、一〇月四日には小倉《こくら》城を攻略した。

いっぽう、四国勢は八月には豊後に渡った。それをみて島津勢はいったん軍を引き、羽柴秀長や石田三成に対し書を送り、この間の侵攻を弁明するが、そのいっぽうで、あらためて島津家久が日向口《ひゅうがくち》から、弟の義弘《よしひろ》が肥後口《ひごくち》から豊後をめざし侵攻を開始した。そして家久勢は一二月一三日には豊後戸次川《へつぎがわ》の戦いで大友義統《よしむね》と四国勢を大敗させ、豊後をその勢力下においた。

この報に接した秀吉は自ら出陣することを決め、翌年正月二五日、宇喜多秀家《うきたひでいえ》を皮切りに十数万の軍勢を出陣させ、みずからは三月一日、大坂城を発した。その後の道のりは、ゆったりとしたもので、三月一八日に安芸《あき》の厳島《いつくしま》神社に参詣、二五日に赤間関《あかまがせき》（下関）に、二八日に豊前《ぶぜん》小倉に入った。

ここで豊臣軍は二手に分かれ、秀吉の軍は筑前・筑後・肥後へ、秀吉の弟秀長を将とする軍は豊前・豊後・日向へと進んだ。秀長軍は、軍を急速に進め、四月六日には島津勢の籠もる南日向の高城《たかじょう》を包囲し、一七日には島津勢の本隊を撃破した。島津氏にとって決定的な敗北となった。

いっぽう秀吉は、四月一六日に肥後熊本、一九日に八代、そこに四日逗留《とうりゅう》、二七日に薩摩に入り、五月三日、薩摩泰平寺《たいへいじ》に陣した。こうした状況をみて同月八日、剃髪《ていはつ》して名を龍伯と改めた島津義久《よしひさ》が、泰平寺の秀吉のもとを訪れ赦免《しゃめん》を請うた。それに対し、秀吉は義久を赦免し、薩摩一国を与えた。

秀吉は、今回の「動座」を、翌日付で家久に与えた書のなかで「勅命によって日本六十余州の儀を進止するよう命じられ、残らず申しつけ、九州国分を去年申しつけたにもかかわらず、その命に随わなかったので誅罰することとなり、秀吉みずから出陣し討ち果たそうとしたところ、義久が一命を捨て秀吉のもとに走りいったので赦免し、薩摩一国をひとまず宛行《あてが》った。よく心得て、今後は叡慮を守り、忠功に励むことが肝要である」と総括している。

泰平寺での一四日間の滞在ののち、一八日、秀吉は泰平寺を発ち南下、二六日に大隅曽木《おおすみそぎ》まで進み、ここで馬を返し、肥後を通って六月七日に博多に入り、箱崎八幡宮《はこざきはちまんぐう》に本営を構え、改めて九州の国分をおこなった。筑前と筑後・肥前のそれぞれ二郡を小早川隆景に、豊後を大友義統に、豊前六郡を黒田孝高に、同二郡を毛利吉成《もうりよしなり》に、肥前の大半を龍造寺政家《りゅうぞうじまさいえ》に、日向を伊東祐兵《いとうすけたか》・秋月種長《あきづきたねなが》・高橋元種《たかはしもとたね》・島津豊久《しまづとよひさ》に、薩摩を島津義久に、大隅を島津義弘に、相良頼房《さがらよりふさ》への安堵分《あんどぶん》を除く肥後を佐々成政《さっさなりまさ》に与えた。対馬については、宗義調《そうよししげ》が本領を安堵された。

伴天連追放令

秀吉は、キリスト教に対しては当初、信長同様保護政策をとり、大坂にも教会を建設させ、またその布教も許可していた。ところが天正一五年（一五八七）六月、九州を平定し、博多に戻った秀吉は、突然、伴天連追放令《ばてれんついほうれい》を発令した。九州に来て、キリスト教の広がりや長崎が教会領となっていたことを、見聞きしたことによると思われる。

同月一九日に出された追放令の第一条には、「日本は神国たるところ、きりしたん国より邪法《じゃほう》を授け候義、はなはだもって然《しか》るべからず候事」とあり、日本が「神国」であることを前面に押し立て「邪法」たるキリスト教を排撃したのである。

第二条は、「その国郡のものを近づけ門徒《もんと》とし、神社仏閣を打ち破ることは前代未聞のことであり、国郡を給人にくだされたのは「当座」ことである。天下の法度《はっと》を守るように」、第三条は「伴天連はその知恵の法をもって、心さし次第に檀《だん》那《な》を持候と思っていたところ、日本の仏法を破り「曲事《くせごと》」であるので、伴天連を日本の地から追放する」と、キリスト教を広める伴天連追放の背景・理由を説明している。

しかし第四条では「南蛮《なんばん》貿易の黒船《くろふね》は、商売のことであるので格別である」とし、さらに第五条では、仏法のさまたげをしないものは、商人は言うにおよばず、「きりしたん国」より来るものもかまわないと、貿易の自由を保証した。

この結果、博多で与えられた教会敷地は認められず、イエズス会に寄進されていた長崎・茂木《もぎ》・浦上《うらかみ》などの教会領は没収され、各地の教会も取り壊された。

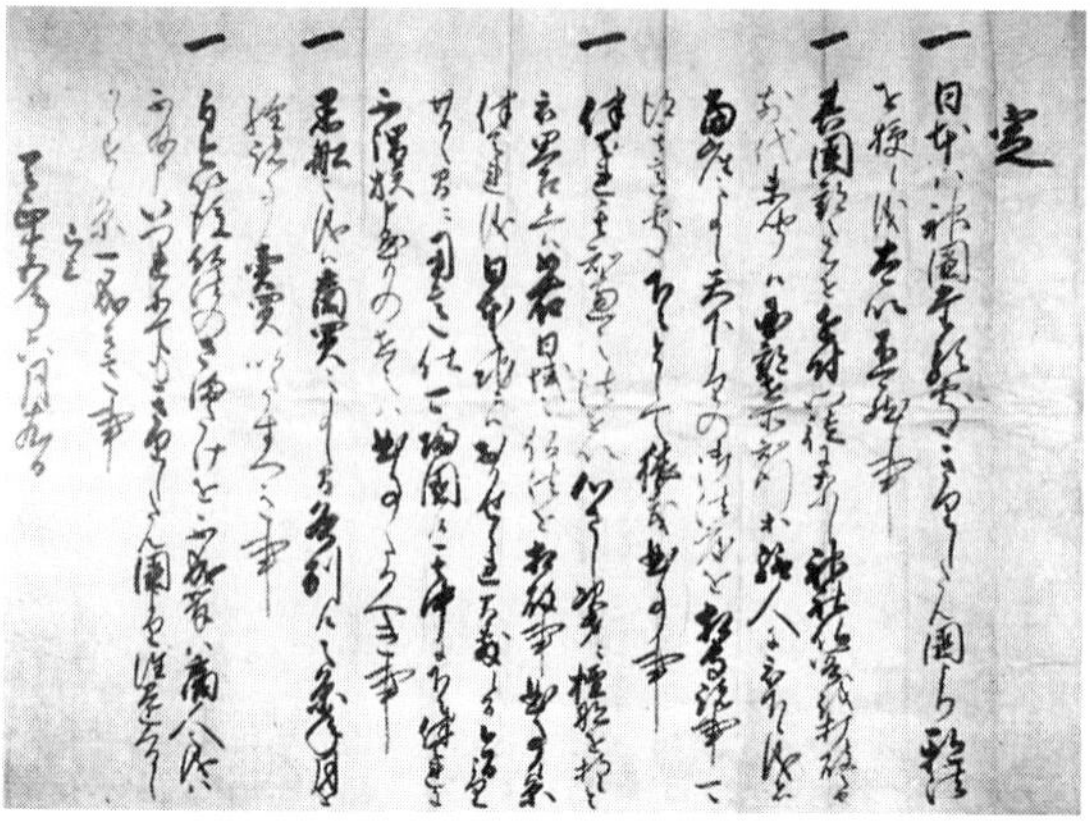

図30　伴天連追放令

九州の諸一揆

秀吉の九州出兵は、秀吉軍の圧倒的勝利で終結したかにみえる。しかし、実はそうでもない。秀吉が大坂に凱旋《がいせん》してまもなく、天正一五年（一五八七）七月末に佐々成政に与えられた肥後で一揆が蜂起した。一揆の原因は、佐々成政の肥後の国衆《くにしゅう》や百姓に対する仕置《しおき》が悪かったことにあった。

秀吉は九月はじめ、肥後の境目にいる者たちに佐々成政に加勢するよう、また小早川隆景には筑後《ちくご》久留米《くるめ》城まで出陣し、黒田孝高・毛利吉成には留守を固めるよう指示した。その翌日、肥後表《ひごおもて》については佐々成政が熊本に入り、ひとまず一揆を打ち払ったとの安国寺恵瓊《あんこくじえけい》からの報が入るが、秀吉は筑後・肥前の軍勢を、小早川秀包《こばやかわひでかね》を大将として、龍造寺とも相談のうえ安国寺を差し添え、熊本に急行させ、成政と相談しながら、一揆を成敗するよう改めて指示した。さらに一揆鎮圧が難しければ、毛利吉成・黒田孝高を二番手とし、それでもなお困難であれば毛利輝元の立花《たちばな》城までの出馬を指示した。

この肥後での一揆蜂起は、同年一〇月一日から一〇日間、秀吉が京都北野《きたの》の松原《まつばら》で催した大茶会の日程を、わずか一日で中止させるだけの大きな衝撃だった。

九月末には、肥後に引きつづき、肥前でも一揆が蜂起した。この報に接した秀吉は一〇月一三日、さしたることではなかろうがとしながらも、小早川秀秋《ひであき》・黒田孝高・毛利吉成を久留米に置き、毛利輝元に出陣を命じ、さらに豊臣秀長・豊臣秀次・宇喜多秀家《うきたひでいえ》を九州に派遣すると報じた。さらに一〇月半ば、豊前でも一揆が蜂起したとの報が一〇月末に秀吉のもとに届いた。こうした肥後・肥前・豊前でのあいつぐ一揆蜂起に対し、秀吉は、

一揆原そのほか国々の牢人原の儀、追い払わる儀は、安かるべき儀に候、

としながらも、明春に軍勢を派遣することを約束している。

一一月一〇日には、龍造寺政家に対し、一揆の「成敗」のために毛利輝元が出馬したことを伝えるとともに、明春はじめに豊臣秀長を大将に一〇万の軍勢を送ると報じた。それほどまでに九州での状況は緊迫していたのである。さらに一二月一〇日には、「御遊山」ながら来春の九州「動座」をほのめかしている。

しかし一二月には、肥後の一揆の鎮圧を受けて、秀吉は、肥後《ひご》仕置《しおき》のため改めて来春正月二〇日、上使二万余の派遣を命じたことを伝えた。一二月末には豊前の一揆もほぼ鎮圧された。正月一九日には、肥後仕置のため、四国衆・浅野長政《あさのながまさ》・加藤清正《かとうきよまさ》・小西行長《こにしゆきなが》らが出陣し、三月にはほぼ「一着」した。佐々成政は、その仕置の非によって肥後の地を失い切腹させられた。そして肥後は、加藤清正と小西行長に与えられた。

聚楽行幸

北野大茶会を中断させた九州での一揆の終息を受けてかのように、天正一六年(一五八八)四月、前年以来、広く知らされていた後陽成《ごようぜい》天皇の聚楽行幸《じゆらくぎようこう》が行われた。後陽成天皇が即位したのは、二年前の天正一四年一一月二五日のことである。

天正一四年二月、秀吉は、京都内野《うちの》に聚楽第《じゆらくだい》の築造を始める。現在の二条城の規模を遙かに超える巨大な平城《ひらじろ》であった。聚楽第が建設された内野は、旧内裏《だいり》跡であり、現二条城の北、一条通、大宮通、出水通《でみずどおり》、千本通に囲まれた地である。この新邸は、当初、「関白新城」と称されたが、天正一五年正月、これを「聚楽」と称し、完成後には天皇の行幸のあることが所司代《しよしだい》の前田玄以から触れられた。

聚楽第が秀吉の本城となるのは、天正一五年九月のことである。一三日、秀吉は大坂から母の大政所《おおまんどころ》、正妻の北政所《きたのまんどころ》を伴い、正式に聚楽に移徙《いし》した。これ以降、聚楽第は、秀次に譲られるまで、秀吉の居城、本城となった。しかしこのことで大坂城が放棄されることはなく、依然として重要な軍事拠点であり、秀吉にとって重要な城としてその後も機能しつづけた。

天正一六年四月一四日の行幸当日、秀吉は、室町《むろまち》将軍の例を破り、みずから禁裏《きんり》まで天皇を出迎え、天皇が鳳輦《ほうれん》に乗り移るのを助けた。秀吉をはじめとする公家・武家を従えた行列は、先頭が聚楽についてもなお後尾は禁裏を出ていないほどだったと言われている。

図31　聚楽第行幸図屏風

行幸の初日は、七献《しちこん》の饗宴《きょうえん》、管弦《かんげん》があった。翌一五日、秀吉は、京中の銀地子《ぎんじし》五五三〇両余を禁裏に進上し、京中の地子米《じしまい》八〇〇石を正親町上皇《おおぎまちじょうこう》と智仁親王《としひとしんのう》に献じた。さらに公家や門跡《もんぜき》に、近江高島《たかしま》郡内で合計八〇〇〇石の地を与えた。行幸は当初三日の予定であったが五日に延長された。この時の様子は、秀吉が大村由己《おおむらゆうこ》に命じて作らせた『聚楽行幸記』に詳細に記録されている。

聚楽行幸と武家

この聚楽行幸の二日目、秀吉は大名から誓紙をとった。その内容は、第一は聚楽行幸にさいし昇殿《しょうでん》を許されたことへの御礼、第二は禁裏御料所《きんりごりょうしょ》、公家・門跡領の保証、第三は関白秀吉の命には何事であろうといささかも背かないことであったが、この誓紙の最大の目的は第三条目にあったことは容易にみてとれよう。

この時の誓紙は、二つのグループから構成され、一つめのグループは、内大臣織田信雄《おだのぶかつ》、権大納言徳川家康、権大納言豊臣秀長、権中納言豊臣秀次、参議宇喜多秀家、右近衛権少将前田利家の六人、二つめのグループは豊後侍従大友義統《じじゅうおおともよしむね》、丹後少将細川忠興《ほそかわただおき》ら二三名である。さらに注意すべきは、織田信雄が平《たいら》、徳川家康が源《みなもと》など、数名が異なる姓であるが、過半の大名が豊臣姓であり、形式的とはいえ、豊臣姓をもって擬制的同族集団を出現させ、それを通じた政権の安定が図られたのである。

この聚楽行幸を機に、武家の家格が公家の家格を取り込むかたちで新たに編成された。この点を明らかにしたのは、矢部健太郎氏である。氏の成果によりながら以下述べることにしよう。聚楽行幸を前に、織田信雄・徳川家康・羽柴秀長・羽柴秀次の四人が清華成《せいがなり》する。「清華」家とは公家においては摂関家《せっかんけ》に次ぐ家格で、摂政・関白にはなれないが太政大臣《だいじょう》まで昇進可能な家のことである。また、聚楽行幸後すぐあとに毛利輝元と上杉景勝が清華成した。この武家の清華成は、公家世界から排除されてきた武家を儀礼の場を中心にその中に位置づけ、さらに武家内部での家格序列、武家摂関家としての豊臣氏、清華家としての徳川氏他、そしてそれ以下の武家に序列化することを狙ったのである。

しかし、前田利家が清華成するのは天正一九年のことであり、先の起請文《きしょうもん》では家康らと同じグルー

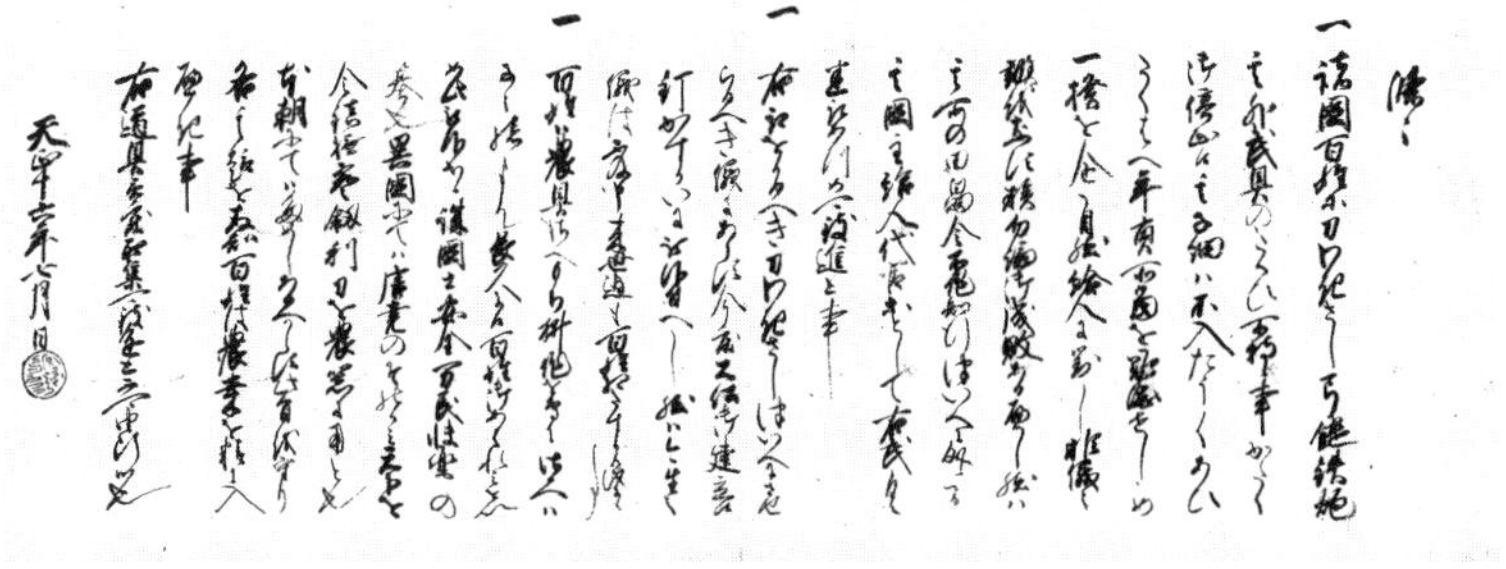

図32　刀狩り令（天正16年7月 豊臣秀吉掟書）

プに名がみえ、武家清華家による序列化と微妙なズレをみせている。

刀狩り令・海賊禁止令

天正一六年（一五八八）七月八日、秀吉は著名な刀狩《かたなが》り令《れい》を公布した。この刀狩り令に先だつ天正一三年四月に根来《ねごろ》・雑賀《さいか》を攻め落としたあと、三か条の条目《じょうもく》を出すが、その第三条目で、

在々百姓等、自今以後、弓箭《きゅうせん》・鑓《やり》・鉄砲・腰刀《こしがたな》等停止《ちょうじ》せしめ訖《おわんぬ》、しかるうえは鋤《すき》・鍬《くわ》等農具を嗜《たしな》み、耕作を専《もっぱ》らにすべきもの也

と、天正一六年の刀狩り令とほぼ同趣旨の施策を、地域的には限定されたものではあるが、施行していた。

天正一六年の刀狩り令は全三か条からなる。

第一条　百姓が刀・脇指《わきざし》・弓・槍《やり》・鉄砲《じっぽう》そのほか武具のたぐいを所持するのを禁じ、不要な武器を蓄え、年貢《ねんぐ》などを納めるのを渋り、一揆を企て、領主に対し非儀を行うものは成敗するとし、さらに領主や代官《だいかん》は武具を取り集め進上するように。

第二条　集めた刀・脇指は、今度の大仏建立のための釘・かすがい（鎹）にするので、今生だけでなく来世までも百姓を救うことにな

る。

第三条　百姓は農具さえもち耕作をもっぱらにすれば、子々孫々まで長久であり、今度の仰せは百姓への憐れみをもって出されたもので、誠に「国土安全万民快楽」の基であり、中国では堯《ぎょう》の時代に天下を鎮撫《ちんぶ》するために、宝剣利刀《ほうけんりとう》を農具としたことはあるが、本朝、日本にてはそのようなことはない、そこでこの旨を守り、百姓は農桑《のうそう》（農耕と養蚕）に精《せい》を出すべきである。

いろいろ捏《こ》ねくり回してはいるが、多聞院《たもんいん》の僧英俊《えいしゅん》が、その日記に「内証《ないしょう》は一揆停止のためなりと沙汰《さた》これあり」と記したように、その本質は「一揆」対策にあった。

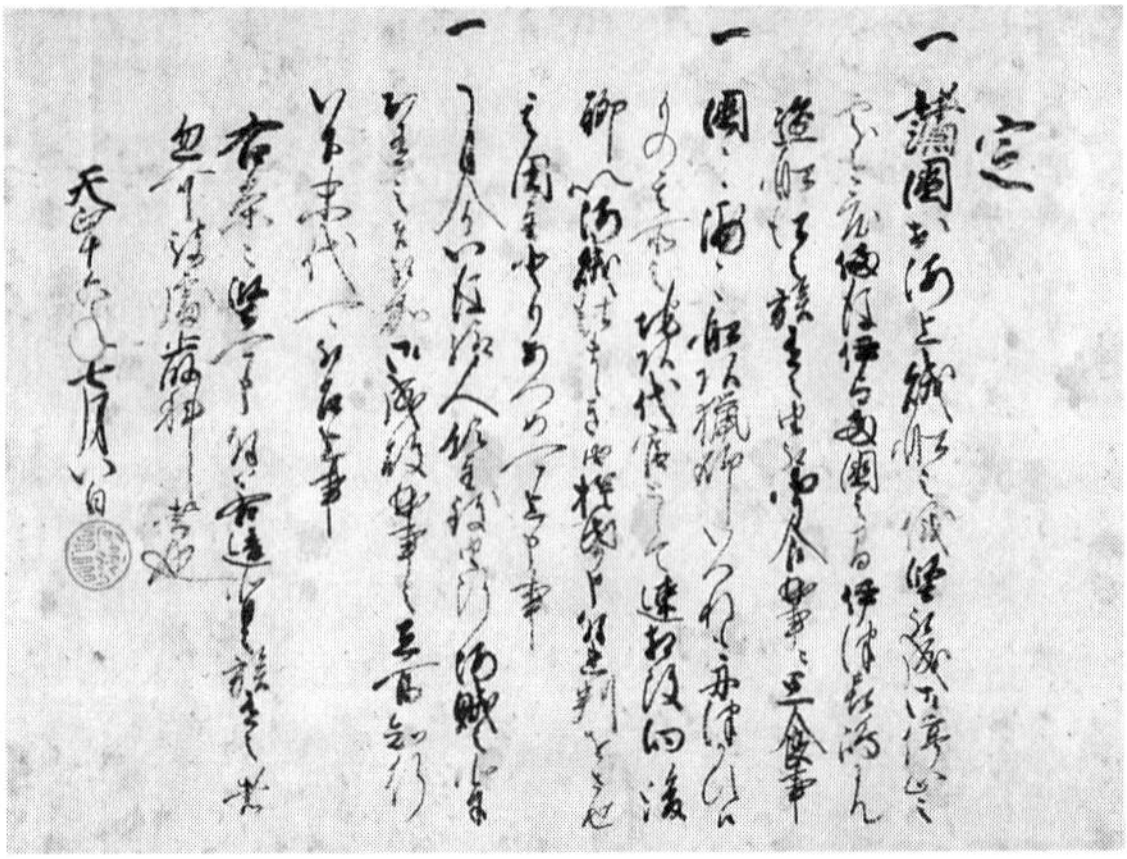

図33　海賊禁止令（天正16年7月8日 豊臣秀吉法度）

同じ日に、秀吉は、海賊停止令《かいぞくちょうじれい》と通称される三か条の法令を出した。

第一条　諸国の海上において海賊行為は堅く禁じられているにもかかわらず、今度備後《びんご》と伊予のあいだの伊都岐《いつき》島（厳島）で海賊行為があった、これはけしからぬことである。

第二条　国々浦々で船頭・猟師ともに船を使うものを改め、それらから海賊行為をしないという誓約をとって、それぞれの国主がそれらを取り集め進上するように。

第三条　今後、領主が油断し、領内で海賊行為があった場合には成敗し、その領地も没収すると する。

この海賊停止令も、これに先だって遅くとも前年の九州攻め直後には、豊臣政権の基本的な政策となっていたことも注意されよう。

「惣無事令」はなかった

一九七八年、藤木久志氏が提唱された「惣《そう》無《ぶ》事《じ》令《れい》」は、喧嘩《けんか》停止令《ちょうじれい》、刀狩り令、海賊禁止令とともに豊臣政権の政策基調をなすものとされ、日本史辞典の項目や高等学校の教科書にも採用され、いまや定説となっている。しかし、近年、この藤木氏の「惣無事令」について、根拠とされた文書の年代比定、恒常的な「令」とすることへの疑問など、さまざまな批判が出ている。

氏の「惣無事令」は、初発の段階から徐々に肉付けされ、『豊臣平和令と戦国社会』が刊行された一九八五年ころには、大名・領主への停戦命令、当知行の暫定的安堵、公の裁定、不服従者の公による制裁を内容とし、その権限は天正一三年（一五八五）の関白任官によって手にしたものとほぼ定式化された。

ところで「惣無事」という用語は、秀吉が使い始めた用語ではなく、東国において「和平」「平和」「和与」「一和」などとともに和睦を意味する言葉として戦国期を中心に使用されていたものである。

まず藤木氏の「惣無事令」論への批判は、氏が天正一四年のものとされた北条氏政《ほうじょううじまさ》宛徳川家康書状の年代確定から始まった。論証の詳細は割愛せざるを得ないが、家康が秀吉からの要請を受けて「関東惣無事」を北条氏に求めた家康書状は、天正一四年のものではなく天正一一年のものであることが論証されたのである。このことは、氏が権限の源泉を秀吉の天正一三年の関白任官に求めたことと明らかに矛盾する。氏の説は、まずこの点で再構築を迫られる。なお、天正一一年前後の情勢は本書の「家康と秀吉」の項（68頁）を参照していただきたい。

氏の「惣無事令」へのもう一つの批判は、氏が政策基調とした「令」としての性格をめぐってである。氏は、天正一四年一二月三日の秀吉直書を「惣無事令」としたが、これは秀吉側に接触してきた大名・領主の一部に返書として送られたもので、その内容も家康に「関東惣無事」を秀吉が命じたことを伝えるだけのもので、氏がいう令の構成要素である停戦命令、当知行の暫定的安堵、公の裁定、不服従者の公による制裁などの具体的内容を備えていない。さらに、天正一五年、秀吉が「関東・奥両国惣無事」を宣言したときも、それが強権的に東国の大名・領主に伝えられたのではなく、それ以前から関係を有していた一部の領主たちに伝えられただけであり、また天正一六年の伊達《だて》・最上《もがみ》・田村などの「惣無事」も、氏のいう「惣無事令」によってなされたものではなく、秀吉から家康に個別に委任されたにすぎないものであった。

このように、「惣無事」は、秀吉が、東国における講和の一形態である「無事」を利用し、東国の大名や領主を自らの勢力下におくためにとった働きかけの一つの形態であり、強力な政権が一方的に全領主に命じた「令」でも、その機能が永続的な「令」でもない。その意味で、「惣無事令」という「令」は存在しないのである。ゆえに「令」としたことで、秀吉の権力の強大さを過大な評価につなげた「惣無事令」論は見直さなければならない。

秀吉の東国制圧過程は、「惣無事」をすべての前提としたものではない。その過程の一つは、軍事的緊張を背景に、それを解消するものとして、たとえば秀吉と上杉景勝《うえすぎかげかつ》、また徳川家康との関係が、「入魂《じっこん》」として成立し、さらに「人質」が送られ、さらに本人の上洛という段階を経て、秀吉への臣従が進むというものである。

もう一つの過程は、秀吉が、秀吉と通交のない大名らに上杉景勝・徳川家康あるいは秀吉に臣従したものを介して、景勝・家康らが持っていた秀吉にとっては未臣従の大名らとの「入魂」を手づるとし、それらの大名らに家康らを介して秀吉への臣従を働きかけ、それを実現させるものである。この過程は、景勝・家康からの大名らへの働きかけにはじまり、それを介しての秀吉への使者派遣、人質提出、最終的には自身の上洛、そして領土確定という過程で進行し実現された。

「惣無事」はこうした過程のなかで、戦闘を繰り返し対立する者たちを、ともに豊臣政権に随わせるための介入策の一つであり、決して「惣無事令」がすべての秀吉の統一政策の前提にあるのではない。その意味で、「惣無事」はあっても、すべての前提となるような「惣無事令」はないのである。

天正一七年（一五八九）一一月、秀吉は小田原の北条氏を誅伐《ちゅうばつ》することを決し、諸大名に明春出陣の陣触《じんぶれ》を発した。

秀吉と北条氏

少し遡るが天正一一年、秀吉は関係が比較的良好であった家康に、関東における北条氏と北関東の諸領主との戦闘を停止させることを委ね、それを通じて関東諸領主がゆるいながらも秀吉に臣従することをめざした。しかし、家康による関東「惣無事《そうぶじ》」は容易には実現せず、そうしているうちに秀吉・家康両者の関係は悪化し、小牧《こまき》・長久手《ながくて》の戦いへと突入し、北条氏と秀吉の関係は途絶えることになった。

秀吉と北条氏との関係が再浮上するのは、家康が上洛し秀吉に臣従の態度を示した天正一四年一〇月のことである。秀吉は、家康を介して、北条氏と関東諸領主との抗争の和睦＝「惣無事」の仲介を求めるとともに、北条氏を秀吉に臣従させるための圧力を家康を通じてかけ、北条氏直《ほうじょううじなお》あるいは父氏《うじ》政《まさ》の上洛を求めた。しかし、家康と同盟関係にあった北条氏はそれに容易には応じなかった。天正一六年六月、家康は北条父子に対し、兄弟衆の今月中の上洛と父子の秀吉への出仕を求め、もし聞き入れないのであれば我が娘を返せと起請文《きしょうもん》をもってせまった。その結果、八月、氏直の叔父である北条氏規《うじのり》が上洛し、秀吉に謁見《えっけん》した。これをもって秀吉は、北条氏が臣従したものとし、関東の諸大名には、北条氏が詫言《わびごと》をしてきたので赦免したこと、関東の領地の境目を決めるために上使《じょうし》を派遣することを報じた。

秀吉から派遣された上使は、以前から北条氏と真田《さなだ》氏とのあいだで大きな懸案であった上野沼田《こうづけぬまた》領を、三分の二は北条領、三分一は真田領と裁定した。ところが北条氏が真田分の核である名胡桃《なぐるみ》城を攻略するという、秀吉の裁定を無視した行動に出たため、秀吉は、それを口実に小田原《おだわら》攻めに踏み切った。

小田原攻め

天正一八年（一五九〇）三月一日、秀吉は、「美麗《びれい》前代未聞」といわれた行装で京都を発った。それに先立ち、西からは、徳川家康・織田信雄・蒲生秀郷《がもうひでさと》・羽柴秀次ら、北からは上杉景勝・前田利家ら、海上からは九鬼嘉隆《くきよしたか》・脇坂安治《わきざかやすはる》らの水軍が小田原に向けて軍を進め、東海道の諸城には後詰《ごづめ》として毛利輝元・小早川隆景ら中国筋の大名が入った。いっぽう、北条方は小田原城に北条氏政・氏直父子が陣取り、伊豆・箱根の諸城を西方への前線とし、領内である相模《さがみ》・武蔵《むさし》では支城に一族・重臣が籠って、秀吉軍の攻勢に備えた。

秀吉は、三月二七日に駿河の三枚橋《さんまいばし》城に入り、二九日から小田原攻めを開始した。まず伊豆の山中《やまなか》城を落とし、箱根を越え、四月はじめには小田原城を包囲した。しかし堅固を誇る小田原城をいっきに攻め落とせず、秀吉は得意の長期の攻城戦に入った。いっぽう北からの上杉勢・前田勢は、三月なかばには上野《こうづけ》に入り、四月半ばに上野を平定した。ついで武蔵に入るが、北条方の抵抗ははげしく容易には落ちなかった。しかし、六月二三日に八王子城《はちおうじ》が落ちたことで、ほぼ武蔵の地も秀吉の勢力下に置かれた。

こうした状況に追い込まれた北条氏直は七月六日、みずから城を出て秀吉の陣に行き降伏した。秀吉は、氏政と老臣たちに自刃を命じたが、家康の女婿であることを理由に氏直には死を免じ高野山《こうやさん》に入らせた。北条早雲《ほうじょうそううん》以来五代九〇年続いた北条氏はここに亡びた。

七月一三日、小田原城に入った秀吉は、家康から駿河・遠江・三河・甲斐・信濃の五か国を取り上げ、かつての北条氏の旧領武蔵・相模・上野・上総《かずさ》・下総《しもうさ》・伊豆を与えた。それと同時に家康の旧領五か国への転封《てんぽう》を尾張・伊勢を領していた織田信雄に命じるが、信雄はそれを拒否した。秀吉はそれを責め、信雄から尾張・伊勢を取り上げ、下野那須《しもつけなす》二万石を与えた。秀吉の前から主君信長の影が一気に薄らいだ瞬間である。

信雄の旧領尾張と伊勢の一部は秀次に与えられ、三河には田中吉政《たなかよしまさ》・池田輝政《いけだてるまさ》、遠江には山内一豊《やまうちかずとよ》・堀尾吉晴《ほりおよしはる》、駿河には中村一氏《なかむらかずうじ》、甲斐には加藤光泰《かとうみつやす》、信濃には仙石秀久《せんごくひでひさ》他四名、いずれも秀吉の直臣が配された。

奥羽仕置

天正一八年（一五九〇）七月一七日、秀吉は、小田原を発ち陸奥《むつ》へと向かった。二六日には宇都宮《うつのみや》、八月九日、会津黒川《くろかわ》城に入り、一二日にはその地を発ち帰洛の途についた。

小田原に秀吉が在陣するなか、四月には安房《あわ》の里見義康《さとみよしやす》が、五月には下総の結城晴朝《ゆうきはるとも》、常陸《ひたち》の多賀谷重経《たがやしげつね》、佐竹義宣《さたけよしのぶ》、宇都宮国綱《うつのみやくにつな》が秀吉の元を相次いで訪れ臣従した。奥羽の大名たちも秀吉の元に来るもの、また北国勢に加わるなど、多くは秀吉への臣従の意を示した。

そのなかにあって、秀吉の小田原攻め以前から上洛を求められていた伊達政宗《だてまさむね》は、機会を逸し、また最上義光の妹で政宗の母である保春院《ほうしゅんいん》による政宗毒殺未遂事件が起こるなど、小田原への参陣が遅れ、ようやく六月五日に小田原に到着した。当初秀吉は政宗に謁見を許さなかったが、九日、政宗を呼び出し、新たに占領した会津を召し上げ、奥羽仕置《おううしおき》を助けるよう命じた。

七月二六日、宇都宮に着いた秀吉は、各領主に奥羽仕置の方針を示した。その一人である南部信直《なんぶのぶなお》に宛てた朱印状には、

① 南部のうち七郡の安堵、
② 信直妻子の在京、
③ 知行方《ちぎょうかた》の検地、蔵入地《くらいりち》の設定、在京の賄いの確保、
④ 家臣の城割りと家臣妻子の三戸《さんのへ》への指出《さしだし》、

があげられている。そして、会津黒川《くろかわ》城に入った秀吉は、翌一〇日、定《さだめ》を出し、

第一条　今度の検地によって決められた年貢《ねんぐ》以外の課役《かやく》は申し付けないこと。

とし、第二条で盗人の成敗、第三条では人売買の禁止、第四条で諸奉公人・百姓の勤めを命じた。そ

して、

第五条「日本六十余州にこれある百姓刀・脇指《わきざし》・弓・鑓《やり》・鉄砲一切武具類を持つこと」は禁止されているので、「出羽・奥州両国」についても同前である。

とし、第六条で百姓の召し返しを命じた。さらに、

第七条　永楽銭《えいらくせん》の金との換算率を金一〇両につき永楽銭二〇貫文とすること。

などを命じた。

そして会津を発つ日には、奉行衆の一人浅野《あさの》長政《ながまさ》に対し朱印状を発し、会津周辺の検地の担当者、検地の斗代《とだい》、主要大名妻子の在京、国人妻子の会津への差し越しを命じ、最後に、よく知られている次にあげる仕置実施にあたっての決意を述べている。

国人・百姓たちが命じたことに合点《がてん》が行くようによくよく申し聞かせること、しかし万一従わないものがあれば、城主ならば城へ追い込み、一人残さず「なてきり」に申し付けるように、百姓についても従わないものは「一郷も二郷も、ことごとくなてきり」にするよう「六十余州」堅く命じているので「出羽奥州(奥)」も同様であり、たとえ亡所になってもかまわないので、そのように心得るように、「山のおく、海ハろかい(艪櫂)のつゝき候まで、念を入れること」が肝要である。

と。小田原に参陣しなかった大崎義隆《おおさきよしたか》・葛西晴信《かさいはるのぶ》・石川昭光《いしかわあきみつ》・白河義親《しらかわよしちか》・田村宗顕《たむらむねあき》ら陸奥《むつ》の諸領主らは所領を没収され姿を消し、会津以下三郡は蒲生氏郷に、葛西・大崎二郡は木村吉清《きむらよしきよ》に与えられた。

天正一五年（一五八七）の九州攻めのあと、一五年から一六年にかけて肥後・肥前・豊前で大規模な一揆が起こったのと同じ事態が、秀吉が京都に帰ったあとの奥羽でも起こった。

奥羽の一揆

秀吉が会津を発ってまもなくの九月下旬、出羽仙北《せんぼく》・藤島《ふじしま》で検地を契機に一揆が蜂起した。この一揆は、その地で仕置にあたっていた大谷吉継《おおたによしつぐ》・上杉景勝《うえすぎかげかつ》らによって鎮圧された。この一揆については秀吉に報じられた様子はないが、秀吉の奥羽仕置後の最初の一揆である。

一〇月に入って今度は葛西・大崎で一揆が蜂起する。葛西・大崎の地は、木村吉清に与えられたが、その仕置の暴虐さに怒った葛西・大崎の旧臣と百姓らが蜂起したのである。一揆勢は強力で、木村勢はそれに圧倒され、この地を退去せざるをえなくなった。これに対し、伊達政宗と蒲生氏郷が軍勢を派遣し、一揆鎮圧にあたるが容易には鎮まらなかった。こうしたなか蒲生氏郷から「政宗別心」の報が秀吉のもとに届き、秀吉は政宗に上洛を命じた。この直後、氏郷から「政宗別心なし」との報が遅れて届くが、この時、政宗は上洛の途上にあった。秀吉は、上洛した政宗に対し、その罪を問うことなく、羽柴姓を許し、侍従《じじゅう》に任《にん》じた。そして会津近辺の五郡の進上と葛西・大崎の下賜《かし》が申し渡された。

政宗が入洛中の二月、南部信直の領内の九戸《くのへ》で一揆が起きる。この背景には、南部信直と九戸政実《くのへまさざね》との対立があった。一揆蜂起が明らかになると信直は、二本松《にほんまつ》にいた浅野長政に上方衆《かみがたしゅう》の救援を求め、さらに使者を京都へと遣わした。この報に接した秀吉は、六月二〇日、葛西・大崎と九戸の一揆の鎮圧とその後の仕置のために、一番伊達政宗、二番蒲生氏郷、三番佐竹義宣・宇都宮国綱、四番上杉景勝、五番徳川家康、六番豊臣秀次からなる大軍勢の動員を命じた。前年の秀吉自らの会津動座を超える大規模な動員であった。

葛西・大崎の一揆は、秀次以下の軍勢が奥羽に入る前に、五月に京都から帰国した政宗によって激戦のすえ七月はじめには鎮圧されたが、九戸の一揆は、秀次・家康らの軍によって九月はじめにようやく鎮圧される。

九戸の一揆鎮圧後、奥羽の知行割《ちぎょうわり》は、秀吉の指示のもと、秀次と家康によって行われたが、その結果、会津を領した蒲生氏郷は大きく加増されたのに対し、政宗は出羽米沢《よねざわ》から陸奥岩出山《むついわでやま》に移され、かつその知行高もわずかではあるが減じられた。そこには、政宗に対する秀吉の疑心と警戒があったと思われる。

三　秀吉の「唐入り」

1—「唐入り」に向けて

本章では、秀吉による朝鮮出兵を、秀吉の「唐入り《からいり》」構想を念頭に置きつつ、秀吉がそれぞれの段階でときどきの情勢をどのように捉え、自らの戦略や構想をどのように変化させていったのかを軸に、この期の歴史をみていくことにする。なお、以下の叙述の多くは中野等氏の成果によっている。

「唐入り」への思い

秀吉が「唐入り」に初めて言及したのは、天正一三年（一五八五）九月のことである。大垣《おおがき》城とその周辺の蔵入地《くらいりち》を預けられていた加藤光泰《かとうみつやす》が不始末をおこし、その処分にあたって跡を受けることになった一柳直末《ひとつやなぎなおすえ》に宛てた条書のなかで「秀吉日本国事ハ申すにおよばず、唐国まで仰せつけられ候心ニ候か」と述べたのが最初である。しかし、この段階では、いわば心意気を示したものに過ぎない。

ついで天正一四年四月、毛利輝元に対し、九州攻めの準備を命じた条書の一条に「高麗御渡海事《こうらいごとかいのこと》」とみえ、秀吉はこの時すでに高麗渡海を念頭においていたことが知られる。しかし、そこには詳細は

記されていない。そして、同年六月に対馬《つしま》の宗義調《そうよししげ》に対し、

日本の地においては、東は日下《ひのもと》までことごとく治掌し、天下静謐《せいひつ》となった上は、筑紫《ちくし》に見物ながら動座することにした、その刻高麗《こうらい》国へ御人数（軍勢）を遣わし、成り次第仰せ付けらるので、その時忠節を尽くすように……、

と命じ、九州動座とともに「高麗国」への出兵の意向を明確に示した。

島津氏降伏直後の天正一五年五月四日、宗義調からの書状を薩摩《さつま》千台川《せんだいがわ》で受け取った秀吉は、九州平定がなったので「高麗国に至り御人数差し渡すことにした、そのように心得て、忠義をぬきんずることが肝要である」と返書を送った。さらに九日、北政所《きたのまんどころ》に宛てた手紙でも、高麗を成敗するため、その間博多に逗留《とうりゅう》すると報じた。

しかし、この時の「高麗国」攻めの方針は、まだ秀吉が薩摩国内にいた同月二五日ころには変更され、出兵は一旦中止される。この方針変更は、宗氏による高麗国王の日本の内裏《だいり》への出仕交渉を秀吉が受け入れたことでなされたが、秀吉は、国王の出仕が実現しない時には、来年春、軍勢を朝鮮に送るとした。そして同年一〇月、宗氏に対し、来春には博多へ動座し、「唐《から》・南蛮《なんばん》・高麗国」まで自らの意のままとするつもりであるので、朝鮮国王の出仕問題を早急に処理するよう求めた。

国王の日本出仕が実現しないなか、秀吉は翌天正一六年三月、「唐入り」朝鮮出兵のため加藤清正《かとうきよまさ》と小西行長《こにしゆきなが》を「先勢」として派遣することを決める。しかし宗氏から、派兵は朝鮮との交渉にさわり

が生じ「迷惑」であり、この夏中に自ら渡海して国王参洛の交渉にあたるとの申し出を受け入れ、再度、朝鮮出兵を思い止まった。秀吉が思い止まった背景には、宗氏の意向もあったが、この時点では、秀吉の九州動座後に起きた肥後《ひご》・肥前《ひぜん》・豊前《ぶぜん》などでの「一揆」鎮圧がようやく静まったばかりであったこともあった。

ここで注意したいのは、秀吉の朝鮮出兵は、日本全土の統一を前提とはしていなかった点である。これまで全国統一そして朝鮮出兵と段階的に捉えてきた歴史叙述は一考を要しよう。

天正一八年の朝鮮使節

宗氏の再三にわたる求めに応じ、朝鮮政府は天正一七年（一五八九）末に日本への使節派遣を決定する。同年一二月、この決定の報に接した秀吉は、朝鮮国王の「参洛」を寒天を理由に翌年春まで猶予した。正使・副使・従事官からなる朝鮮使節は、天正一八年三月六日漢城《ハンソン》（現ソウル）を発ち、七月二一日に京都に着いた。この時、秀吉は小田原《おだわら》城を攻め落とし、奥州への途次にあった。

会津での仕置を終えて駿府《すんぷ》まで戻った秀吉は、ここで小西行長《こにしゆきなが》・毛利吉成《もうりよしなり》に対し、来春すなわち天正一九年春の「唐入り」を伝え、その準備を命じた。

奥州から九月一日に凱旋《がいせん》した秀吉は、すぐさま朝鮮使節には逢わず有馬《ありま》へ湯治に出かけ、それから戻ったあと、朝鮮使節を伴っての参内を後陽成《ごようぜい》天皇に持ちかけるが、天皇の事実上の拒否にあって実現せず、ようやく一一月七日に秀吉は、朝鮮使節を聚楽第《じゅらくだい》において引見した。朝鮮国王からの国書の内容は、秀吉の国内統一を賀すものであり、秀吉が求めた朝鮮国王の服属を表すものではなかった。しかし秀吉は、朝鮮使節の来朝は朝鮮が服属したものと捉えた。これは、これまでの日本国内での各地の大名たちが秀吉に服属する過程での大名たちからの使者派遣と同様の意味あいをもっていたのであろう。

秀吉は、朝鮮の「服属」という認識を前提に、朝鮮国王への返書で「征明嚮導《せいみんきょうどう》」、すなわち明を征服するためにその先導役を務めることを朝鮮に求めた。朝鮮の日本への服属を前提とした秀吉の返書には、朝鮮使節から異議が出された。こうした両者の認識の違いは、間に立った宗氏によって曖昧《あいまい》に処理されていく。

使節は、天正一八年末に京都を発ち、翌一九年正月二日に対馬に、そして二八日に釜山浦《プサンポ》に着いた。この使節に宗氏側から使者が同行し、秀吉の征明《せいみん》計画を伝えるとともに、「征明嚮導」をすり替え「仮途入明《かとにゅうみん》」、すなわち明《みん》を攻めるにあたって道を貸すことを懇請《こんせい》した。

朝鮮使節が京都を発ったころ、先述したように平定なったはずの出羽・陸奥で一揆が蜂起した。九州攻めの後と同じ事態が奥羽で起きたのである。一八年九月に出羽仙北《せんぼく》で最初の一揆が起き、ついで一〇月には陸奥《むつ》の大崎《おおさき》・葛西《かさい》で、さらに南部《なんぶ》領の九戸《くのへ》で一揆が蜂起した。こうした事態が起こるなか、秀吉の「唐入り」計画は足踏みせざるを得なくなる。

さらに天正一九年正月二二日、弟の秀長《ひでなが》が病に倒れ死去した。秀長は、秀吉の異父弟とはいえ、秀吉の統一戦のなかで軍事的にも政治的にも極めて重要な役割を果たし、この時期には豊臣政権を代表する立場にあった。さらに秀吉政権の内々に深く関与してきた千利休《せんのりきゅう》が、茶道具の売買で私利を貪《むさぼ》り、また大徳寺《だいとくじ》の山門に自らの像を置いたことを理由に糾弾され、自刃に追い込まれた。秀吉政権の前半期をささえた重要人物が相次いで政治の舞台から去った。さらにこの年の八月五日、淀殿《よどどの》が生んだ鶴《つる》松《まつ》がわずか三歳で夭折《ようせつ》した。秀吉は髻《もとどり》を切って喪に服した。ここに甥の秀次《ひでつぐ》へ関白職《かんぱく》を譲る構想が生じたのである。

肥前名護屋《ひぜんなごや》が朝鮮出兵の拠点と決まるのは天正一八年末のことで、翌一九年に入って本格的な普請《ふしん》が始まったようである。同年一〇月には秀吉の御座所《ござしょ》の普請が浅野長政《あさのながまさ》を総奉行に九州の諸大名を動員して始められた。

秀吉の京都大改造と御土居

秀吉による京都の大改造については、京都の歴史を叙述する書物においては、必ず取り上げられる事項である。応仁の乱のあと復興した京都は、大きく上京と下京とに別れ、その両者を室町通りがわずかにつなぐもので、一つの都市といえる景観を備えてはいなかった。

この景観を大きく変化させたのが、先述した天正一四年（一五八六）からはじまり翌一五年には完成する聚楽第の建設である。この聚楽第の出現は、その周辺に武家屋敷や町屋を成立させ、北の西陣、東の上京と、連続した街区を除々に形成していった。また、どの範囲でなされたのかなど事実関係についてなお研究すべき点を残すが、市街の短冊状の町割りが、下京の中心部を除いて進行し、さらに天正一九年にはいわゆる御土居が建設され、東側の御土居の内側に沿って寺町が作り上げられた。なお、御土居の研究は、中村武生氏を中心に精力的に進められてきており、ここの記述もその成果によるところが多い。

御土居の築造は、天正一九年閏正月にはじまり、翌二月にはほぼ竣工したものの、その後も四月五月ころまで工事は続けられていたようである。その規模は、江戸初期の絵図類から想定すると、東は鴨川、北は鷹峰、西は紙屋川、南は九条を限りとする全長約二二・五キロメートルにおよぶ大規模なものであった。土居は、その基底部で約二〇メートル、高さは約二メートル、土居の外側には二〇メートルほどの堀を伴っていた。

このように書くと、御土居は、秀吉の京都大改造を総括するかのようにみえる。もちろんそうした側面を持っていたことを否定しようというのではないが、次に述べる秀吉の「唐入り」構想に象徴されるこの時期の歴史の大きなうねりのなかで、この御土居築造を考えてみると少し異なった側面もみえてこよう。

当時左大臣であった近衛《このえ》信尹《のぶただ》は、その日記に、

天正十九年閏正月ヨリ、洛外ニ堀ヲホラセラル、竹ヲウヘラル、事モ一時也、二月ニ過半成就也、十ノ口アリト也、

と、その様子を記すとともに、続けて、

此事何タル興行ソト云ニ、悪徒出走ノ時、ハヤ（早）鐘ヲツカセ、ソレヲ相図ニ十門ヲタテヽ、其内ヲ被捲為ト也、

と、御土居築造の目的を、洛中から「悪徒」が逃げ出すのを、一〇の門で絡《から》め取ることにあったとしている。また、江戸期の御土居の絵図をみても、近年の発掘結果からみても、洛中と洛外とを画する各門の部分には城郭の出入り口にしばしばみられる枡形《ますがた》や馬出《うまだ》しといった施設はみられず、軍事的要素は希薄であり、近衛信尹がその日記に記したように京都の安穏を維持することに、この御土居築造の目的、理由があったと考えるのが妥当ではなかろうか。

では、なぜ秀吉は、こうした目的の施設をこの時期に作り上げたのであろうか。その鍵は、秀吉の「唐入り」構想にある。秀吉の「唐入り」構想は、後述するようにまず自らが北京《ペキン》に入り、そこに天皇を迎え、公家たちもその地へ移し、日本の天皇には良仁親王《ながひとしんのう》か八条宮《はちじょうのみや》をもってあてようとするものであり、この構想のもとでは、北京がその中心で、京都はもはやその中心にはなく、北京に移るまでの間、京都を安泰に守ろうとしたのである。肥前名護屋に向けて出陣する六か月前の天正一九年九月、秀吉は、「唐入り」に向けての指示の一つとして、日本には豊臣秀次と蒲生氏郷《がもううじさと》とを残し置き、「令守帝都」すなわち京都を守らせることをあげていることからも、当時秀吉が京都をどのように位置づけていたかが窺い知れる。

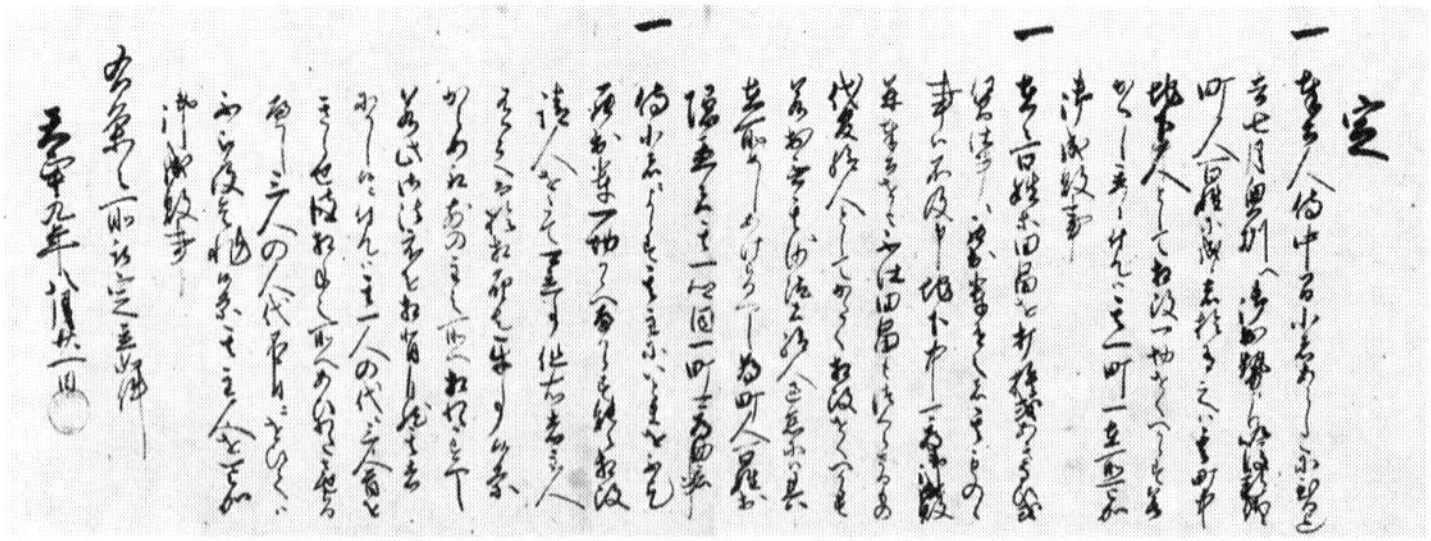

図34　身分法令（天正19年8月21日　豊臣秀吉法度）

身分法令

天正一九年（一五九一）八月二一日、いわゆる「身分統制令」が出された。近世の身分制の基礎となった法令とされているが、この法令を、この時期の政治過程のなかに位置づければ、それはより直接には、「唐入り」に向けての準備方策の一つであったことがわかる。

第一条に「奉公人、侍・中間《ちゆうげん》・小者《こもの》・あらしこ（荒子・嵐子）に至《いたる》まで、去る七月奥州へ御出勢より以後、新儀に町人・百姓になったものがあれば、その町中地《じ》下人《げにん》としてそれを改め、一切置いてはならない、もし隠し置いたならば、その一町一在所に成敗を加えらる」とあり、侍・中間・小者・あらし子などの武家《ぶけ》奉公人《ほうこうにん》が、前年の奥羽《おうう》仕置《しおき》以後に新たに町人・百姓になることを禁じており、そこでは朝鮮出兵を目前に下級の戦闘員である武家奉公人の確保が目指されている。

このことは、翌年正月に出された関白秀次の条々《じようじよう》の第一条の冒頭に、

唐入りについて、ご在陣中、侍・小者・あらし子・人夫以下に至《いたる》まで、かけ落ちつかまつる輩《やから》これあるにおいては、その身の事は申すに及ばず、一類ならびにあい抱え置く在所、ご成敗を加えらるべし、

とあることからも、十分に了解されよう。

第二条では、百姓が田畠をうち捨て、商いや賃仕事に出向くことを禁じ、第三条では、侍・小者が元の主人の許可なく新たな主人に奉公することを禁じているが、ここでも武家奉公人確保が目指されている。

膨張する「唐入り」構想

天正一六年（一五八八）八月、秀吉に臣従した島津義久《しまづよしひさ》は、琉球《りゅうきゅう》国王に対し、秀吉による「天下一統」を告げ、また高麗《こうらい》が「出頭」することになっており、さらに「唐土《もろこし》・南蛮《なんばん》両州」からも使の船が来ると噂されている、秀吉からは「貴邦《（琉球）》無礼」であると、たびたび言ってきているとこれまでも申してきたが、このままだと兵船が派遣され「滅却」の事態となるだろうとし、秀吉への使節派遣を促している。琉球国王は、これに応え、翌年五月、全国統一と天下太平とを賀す書と使節とを秀吉に送った。これをもって秀吉は、琉球の服属と捉えた。

天正一九年七月、秀吉はインド副王へ返書を送る。そのなかで秀吉による日本統一の過程を述べたうえで、「大明《だいみん》」を治めたいとの志のあることをいい、さらに日本が神国たる所以《ゆえん》を述べ、キリシタン禁制《きんせい》を前提に、なお貿易は許容することを述べる。

さらに天正一九年九月、フィリピン政庁に対して、服属を求める書翰《しょかん》を送った。そこでは、秀吉が誕生にあたって奇瑞のあったこと、若くして大名となり、一〇年を経ずして日本を統一し、いっぽうで朝鮮・琉球から使節が来朝し、いまや「大明国」を征せんとしていると。そしてその行為は自らなすることではなく「天の授ける」ところであるとそれを合理化し、しばらくの猶予を与えるので、名護屋在陣中に服属の使節を派遣するようにと求め、聞き入れない時には軍勢を派遣すると威嚇《いかく》する。

このように、秀吉の「唐入り」構想は、明を含めた東アジア世界に膨張していったのである。

「仮途入明」

天正一九年(一五九一)一二月二五日、秀吉は、関白職を甥の秀次に譲り、同日、来春三月の高麗への渡海を表明し、「唐入り」に踏み出した。秀吉は、天正二〇年正月五日に発した「掟」のなかで「今度大明国へ御動座《ごどうざ》に付いて」と書き出したように、「御動座」の先は、朝鮮ではなく「大明国」であった。

そして同月一八日、秀吉は、「唐入り」にあたって朝鮮を異議なく日本軍が通ることを認めるよう、小西行長《こにしゆきなが》と宗義智《そうよしとし》を使者として朝鮮に派遣した。そこでの秀吉の論理は、朝鮮は「先年(天正一八年)名代をもつて御礼申し上げ」たので、「別儀」はなかろうが、もし軍勢が通ることに「異議」を申し立てるのであれば、三月中に軍勢を壱岐《いき》・対馬《つしま》に派遣し、四月には渡海させ朝鮮を「退治」するというものであった。こうした要求を持った使者の派遣から、この段階で征明を目標としつつも、なお「御礼」の使節を送ってきた朝鮮が秀吉に協力するかどうか、秀吉は疑念を抱いていた。

また同日、秀吉は加藤清正・毛利吉成《もうりよしなり》・黒田長政《くろだながまさ》らに、朝鮮への小西行長派遣を報じるとともに、朝鮮からの返答が届くまでは渡海せず壱岐・対馬に陣取るよう指示した。

二月二七日、秀吉は、宗義智に対し、加藤清正を朝鮮から一里二里の島に移し、九州・中国勢を壱

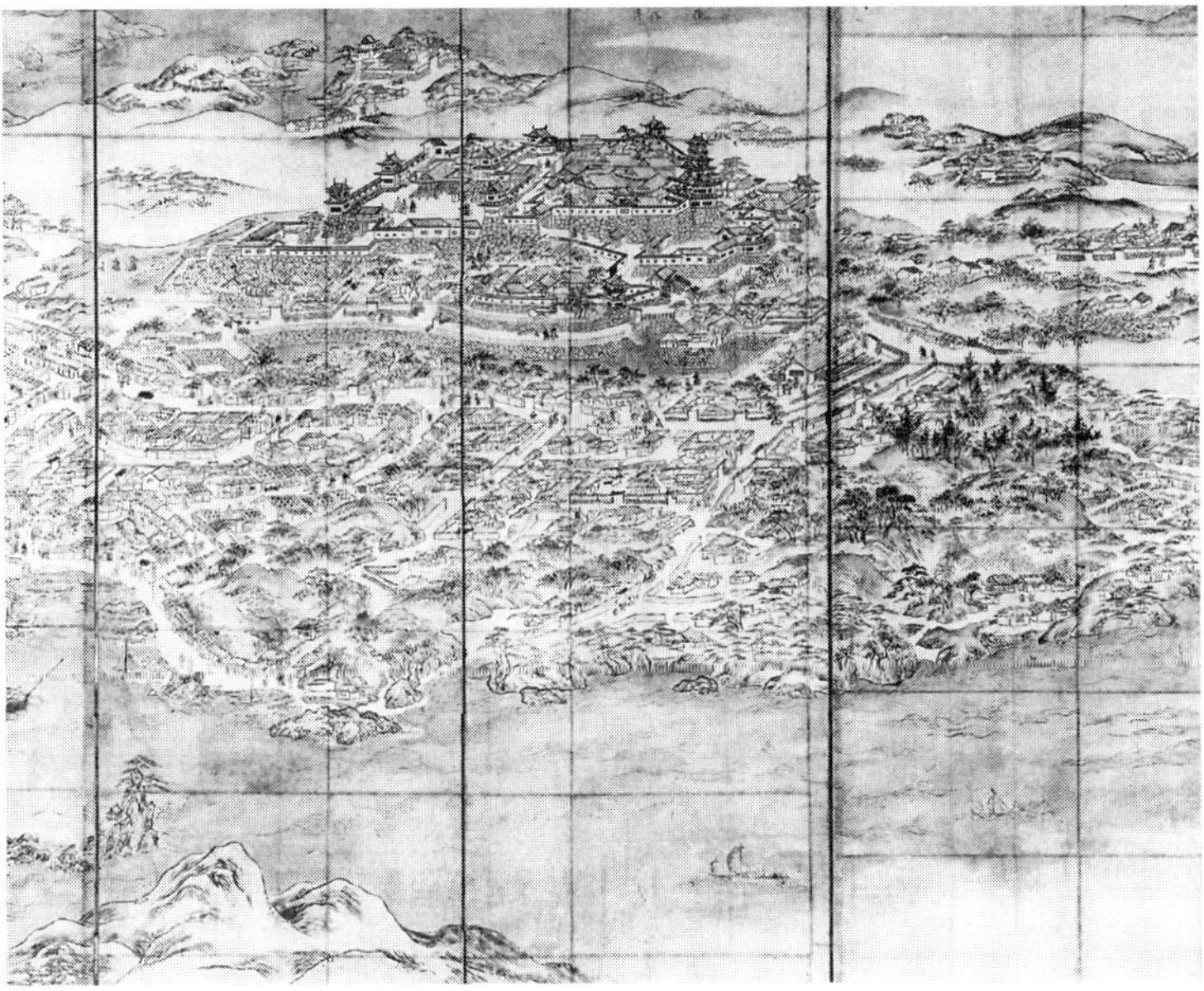

図35　肥前名護屋城図屛風（部分）

岐・対馬に陣取らせたこと、秀吉自身も三月一〇日ころには出陣すると報じ、同様の内容を島津氏らにも伝えた。

朝鮮との交渉を命じられた小西行長は、対馬に渡ったものの自らは渡海することなく、景轍玄蘇《けいてつげんそ》を使者として朝鮮に送り、「仮途入明《かとにゅうみん》」を求めたが、朝鮮側はそれを拒否し、守りを固め始めた。四月七日に対馬に戻った玄蘇から朝鮮の対応を聞いた小西行長は、秀吉からあらかじめ指示されていたように、軍事行動に移った。四月一二日に小西行長と肥前の諸将からなる第一軍の渡海が開始された。ここに、「仮途入明」から朝鮮「退治」へとひとまず秀吉の戦略は変更された。

漢城に向けて

小西行長の軍勢が一二日釜山浦《プサンポ》に上陸したとの報は、

四月一九日、大坂を三月二六日に発ちこの日豊前小倉付近まで来ていた秀吉に伝えられた。名護屋到着の前日四月二四日、秀吉は、細川忠興《ほそかわただおき》に対し「朝鮮国の儀」が済み次第、秀吉の宿泊所である「御座所《ござしょ》」を普請するよう命じ、ついで四月二五日には黒田長政からの注進状《ちゅうしんじょう》を受けて、朝鮮仕置の方針を示した。そこでは、占領地での百姓の還住、漢城《ハンソン》への進軍、朝鮮国王が「大明国へ御案内者」を承諾すれば赦免すること、また一度秀吉に「御礼」を申したものであるので、国王と三使の命を助け、「堪忍分《かんにんぶん》」を与えることを指示した。さらに二六日には加藤清正に「高麗渡口より都までの路次通」に「御座所」の普請を重ねて命じている。

この一連の「御座所」普請の命からは、秀吉みずから渡海しようとしていたこと、そして秀吉が動座する当面の地を漢城としていたことがわかる。

秀吉は、当初三〇日の名護屋滞在のあと渡海する予定であったものを、四月二八日には「片時も急ぎ御渡海ありたく」との意向を示し、朝鮮からの船の回漕《かいそう》を求めた。と同時に回漕がなければ、「御手舟」にて一万二万でも高麗ではなく直接明へ「動座」すると言い出した。自らの「はやり」がそういわせたのではなかろうか。

三国国割計画

天正二〇年（一五九二）四月一二日、朝鮮の近海に軍を進めていた宗義智・小西行長ら第一軍の一万八七〇〇人が渡海し朝鮮へと入った。ついで加藤清正・鍋島直茂ら第二軍二万二八〇〇人、黒田長政・大友義統ら第三軍一万一〇〇〇人、島津義弘ら第四軍一万四〇〇〇人、福島正則ら第五軍二万五〇〇〇人、小早川隆景ら第六軍一万五七〇〇人、毛利輝元第七軍三万人、宇喜多秀家第八軍一万人、豊臣秀勝ら第九軍一万一五〇〇人、合計九軍一五万八七〇〇人が相次いで朝鮮に陸続と渡海していった。

四月一三日の小西行長らの軍勢による釜山城の攻城戦を除くと、朝鮮側の大きな抵抗もなく、日本軍は、第一軍が中央の大邱《テグ》、尚州《サンジュ》、第二軍が東海岸沿いに慶州《キョンジュ》、忠州《チュンジュ》、第三軍が中央を進む第一軍

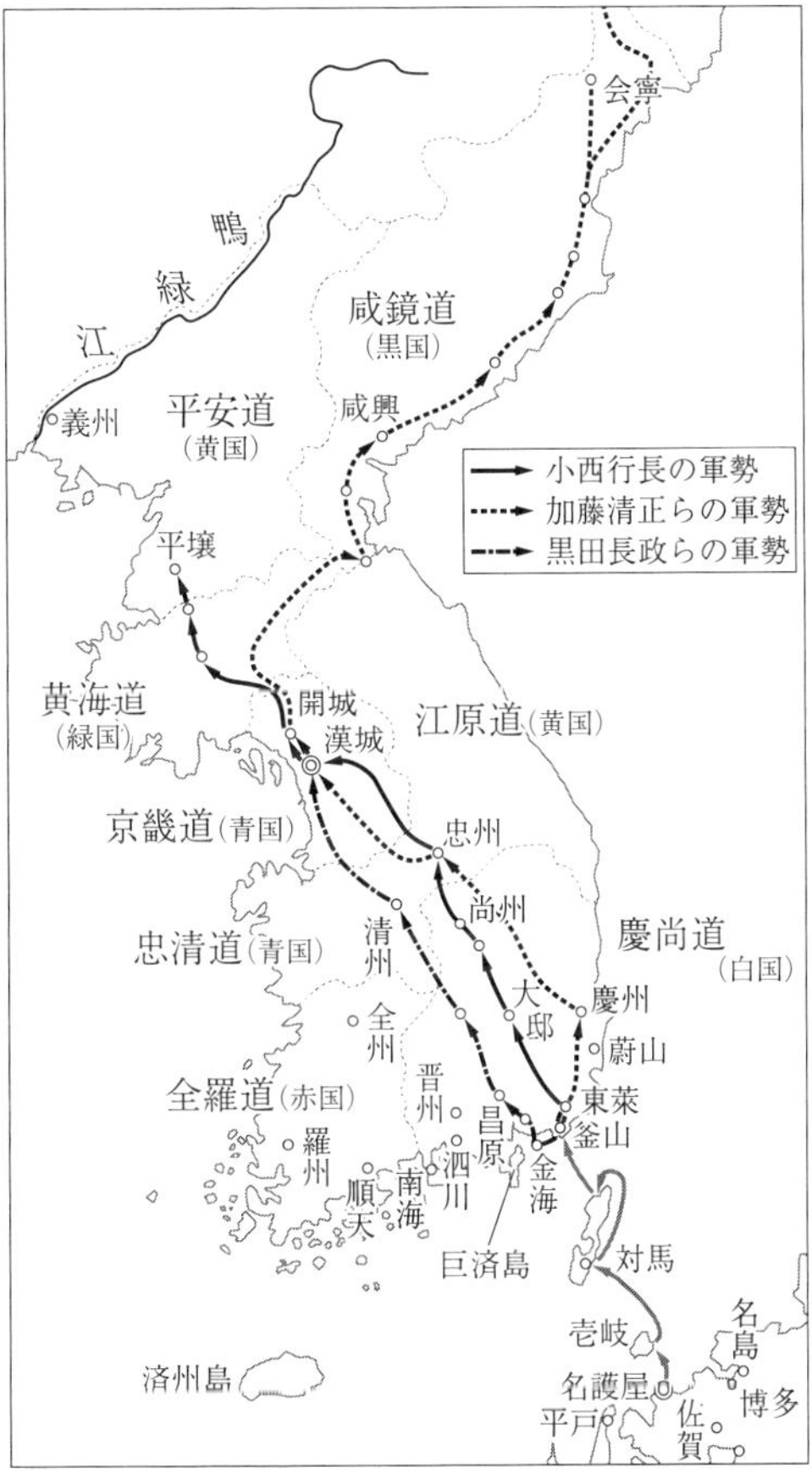

図36　文禄の役関係図

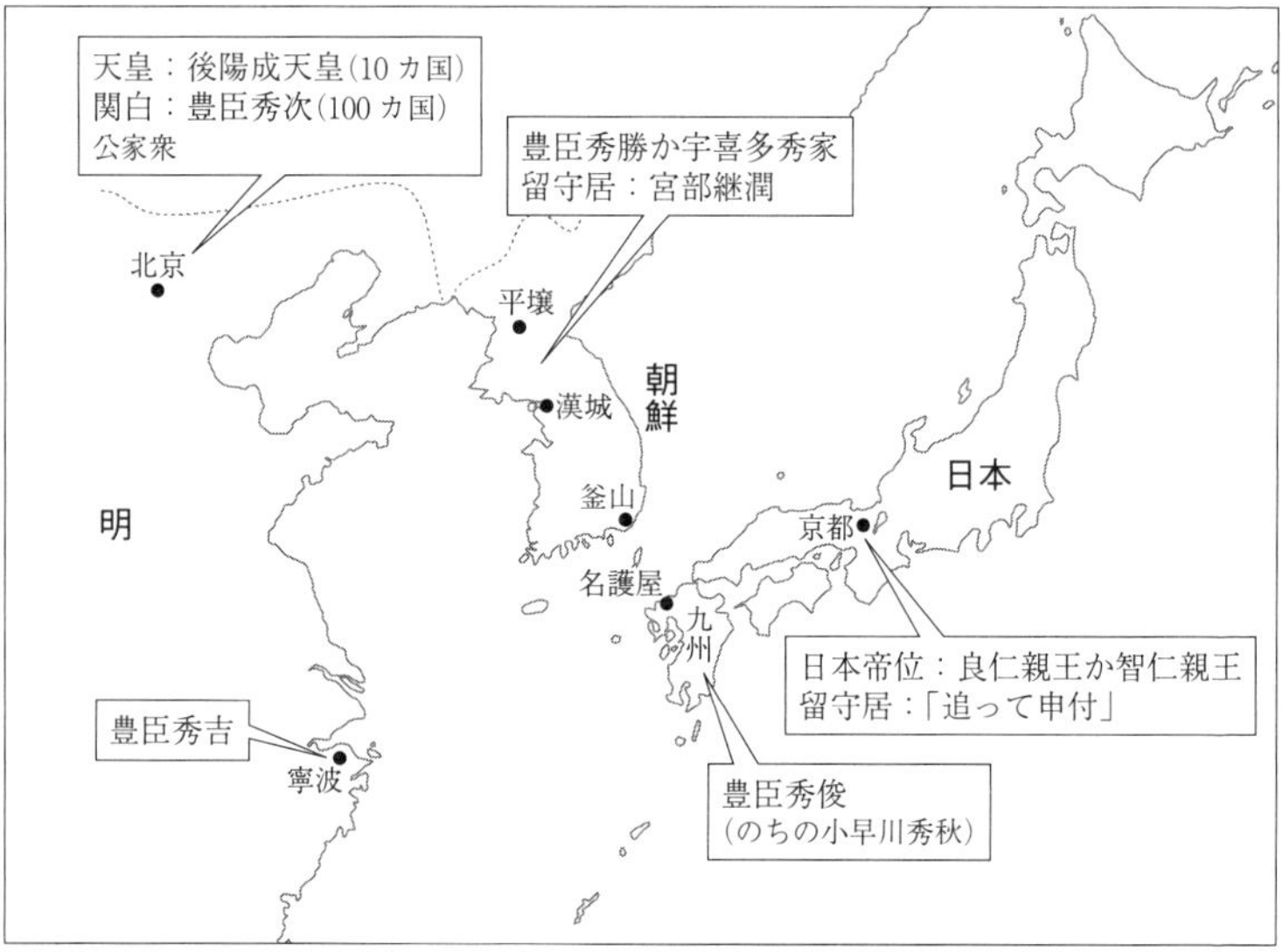

図37　三国国割構想の概念図

の西側の昌州、清州《チョンジュ》を経て、首都漢城《ハンソン》へと進軍し、二八日には第一軍と第二軍が漢城近くで合流し、五月三日払暁、漢城に入った。ただ、この報は、日本へは五月二日のこととして伝えられる。これに先立つ四月二九日、朝鮮国王は漢城を脱出し、平壌《ピョンヤン》へと移った。

漢城入城の報を受け取る以前の五月六日、相次ぐ快進撃の報に接した秀吉は、北政所《きたのまんどころ》に対し、朝鮮の都を攻略するために軍勢を派遣したことを伝えると同時に、

> から（唐）をも九月ころにはとり申すべし、九月のせつくの御ふく（服）は、からのみやこ（都）にてうけとり可申候、

と、九月の節句は北京《ペキン》で迎えるつもりだと報じた。

すなわち、この時点で秀吉は朝鮮制圧は容易に終了するとの前提で、北京への侵攻を現実的なもの

とふたたび考え始めていたことが窺える。

五月一六日、清正から五月二日（実際には三日）に漢城入城したとの報を受けた秀吉は、朝鮮国王の探索、「御座所」の普請を命じるとともに、一八日、関白秀次宛に二五か条の「三国国割計画」を送った。そこでは、

・秀吉が渡海すること、
・明年正月か二月に秀次が出陣すること、
・明《みん》征服後に後陽成天皇を北京に移し、秀次をその関白とすること、
・秀次には北京廻りで一〇〇か国を、天皇には一〇か国を、さらに公家衆には一〇倍の領地を与えること、
・後陽成天皇の北京への移徙《いし》は行幸の形式で二年後に行うこと、
・日本の天皇には良仁《ながひと》親王か皇弟の智仁《としひと》親王を就け、その関白には豊臣秀保《とよとみひでやす》か宇喜多秀家を宛てること、
・朝鮮には豊臣秀勝《ひでかつ》か宇喜多秀家を、九州には小早川秀秋《こばやかわひであき》を、京都の御所と聚楽《じゅらく》には留守居《るすい》を、朝鮮の留守居は宮部継潤《みやべけいじゅん》を置くこと、

と、「唐入り」後の国家構想が、きわめて具体的に語られている。

さらに秀吉の直臣であり右筆でもあった山中長俊が五月一八日付けで北政所の侍女に宛てた北政所

への長文の披露状では、

・秀吉が渡海し、五月中には漢城へと「動座」する予定であること、
・高麗国王が漢城を退去したこと、
・朝鮮国王の殺害を禁じ、それを捕縛すること、
・高麗への奉行衆派遣と百姓への仕置き、
・十分な兵粮米のあること、
・秀吉の渡海と当年中の「ほつきんのミやこ《（北京）》」への「動座」、
・漢城の留守には宮部継潤を、名護屋の留守には豊臣秀勝をおくこと、
・所司代前田玄以らの参陣、
・「たいとう《（大唐）》」攻略後は秀次に渡すこと、
・「にほん《（日本）》のていわうさま《（帝王様）》」すなわち後陽成天皇の北京への移徙《いし》、御料所として都周りにて一〇か国の進上、
・漢城には織田秀信か宇喜多秀家を置くこと、
・秀吉は北京に御座所を作り、それを誰かにあずけ、自らは「にほん《（日本）》のふなつき《（船着）》にんぽうふ《（寧波府）》」に居所を定めること、
・次に「天竺」への侵攻を指示、

等々がそこには記されている。このように、この段階での秀吉は、朝鮮王朝の崩壊を踏まえ、明征服を具体的日程にのせ、みずからの渡海が現実的なものとなったと確信している。

しかし、朝鮮に渡った毛利輝元《もうりてるもと》は、国元の家臣に送った書状のなかで、朝鮮は日本よりも広大であるようで、今回の軍勢ではとても治めがたく、そのうえ言葉も通じず、通詞《つうじ》や物知《ものしり》が多く必要であると、朝鮮統治の困難さを語っている。

2―「唐入り」放棄と秀次事件

秀吉の渡海中止

国王が逃亡した漢城《ハンソン》に集結した諸将は、征明をひとまず措《お》き、朝鮮全土の支配のために、各軍が朝鮮八道をそれぞれ担当することに決し、行動に移った。天正二〇年（一五九二）六月一五日には小西行長《こにしゆきなが》が朝鮮国王が退去した平壌《ピョンヤン》を占領、七月には加藤清正《かとうきよまさ》が朝鮮最北の会寧《フェリョン》を攻め、朝鮮二王子を捕らえた。一見、日本軍の快進撃のようにみえるが、五月末から朝鮮民衆のゲリラ的な反攻が始まり、六月ころには慶尚道《キョンサンド》をはじめ朝鮮各地での義兵活動が本格化する。

いっぽう海上では五月七日、李舜臣《イスンシン》率いる朝鮮水軍が巨済島《コジェド》付近で藤堂高虎《とうどうたかとら》・脇坂安治《わきざかやすはる》らの日本水軍を打ち破り、日本の水軍は大打撃を受け、さらに五月二九日には泗川《サチヨン》沖の海戦で日本側は敗北し、

図 39　安宅船復元模型

図 38　亀甲船復元模型

朝鮮南部での制海権を奪われた。

五月七日の海戦の様子は、六月二日以前には名護屋の秀吉のもとに届いた。六月初めの渡海を予定していた秀吉にとって、この報は大きな衝撃であり、朝鮮南部の制海権を確保しないままでの渡海は、あきらめざるを得なかった。日本側の史料では、秋にかけての天候が秀吉渡海をあきらめさせた理由とするが、本当の理由は制海権確保があやうくなった事態こそ渡海中止の理由であった。しかしなおこの時点では、秀吉は征明計画を放棄はしていない。

渡海中止を決めた秀吉は、六月三日、大谷吉継《おおたによしつぐ》・増田《ました》長盛《ながもり》・石田《いしだ》三成《みつなり》らの奉行衆を朝鮮に派遣し、朝鮮にいた諸将へ明への侵攻を命じた。しかし、この指示は現地での作戦とは異なる、状況を踏まえぬものであった。

天正二〇年（一五九二）七月中旬、小西行長らが占領した平壌《ピョンヤン》を、祖承訓《そしょうくん》《ズウチヨンシュン》率いる明軍が急襲するが、撃退される。しかし、この明からの救援軍が朝鮮に入ったことで、漢城《ハンソン》では秀吉の明への侵攻は無理だろうとする空気がながれ始める。

秀吉「唐入り」放棄

七月には朝鮮各地で義兵が蜂起し、朝鮮南部の海域では、七月五日に出撃した脇坂勢が朝鮮水軍に敗れ、九日には加藤嘉明《かとうよしあき》・九鬼嘉隆《くきよしたか》の船手も打撃を受けた。

七月一五日、名護屋《なごや》にいた秀吉は、明への侵攻を命じた六月三日の軍令を撤回し、朝鮮の安定支配を優先するよう命じる。この段階で「大明国への御動座」はまず延期することになるが、来春の自身の渡海と、そのうえでの朝鮮の国割《くにわり》の意向をなお示している。

この直後、秀吉の母、大政所の危篤の報が秀吉のもとに届く。七月二二日、秀吉は急遽、名護屋を離れ大坂へと戻った。七月二九日に大坂に戻るが、その時には大政所は聚楽第で死去していた。

九月初めに名護屋に戻るつもりであった秀吉のもとに、後陽成《ごようぜい》天皇から「寒天」を理由に名護屋下向を思いとどまるようにとの勅書が届いた。これに対し秀吉は、九月中、京・大坂にいるが、一〇月には名護屋へと戻る意向を言上した。

いっぽう、明は平壌での敗北を受けて、宋応昌《そうおうしょう》《ソンインチオン》・李如松《りじょしょう》《リールウソン》を朝鮮に派遣する。その明軍の遊撃に任じられた沈惟敬《しんいけい》《チエンウエイジン》は、八月二九日、小西行長と平壌《ピヨンヤン》郊外で会談を持った。この会談の詳細は判明しないが、ともかく明軍と日本軍との間で五〇日の休戦協定が結ばれた。しかし、朝鮮側は、日本との和平には反対で、各地で義兵と朝鮮政府軍とが力をあわせ、日本軍に立ち向かった。

一〇月六日、日本勢は、慶尚道《キョンサンド》の重要城郭である晋州城《チンジュ》（日本側の史料では牧使城《もくそ》）を囲むが、数日の戦闘の後、攻め落とすことなく軍を引いた。

一〇月一日、秀吉は大坂を発ち、一一月一日、名護屋に到着し、来春三月の渡海を表明するとともに、その準備が急ピッチで進められる。こののちも来春三月の渡海は繰り返し表明されるが、この年の八月以降、微妙な表現ではあるが、秀吉の「唐入り」計画が大きく転換する兆しがみえる。

八月三〇日付で秀吉に従い大坂にいた木下吉隆《きのしたよしたか》は、朝鮮在陣中の吉川広家《きっかわひろいえ》に、秀吉が来春渡海し「高麗の御国わり」を行うとともに、「大明国へ御動座の儀は、まず相延べらるべき由」と報じた。すなわち秀吉は、この八月末の段階で、来春の高麗渡海の予定は変更していないものの、「大明」への「動座」は延期、いいかえればこの時点で「唐入り」を放棄している。

このことは、年も押し詰まった一二月二八日に吉川広家の留守居《るすい》に宛てた朱印状《しゅいんじょう》のなかで、秀吉自ら「来三月高麗に至り御渡海なされ、御仕置きなど仰せつけられ、早速御帰朝たるべく候」と述べていることからも確認できる。すなわち、来春三月に渡海し、そこで仕置を申しつけたあと、明へは行かず、帰国するというのである。

朝鮮では、一一月ころから兵粮《ひょうろう》不足が深刻さを増す。五〇日の休戦が過ぎても沈惟敬《しんいけい》《チエンウエイジン》から連絡はなく、ようやく一一月下旬になって、沈が小西行長のもとを訪れ、講和成立が間近であると告げてきた。

平壌・漢城からの撤退

ところが文禄《ぶんろく》元年（一五九二）一二月二三日、鴨緑江《おうりょくこう》を越えて朝鮮に入った李如松《りじょしょうリールウソン》を将とする明軍は、二年正月六日、朝鮮政府軍・義兵をも含め、小西行長らが守る平壌《ピョンヤン》を攻撃しはじめ、八日には総攻撃をかけた。日本軍は、その攻撃をどうにか凌いだものの、その夜、平壌を放棄し、京畿道《キョンギド》の開城《ケソン》へと退き、さらに漢城《ハンソン》へと撤退していった。日本軍を追って開城に入った李如松らは正月二五日、そこを出発し漢城へと向かい、一六日、漢城の北の碧蹄館《ビョクジエグアン》で日本軍と激戦となる。しかし、日本軍に敗れ戦意を喪失し、撤退を始めた。いっぽう日本軍は、この戦いに勝利したものの、追撃する余裕なく漢城に軍を引いた。

文禄二年二月一二日、日本軍は、漢城の北西、幸州《ヘンジュ》山城に結集した朝鮮政府軍と義兵とを攻めるが、損害を与えたものの落とすことができなかった。この間、漢城での兵粮不足がますます深刻化していった。

平壌撤退の報に接した秀吉は、渡海延期を決断せざるをえなくなり、二月一八日、宇喜多秀家《うきたひでいえ》を現地の「大将」とし、名護屋の秀吉からの指示を待たずに、現地で時々の戦況に応じた判断をまかすことにした。

三月に入って、秀吉は、漢城からの撤退を模索するいっぽうで、全羅道《チョルラド》の中核城郭である晋州城（牧使城）の攻略へと方針を転換した。そのため、徳川家康・前田利家《まえだとしいえ》・上杉景勝《うえすぎかげかつ》・伊達政宗《だてまさむね》をはじめとした東国・北国の軍勢の派遣が検討されるが、実際には家康や利家の派遣はなく、景勝や政宗らの軍勢が朝鮮へと渡った。

また四月一七日、名護屋において三月四日付の漢城《ハンソン》の情報を清正から受け取った秀吉は、清正に対し、晋州《チンジュ》城攻撃にあたるよう命じた。それとともに、高麗《こうらい》の様子については自ら現場を見ていないので、高麗からの注進の様子で指示を与えてきた、去年はじめはどこにおいても刃向かうものはないと申し越してきたので、そうであれば、押し詰めるよう命じてきた、それぞれのものが都・漢城に踏みとどまって、あとあとまでの仕置《しおき》をよく考えるべきところを、ぎりぎりまで押し詰めたために、一揆が蜂起し、このような事態をまねいたのだ、以前のことは言ってもしかたがないが、一言いっておく、今後の分別が専用である、と叱責した。

「大明詫言」

いっぽう、あいつぐ撤退と兵粮不足に悩まされた日本軍には厭戦《えんせん》気分が広がり、また碧蹄館《ビョクジェグアン》の戦いで敗れた明軍にも厭戦気分が広がるなか、朝鮮側の講和反対にもかかわらず、日本と明との講和交渉が、小西行長と沈《しん》惟《い》敬《けい》《チエンウエイジン》とのあいだで始まった。交渉は容易にまとまらなかったが、文禄二年（一五九三）四月にはいって、おおよそ四つの条件で講和が提案された。その内容は、

① 明からの講和使節の派遣、

② 明軍の朝鮮からの撤退、

③　日本軍の漢城からの撤退、
④　朝鮮の二王子の返還、

であった。

四月末、明からの「勅使」が派遣されるとの報が名護屋に届いた。明側は、漢城の奪還と「講和」の可能性を探り、日本側は、明からの降伏の使節派遣と期待も含めそれを「大明より御詫言」のための使節と読み替えようとした。

五月一日、秀吉は、朝鮮在陣の諸将に対し長陣をねぎらうとともに、四月一七日に清正に報じた方向で、晋州城の攻略を命じ、さらに全羅道《チヨルラド》（日本側史料では赤国）侵攻を、朝鮮に在陣している諸将に命じた。

ここに秀吉が、朝鮮半島の南端部の確保を目指していたことがみてとれよう。逆にいえば、秀吉はこの時点で、「唐」明はおろか朝鮮全土をその支配下に置くことを断念していたのである。

そして五月一五日、小西行長に伴われた「明使」が名護屋に到着した。しかし秀吉は、すぐには引見しなかった。「明使」が名護屋に滞在するなか五月二〇日、秀吉は晋州城攻撃のための総勢一二万を超える詳細な陣立てを作成し、それを命じた。二二日、秀吉は、毛利輝元に宛てた朱印状のなかで、大明国から勅使がやってきた、しかし和平については、自らの意向に合致せぬ時には、和平を受け入れない、どちらにしても「もくそ城《（牧使）》」を取り巻き討ち果たし、城々を普請するように、「御無事」すなわち和平については「条数」をもって「大明」へ仰せ遣わされたので、それに同意すればそれに従うが、そうでなければ和平を受け入れないと報じている。また、北政所宛の同日書状でも、

大めいこく《明国》より、わぶ《詫》事にちよくし《勅使》、この地までこし候間、ちやうすうかき《条数書》をもて申し出し、それにしたがい、さうふん《存分》にうけ候はば、いよいよゆるし、大めいこく・ちやうせんこく《朝鮮国》さうふんにまかせ、かいじん《帰陣》申すべし、ただしこうらい《高麗》にふしとう《無事》申し付け候間、いますこしひまいり候間、七八月のころにはかならすかならす、御めにかかり申すべく候、

と述べている。

そしてようやく五月二三日、秀吉は、明の「勅使」を引見する。そして翌日には、明の「勅使」は朝鮮に戻っていった。

ついで六月二八日、秀吉は、朝鮮に渡海していた石田三成・増田《ました》長盛《ながもり》・大谷吉継《おおたによしつぐ》と小西行長に対し「大明日本和平条件」を送った。その内容は、

① 明の皇女を日本天皇の后妃とすること、
② 日本と明の貿易を再開すること、
③ 明と日本の朝権の大官の間で誓紙を交わすこと、
④ 和平が成立するならば、朝鮮を赦《ゆる》し、漢城《ハンソン》近辺の四道を朝鮮国王に遣わすこと、
⑤ 朝鮮の王子と大臣一両人を質として渡海させること、

⑥ 生け捕った王子二人を沈《しん》惟《い》敬《けい》に引き渡すこと、

⑦ 朝鮮国王の権臣が「累世違却《チエシウエイジン》」なしとの誓紙を提出すること、

を指示した。

朝鮮では六月二一日から晋州《チンジュ》城攻撃が開始され、二九日に晋州城は陥落する。この報は、七月五日までには名護屋の秀吉の元に届き、同日秀吉は、田丸直昌にあてた朱印状で、「御仕置の城々出来次第、御馬を納めらるべく候」と、朝鮮の仕置完了次第、戦いを終結することを表明した。さらに七月一一日付の宇喜多秀家に宛てた朱印状では、

もくそ(牧使)頭その方手へ討ち取り、則到来候、日本の儀は申すに及ばず、大明・南蛮《なんばん》までの覚、比類なき儀に候、

と、牧使城《もくそ》(晋州城)を陥落させ、大将首を取ったことを最大限に褒めちぎる。そして、送られてきた牧使城主の首を京都に送らせ、牧使城陥落を京の人びとにアピールした。西洞院時慶《にしのとういんときよし》は七月二〇日の日記に「モクソ判官、赤国(全羅道)ノ主、頸、京着ト也」と記している。

「明使」が去ったあと、秀吉は、七月末から八月にかけて朝鮮南部に軍事的拠点を確保するために、「御仕置」の城の普請を命じた。そして五万人におよぶ軍勢が九月までに日本に帰還した。

いっぽう、秀吉は九月一〇日ころ名護屋を出発し、二五、六日ころ大坂に戻る予定をしていたが、八月三日に大坂城で拾《ひろい》(秀頼《ひでより》)が誕生したとの報が九日に名護屋の秀吉のもとに届いたため、急遽一

五日に名護屋を発し、二五日には大坂に着いた。

朝鮮では、国王が一〇月一日に荒廃しきった漢城《ハンソン》に戻った。文禄三年正月、秀吉は、朝鮮における在番《ざいばん》の様子、ことに兵粮の状況を確認するため、美濃部《みのべ》四郎三郎・山城《やましろ》小才次を派遣する。そしてこの報告を受けて、秀吉は、朝鮮での兵粮米確保体制の構築を図った。明との交渉の様子がまったく見えないなか、秀吉は文禄四年正月、一六万人を渡海させる再征計画を作成する。この再征計画では、関白秀次が、肥前名護屋に出向き、赤国（全羅道《チョルラド》）への侵攻が計画された。

冊封

文禄二年（一五九三）六月、明の「勅使」が帰国し、内藤如安《ないとうじょあん》が答礼使《とうれいし》としてそれに同行した。六月二〇日、内藤如安は釜山《プサン》を発ち、七月七日漢城に到着した。これを受けて八月に明軍は漢城を撤退し、九月には鴨緑江を越え明に戻っていった。

晋州《チンジュ》城陥落の報を受けた明側は、日本側の意図を糺《ただ》すとともに、二人の王子の解放と日本軍の撤退を迫った。内藤からの報を受けた小西行長は、二王子を解放することで、講和交渉の存続を図る。

文禄二年九月に内藤は明国内に入るが、遼陽《りょうよう》で足止めされた。明側は、戦争を終結させるためには、「関白降表」が必要と主張した。そのため文禄二年末、沈惟敬《しんいけい》《チェンウェイジン》と小西行長とが熊川《ウンチョン》で会談し、そこで降伏文書である「関白降表」が作成されたとされている（『朝鮮王朝実録』）。

文禄三年正月、沈は熊川を発ち明へ、また小西は日本に帰った。小西の帰国を受けて秀吉は、明の返答如何《いかん》によって再出兵があるとし、在番の維持を図る。文禄三年に入ると、兵粮不足は一層深刻の度を増し、日本の将兵の逃亡が相次ぐようになった。

文禄三年一二月初旬、内藤はようやく北京に入り、明皇帝に謁見した。明皇帝は、日本軍の朝鮮からの撤退と秀吉の冊封《さくほう》（名目的君臣関係）を条件に講和を許し、そしてほどなく明国使節の日本派遣が決定された。文禄四年五月には明使節が派遣されたことが、秀吉のもとに届いた。その報を得た秀吉は、小西行長と寺沢正成《てらさわまさなり》に対し、明・朝鮮と日本との和平条件を再度示した。そこでは、沈惟敬が伝えた明皇帝よりの講和条件に対し、秀吉は、

① 朝鮮王子が日本に来て秀吉に近侍すれば、朝鮮八道のうち日本領となった四道を付与すること、

② 沈と朝鮮王子が同時に熊川に来れば日本側が築いた軍営一五か所のうち一〇か所を壊すこと、

③ 大明皇帝が日本と朝鮮との和平を懇求するのでそれを許すが、そのためには礼儀を為して皇帝からの詔書を作成し、大明の勅使を日本に渡すこと、

④ 大明・日本両国の貿易を勘合《かんごう》によって行うこと、

を講和の条件として提示した。なかでも重要なのは、秀吉が朝鮮王子の秀吉への近侍を条件に朝鮮南部の四道をその王子に「付与」するとしている点である。もはや実質的には朝鮮を放棄しており、わずかに名分《めいぶん》を確保するにすぎないものとなっている。ここに、秀吉の「唐入り」をめぐる政権構想は観念の世界ではともかく放棄され崩壊している。その結果、秀吉は日本国内を対象とした政権構想を再度作り上げることを迫られる。これが、次に述べる秀次事件の引き金となったのではなか

ろうか。

こうした水面下での交渉を経て、文禄四年九月、明の使節が漢城《ハンソン》を発する。しかしその行程は緩やかなもので、正使は一一月に入ってようやく釜山《プサン》に到着した。文禄五年正月、小西行長の強い要請を受け、沈惟敬《しんいけい》《チエンウエイジン》は釜山を発ち、名護屋へと向かった。ところが、四月二日、明使節の正使が逃亡する事件が起こった。副使の楊方亨《ようほうこう》《ヤンフアンハン》を正使とし、沈を副使とすることで、これを糊塗《こと》した。六月、正使となった楊は、朝鮮使節を伴って対馬に到着する。

伏見城の建設

秀吉の伏見城は、天正二〇年（一五九二）の伏見指月《ふしみしづき》の地に建設された「隠居所《いんきょじょ》」に始まり、翌年末に本格的な城郭へ大改造がなされ、さらに慶長元年（一五九六）の大地震後、地を木幡山《こはたやま》に替え再度築城された。

天正二〇年、大政所の死去に際して名護屋から大坂まで戻った秀吉は、八月なかば伏見に「御隠居所」を設けることを決め、二〇日、その縄打《なわう》ちをおこなった。しかし、この段階は、「太閤《たいこう》隠居所」「太閤隠居城」とも呼ばれたが、城郭というより屋敷であったようである。

この屋敷が城郭へと大きくその性格を変貌させるのは、文禄二年（一五九三）末のことであり、本格的工事は翌年正月に始まる。この城郭へと変化した理由は、これまで同年八月の秀頼誕生により、関白秀次を政権の後継者とするそれまでの構想を変更する必要があったからだとされてきた。秀頼誕生がひとつの契機だったことは否めないが、伏見城築城を朝鮮侵略の流れに置いてみると、少し異なった位置づけになる。すなわち、文禄二年末の段階では、秀吉はもはや「唐入り」を諦め、というよりは不可能となっていたことを認識しており、再度日本国内に自らの拠点を築くことを迫られ、その結果として伏見城築城がなされたとみることができよう。

文禄三年正月に始まった普請は、名護屋から引き上げてきた東国の大名たちを動員することでなされた。これは、西国大名の多くが、停戦後もなお朝鮮に在陣していたためで、秀吉は朝鮮在陣の諸将に、東国大名を伏見城の普請に動員していることをわざわざ報じている。

この伏見城は、翌年の秀次《ひでつぐ》事件にともなう聚楽第《じゅらくだい》の取り壊しとその遺構の伏見への移築を含め、慶長元年にはほぼ完成した。秀吉は、この城へ明使《みんし》を迎えるべく工事を進めるが、その引見を目前にした慶長元年閏七月一三日、畿内を襲った大地震によって大きな被害をこうむり、明使との引見は延期された。

秀吉は、すぐさま城地を木幡山に移し、再度城郭普請にとりかかる。完成した伏見城はその後、秀吉の本城として機能し、秀吉はこの城で最期を迎える。

太閤検地

秀吉の検地は、一般に太閤検地《たいこうけんち》と呼ばれる。その検地は、村ごとに田畠屋敷など地目《ちもく》を定め、それぞれ一筆《いっぴつ》ごとに字《あざ》、等級、面積、石高《こくだか》、名請人《なうけにん》を確定し、それらを集計して村高とした。検地にあたっては、一間《けん》六尺三寸とし、一間四方を一歩《ぶ》、三〇〇歩を一反《たん》とし、石高は京枡《きょうます》をもって公定升とし、村の善し悪しを勘案し、耕地の等級、たとえば上田《じょうでん》ならば、反《たん》一石《こく》五

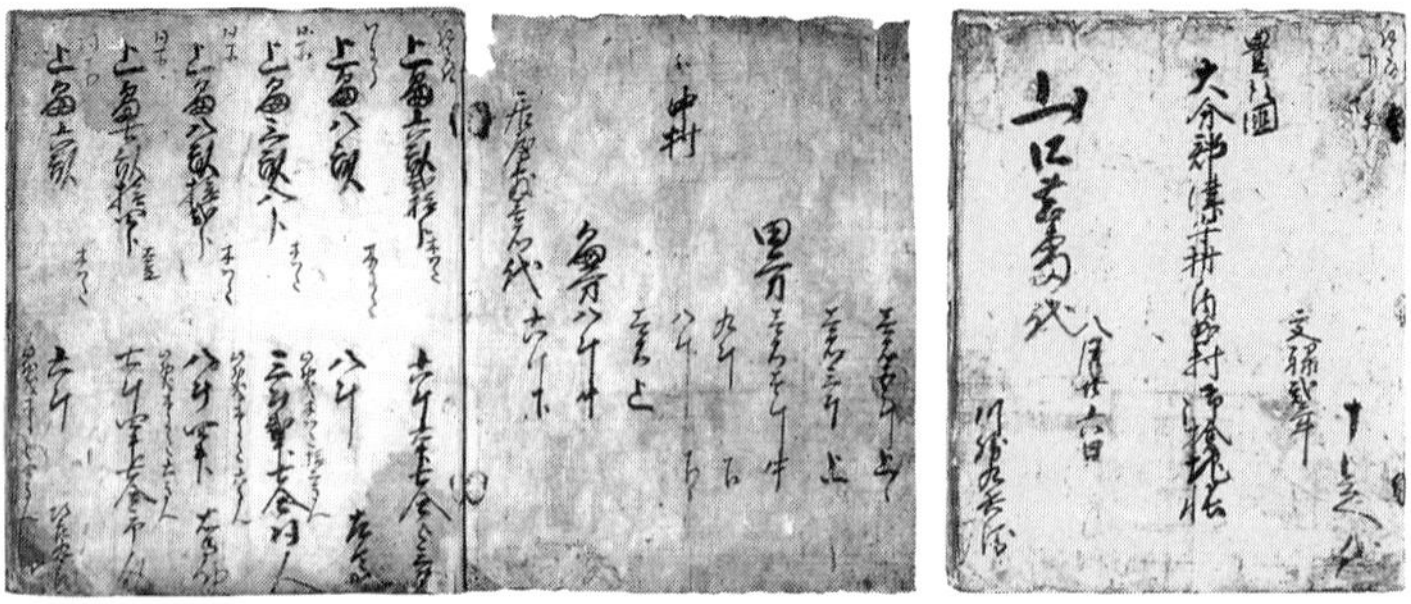

図40　文禄2年の豊後国大分郡津守村内曲村御検地帳

斗《と》といった斗代《とだい》を定め、それに面積を乗じて高《たか》を算出した。また、従来一片の耕地に複数の権利が重層していたが、それを整理し、一片の耕地には一人の耕作者とする一地《いっち》一作人制《いっさくにんせい》が実施された。こうした検地の結果、百姓は耕作権を保証されると同時に年貢《ねんぐ》・夫役《ぶやく》などの負担義務を負うことになった。そして、この石高が、大名より家臣への領地給与にあたっての基準となり、また家臣が主人に軍役《ぐんやく》を果たす時の基準ともなった。このように太閤検地は、近世日本の土地制度・社会制度の根幹をなす石高制《こくだかせい》の基礎となった土地政策であり、その歴史的重要性は、きわめて大きい。

この点を踏まえたうえで、太閤検地を政治史の流れのなかに置くと、天正一八年（一五九〇）の奥羽《おおう》仕置《しおき》までは、それぞれの占領地の「仕置」の一貫として検地は実施されている。しかし、天正一八年以降の検地は、占領地とは関係なくより多くの地域で、「再検」として行われている。天正一九年には山城《やましろ》・近江《おうみ》・大和《やまと》・摂津《せっつ》・筑前《ちくぜん》・豊前《ぶぜん》・豊《ぶん》後《ご》で再検がなされたが、これは朝鮮出兵に向けての兵粮確保のためであったと推測される。また、文禄の朝鮮出兵と慶長の朝鮮出兵との狭間にあたる文禄二年・三年・四年には、陸奥《むつ》・常陸《ひたち》・信濃《しなの》・越後《えちご》・尾張《おわり》・伊勢《いせ》・大和・摂津・河内《かわち》・和泉《いずみ》・播磨《はりま》・筑前・筑後・豊後・肥前《ひぜん》・肥後《ひご》・薩摩《さつま》・日向《ひゅうが》・大隅《おおすみ》とまさに広範に検地が実施されており、おそらく朝鮮での兵粮不足が深刻化し、その解決が喫緊《きっきん》の課題となるなかで、これらの検地がなされたといえよう。

秀次の追放

天正一九年（一五九一）一二月二八日、秀吉から関白職を譲られた秀次は、翌年正月、聚楽第に後陽成《ごようぜい》天皇の行幸《ぎょうこう》を迎えている。

秀次が関白となったことで、天皇の意思を取り次ぐのは関白秀次の任務となり、秀吉が思うにまかせぬことも出てきた。また秀次は関白になった当初、朝鮮出兵にあたって人掃令《ひとばらいれい》を出し、全国の家数・人数の調査を行ったり、秀吉の段階で始まった全国の石高を調査するための御前帳《ごぜんちょう》の集約を、秀次のもとで行うなど、豊臣政権を担う役割を果たしていたが、秀頼の誕生を契機に、秀吉との関係は徐々に悪化していく。

文禄二年（一五九三）八月末に大坂に戻った秀吉は、九月伏見で秀次に会し、秀次に「種々御意見」したうえで、日本を五つに割り、四つを秀次に与え、一つをお拾（秀頼）に与えると約束し、また一〇月には秀次の娘と秀頼との婚約もまとめあげ、両者の矛盾や対立が深ま

図41　豊臣秀次画像

らないよう行動する。しかし同年閏九月、秀吉は、鷹狩りと称して秀次の領地である尾張《おわり》に出向く。この鷹狩りは名目で秀次領の巡検が目的であった。秀吉は尾張を巡検し、その地の荒廃ぶりをみて、一一月二八日にはその調査を改めて命じた。秀次領への露骨な介入である。

文禄三年正月には、秀吉は秀頼に大坂城を与え、伏見に自らの城郭を建設しはじめる。そして、これに前後して秀吉は、関白秀次を大坂や伏見にたびたび呼び出している。とても関白の姿とはいえない。秀吉が関白秀次の上位にあることを見せつけるための行為であったといえまいか。

文禄四年七月三日、秀吉は、謀叛を企てたとして秀次から関白職を剥奪《はくだつ》し、八日、秀次を伏見に呼び出し、剃髪《ていはつ》させ、高野山《こうやさん》に追放した。そして、使《つかい》を高野山に派遣し、一五日に秀次に死を命じ自刃させた。また秀次の子女・妻女三〇人あまりが京三条河原で斬首され、さらに秀次付の家臣たちも命を奪われ、また親交のあった者たちも処分を受けた。

「御ひろい様へ対し奉り」

関白職剥奪から秀次自刃後にかけて、秀頼への忠誠を約した起請文《きしょうもん》が相次いで提出された。まず、秀次の自刃を前にした文禄四年（一五九五）七月一二日、石田三成《いしだみつなり》と増田長盛《ましたながもり》とが二名連署で血判起請文をあげた。その第一条では秀頼を表裏別心なくもりたてること、第二条では「太閤様御法度御置目《たいこうさまごはっとおんおきめ》」を守ることが誓約された。

ついで二〇日、前田利家《まえだとしいえ》と宇喜多秀家《うきたひでいえ》がそれぞれ単独でほぼ同内容の血判起請文をあげた。その第一条は「御ひろい様へ対し奉り」で始まり、秀頼への忠誠を、第二条で「太閤様御法度御置目」を守ること、第三条で違反者の糾明《きゅうめい》について、第四条で自らの無分別が指摘された時の処置、第五条で秀頼のための在京と許可なく下国しないことを誓約している。同じ日、織田信雄《おだのぶかつ》・上杉景勝《うえすぎかげかつ》・徳川秀忠《とくがわひでただ》など在京していた侍従《じじゅう》以上の大名二八人が連署《れんしょ》で、ほぼ同様の血判起請文をあげた。

さらに、国元で秀次追放の報を聞いてすぐさま上洛した徳川家康と毛利輝元《もうりてるもと》・小早川隆景《こばやかわたかかげ》の三人が連署で五か条の起請文をあげた。第三条目までは前田利家・宇喜多秀家の起請文と同じ内容であるが、第四条には「坂東の法度置目公事《くじ》篇」については家康が、「坂西」については輝元と隆景が取り扱うことを、第五条では日常的に在京し秀頼へ奉公すること、万一用事があり下国する時は家康と輝元が交互に下国することを誓約した。

秀次追放後の危機的状況を、諸大名からの起請文提出と次に述べる「御掟《おんおきて》」「御掟追加」の制定によって、ともかく乗り越えようとしたのである。

「御掟」「御掟追加」

文禄四年（一五九五）八月三日、いわゆる五大老の連署で「御掟」「御掟追加」が出された。この「御掟」「御掟追加」の連署者については、徳川家康・宇喜多秀家・前田利家・毛利輝元・小早川隆景の五人のものと、この五人に上杉景勝を加えた六人のものが、それぞれ複数伝来しているが、私見では当初は景勝を除く五人で作成されたものが、その後、景勝を加えて同じ年月日のまま、再度あるいはさらに重ねて出されたとしておきたい。

五か条からなる「御掟」は、

① 大名の婚姻は秀吉の許可をえること、
② 大名同士で誓紙を取り交わすことの禁止、
③ 喧嘩《けんか》口論が起こった時には「堪忍《かんにん》」した方に「理運」があるとすること、
④ 無実を申し立てるものがある時は、双方を召し寄せ糺明《きゆうめい》すること、
⑤ 乗物使用の許可要件、

が定められている。

九条からなる「御掟追加」では、公家・門跡《もんぜき》にたいして「家々道」を嗜《たしな》み「公儀御奉公」に勤めることを、寺社に対しては寺法・社法を守り学問勤行《ごんぎよう》に勤めることを求め、領知の支配について出来高の三分の二を領主のもの三分の一を百姓のものとし、田地が荒れないよう心がけること、また領知高に従って諸事を進退することを命じ、目安が出された場合には「十人之衆」が取り扱い、双方を召し寄せ中分を聞き、談合の上、秀吉の耳に入れるよう定め、さらに側室の制限、衣装の紋に菊桐紋《きくきりもん》を使用することの禁止、大酒の禁止、覆面しての往来禁止などが定められている。

秀次事件によって惹起《じやつき》された危機的状況への対応として出された「御掟」「御掟追加」は、その内容は必ずしも整然としたものとはいいがたいが、全階層を対象とした法としては豊臣政権唯一のものといってよく、のちの江戸幕府のもとで出された禁中幷公家中諸法度《きんちゆうならびにくげちゆうしよはつと》や武家《ぶけ》諸法度《しよはつと》に先行するものとして注目される。

秀頼の参内

文禄四年（一五九五）一二月、大坂に下った秀吉は、そこで病気を発し、翌年正月に諸大名から受ける年頭の礼を延期した。さらに、二月一日に延期された年頭の礼もふたたび秀吉の病気が理由で延期された。秀吉が回復したのは二月半ばのことで、ようやく伏見に戻った。この病気に将来への不安を感じたのか、秀吉は、わずか四歳、なお元服しない秀頼の参内を計画する。

五月九日、秀吉は秀頼を伴い、徳川家康をはじめとして多くの大名を従え、伏見から京都へと行き、一三日に参内、一五日には禁中で能を興行し、翌一六日に秀頼をともなって伏見に戻った。そして、二五日、秀吉は公家・門跡《もんぜき》・諸大名に残らず秀頼への「御礼」を行わせた。秀頼の地位確立を図るための一つの方策であった。

さらに、慶長二年（一五九七）正月、秀吉は、下京の東部分に秀頼のための新城を計画するが、四月には禁裏《きんり》の東南の地に変更し、五月に縄張《なわば》り、九月には完成をみた。この屋敷は「秀頼卿御城」まだ「京の城」とも呼ばれたが、当初「太閤御屋敷」「屋形」「新宅」と呼ばれるように城というより屋敷とみてよいだろう。秀吉は、この屋敷が完成する以前しばしば普請場を訪れているが、九月二六日、秀頼を伴って「新宅」に入った。そして二九日に秀頼を伴って参内し、秀頼は元服、従四位下左近衛《さこんえの》少将《しょうしょう》に叙任された。

大仏造立

秀吉の刀狩り令にみえることでよく知られた秀吉の「大仏造立」であるが、よくわからない点が多々ある。ここでは河内将芳氏の仕事によりつつ見ていくことにする。

少し遡るが、天正一四年（一五八六）四月、秀吉は、京都東山《ひがしやま》に大仏造立を思い立ち、毛利氏らに材木の調達を命じるがまもなく中断する。ことが再開されるのは、天正一六年五月のことである。秀吉は、五月一〇日すぎに、上京下京《かみぎょうしもぎょう》の町人四〇〇〇人を大仏建立の地に集め、それに酒肴《しゅこう》を振舞い、築かれた基壇《きだん》のうえで踊らせた。大仏造営が本格的に開始されたことを告げる出来事であった。

一〇月からは、越前・丹後・丹波・美濃・伊勢・加賀・越中・備前などの大名たちが、一月ごとに動員され、また徳川家康をはじめとする周辺大名には大仏殿に用いられる巨木をはじめとする材木の供出が求められた。

天正一九年五月二〇日に大仏殿の柱立《はしらだて》が始まり、翌年一一月に立柱《りっちゅう》が完了するが、朝鮮出兵用の軍船建造のために、大仏殿作事《さくじ》はまたもや中止され、二年後の文禄《ぶんろく》二年（一五九三）九月二四日に棟上《むねあ》げがなされ、翌文禄三年に瓦が葺《ふ》き始められた。内部に安置される大仏も、文禄三年七月ころにはほぼ完成していたようである。

大仏の開眼供養《かいげんくよう》の日はなかなか定まらず、ようやく文禄五年七月に八月一八日とされた。ところが、閏七月一二日の深夜に大地震が起こった。この地震で大仏殿の建物は無傷だったが、大仏は大破してしまった。その結果、予定されていた改眼供養は延期となった。

大破した大仏は、しばらくそのままにされていたが、慶長二年（一五九七）五月、秀吉が大仏殿を訪れ、その場で大仏を破砕《はさい》するよう命じ、その跡に善光寺如来《ぜんこうじにょらい》を遷座《せんざ》させるよう指示した。その理由を『当代記《とうだいき》』は「か様に我身をさへ保ちえざる仏体なれば、衆生済度《しゅじょうさいど》は中々思いもよらず」、すなわち仏自身が自らを護れないようでは衆生を救うことなど無理だと、秀吉がその無力を指摘したことを記している。

善光寺如来については、慶長二年四月ころに秀吉の夢の中に現れた善光寺如来が都に移り、阿弥陀《あみだ》ヶ峰《がみね》の麓に遷座したいと告げたのを機に、善光寺如来の大仏殿が画策され、七月一八日、善光寺如来は大仏殿に納まった。そして寺号も大仏から善光寺如来堂と改まった。なお、善光寺如来は、秀吉が没する前日の慶長三年七月一七日、京都から信濃へと帰座していった。

明使節と朝鮮使節

文禄五年（一五九六）八月中旬、明使節と朝鮮使節は和泉堺《いずみさかい》に到着する。八月下旬に伏見での引見が予定されていたが、閏七月一二日の深夜に襲った大地震によって、伏見城は大きく損壊し、明使節の引見は延期された。

伏見城での引見を諦めた秀吉は九月一日、大坂城で明使節を引見し、万暦二三年（文禄四）正月二一日付の明皇帝勅諭《ちょくゆ》として出された冊封文《さくほうぶん》と明皇帝から送られた常服《じょうふく》などを受け取った。従来、この場で秀吉は、秀吉を日本国王に冊封するとしたことに激怒し、朝鮮への再出兵に踏み切ったとされてきたが、近年の研究では、そうではなかったことが明らかになってきている。

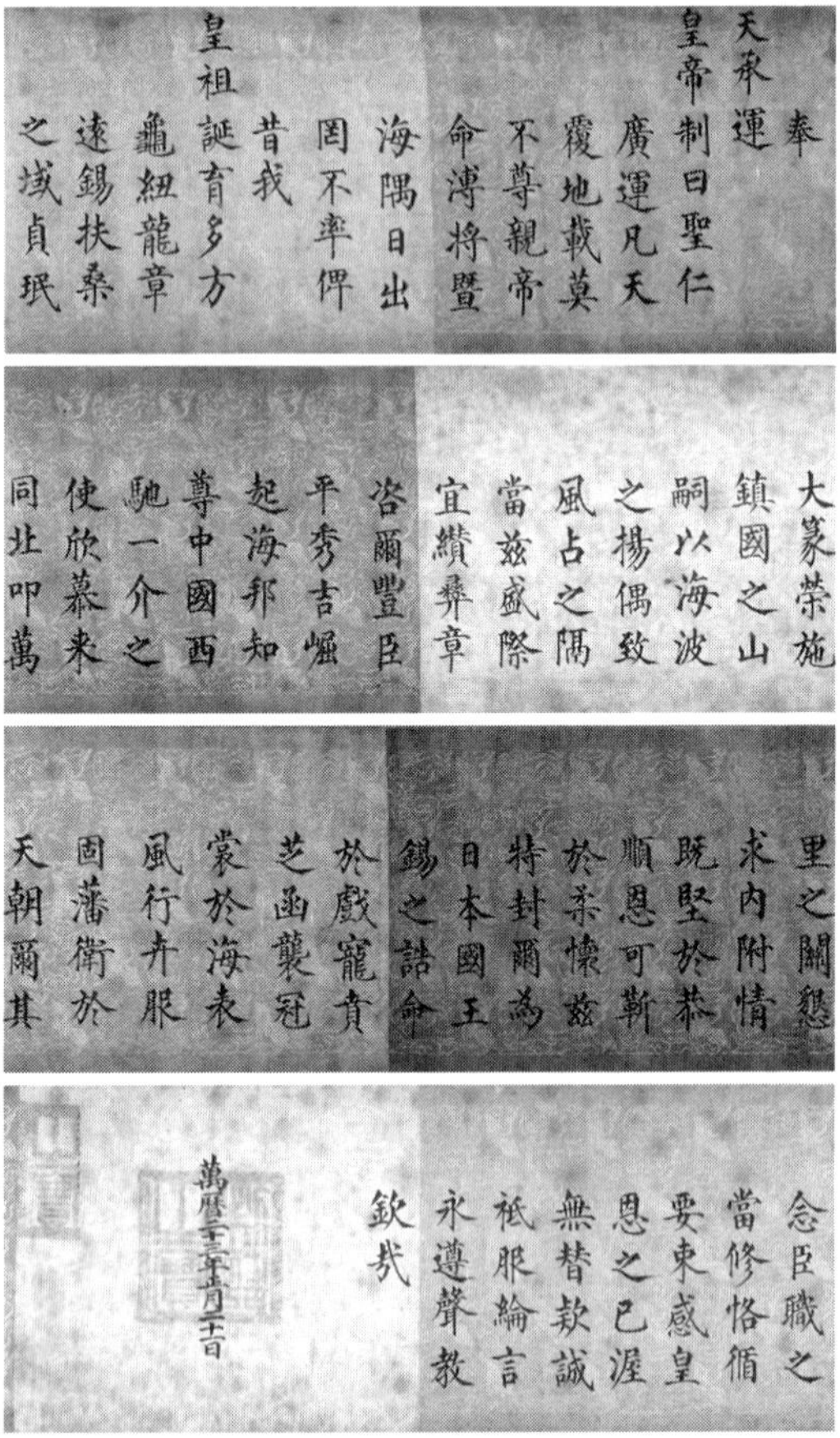
奉
天承運
皇帝制曰聖仁
廣運凡天
覆地載莫
不尊親帝
命溥將暨
海隅日出
罔不率俾
昔我
皇祖誕育多方
龜紐龍章
遠錫扶桑
之域貞珉
大篆榮施
鎮國之山
嗣以海波
之揚偶致
風占之隔
當茲盛際
宜纘彝章
咨爾豊臣
平秀吉崛
起海邦知
尊中國西
馳一介之
使欣慕來
同北叩萬
里之關懇
求內附情
既堅於恭
順恩可斯
於柔懷茲
特封爾為
日本國王
錫之誥命
於戲寵貴
芝函襲冠
裳於海表
風行卉服
固藩衛於
天朝爾其
念臣職之
當修恪循
要束感皇
恩之已渥
無替款誠
祗服綸言
永遵聲教
欽哉
萬曆二十三年正月二十一日

図42　明王贈豊太閤冊封文

秀吉の引見のあと、堺へ戻った明使節を接待するために遣わした使僧《しそう》たちに、明の使節が朝鮮におけるすべての城塞の破却と軍勢の撤退を求める書翰《しょかん》を言づて、それを読んだ秀吉が激怒し、その怒りは、王子を伴わなかった朝鮮使節に向けられ、秀吉は朝鮮の無礼を責め、和を許し得ないとし、再征に踏み切ったのである。朝鮮使節の正使の記録には、

天朝、則ち既に使を遣わして冊封す、我姑《しば》らく之を忍耐す、しかるに朝鮮は則ち礼なくして、こ

こに至る、今や和を許すべからず、我まさに再び廝殺《しさつ》（戦闘）を要すべし、況《いわん》や撤兵の事を議すべけんや、

と秀吉の言を記している。朝鮮の立場で書かれたものであるので、秀吉が明を「天朝」と呼んだかなど、そのまま事実とすることには慎重でなければならないが、この段階で秀吉が冊封自体をともかく受け入れ、矛先を朝鮮に向け、「礼」なきことを責め、朝鮮使節には会おうともしなかったのである。

慶長の朝鮮出兵

文禄五年（一五九六）九月、朝鮮への再出兵を決した秀吉は、九州大名の一部にはその年中の渡海を命じ、そして慶長二年（一五九七）二月二一日付で再出兵の条々と陣立《じんだ》てが諸大名に出された。朝鮮に渡る主力は、これまで同様、九州・中国・四国の大名たちであったが、その目標は「唐入り」ではなく、朝鮮南部、なかでも全羅道《チョルラド》の征圧にあった。この条々には、

赤国《全羅道》残らず、悉《ことごと》く一篇に成敗申し付け、青国《忠清道》その外の儀は、なるべき程相動《はたら》くべきこと、

とみえる。朝鮮南部の確保がこの出兵の最大の目的であった。

一二月から小西行長《こにしゆきなが》のルートでの王子来日を主題とする交渉が繰り返しなされ、また翌年正月には渡海した加藤清正《かとうきよまさ》によっても朝鮮僧惟政《ユジョン》を介する服属交渉がなされるが、ともに成立することなく五月を迎えた。こうしたなか、五月から七月にかけて日本勢が出陣し、朝鮮へと渡海していく。

図 43　蔚山攻城図屏風（部分）

そして八月から全羅道への侵攻が始まる。陸では日本軍が優位に戦いを進め、全羅道を征圧、忠清道《チユンチヨンド》まで軍を進めた。いっぽう、全羅道の南の海域では当初日本側優位の展開をみたが、その後は李舜臣《イスンシン》率いる朝鮮水軍によって、日本水軍は大敗を喫し、海上からの全羅道攻略は頓挫する。

慶長の朝鮮出兵の際、日本勢は、行軍中に浅ましく残虐な行為を繰り広げた。この時、豊後《ぶんご》臼杵《うすき》の太田《おおた》一吉《かずよし》に従った慶念《けいねん》という僧が記した日記には、「人に劣じ負けじと、物をとり、人を殺し、奪い合う」とその様子が記されている。また、戦闘で拘引《こういん》したものを人買いなどを介して日本へ送り、また戦闘の戦果を示すために死者の鼻を削ぎ、それを塩漬けにして京都の秀吉の元へと送った。

蔚山攻城戦

厳寒を控えて日本軍は、軍を忠清道《チユンチヨンド》に駐留させることなく、南部の海岸部に引き、冬期の駐留拠点となる城普請にとりかかった。この城普請は慶尚道《キヨンサンド》でも行われた。東から蔚山《ウルサン》・梁山《ヤンサン》・馬山昌原《マサンチヤンウオン》・固城《コソン》・泗川《サチヨン》・南海《ナメ》・順天《スンチヨン》に新たに城が築かれ、また従来からの西生浦《ソセンポ》・

釜山《プサン》・金海竹島《キメチユクド》の城も強化された。

慶長二年（一五九七）一二月二二日、明・朝鮮軍による蔚山城攻撃が始まり、翌年正月四日まで大規模な攻防戦が続いた。この報は、慶長三年正月一七日、伏見の秀吉の元に届いた。

蔚山城に籠城した加藤清正をはじめとする諸勢は、落城の一歩手前まで追い込まれるが、毛利秀元《もうりひでもと》らの援軍を得て明・朝鮮軍を崩し、危機をようやく脱した。しかし、絶対的な兵粮不足は、明・朝鮮軍を追撃することを許さなかった。

二月、朝鮮在陣の諸将によって在番城の縮小再編案が作られ、秀吉のもとに送られるが、秀吉はその戦線縮小ともみえる案に激怒し、それを許さなかった。秀吉は、いっぽうで兵粮米備蓄を強化し、五月には在番城の再編を命じ、翌年に大規模な派兵を行うと言いつづけるものの、もはや新たな軍事行動をするだけの状況にはなかった。

秀吉の死

秀吉は、文禄五年（一五九六）はじめの病気から回復し、秀頼参内、公家・門跡《もんぜき》・諸大名らの秀頼への惣礼《そうらい》など、政権継承のための手だてをさまざまに施したものの、慶長二年（一五九七）末にふたたび煩った。その後、快復し、二月には醍醐寺《だいごじ》での花見を計画する。そのために秀吉は、二月九日から数日おきに醍醐寺を訪れ、花見のための御殿や庭作りを自ら指示した。そして三月一五日、北政所《きたのまんどころ》・淀殿《よどどの》・松の丸殿・三丸殿《さんのまる》・加賀殿、前田利家の室、それに秀頼と、家族だけの花見を終日楽しんだ。世にいう醍醐の花見である。

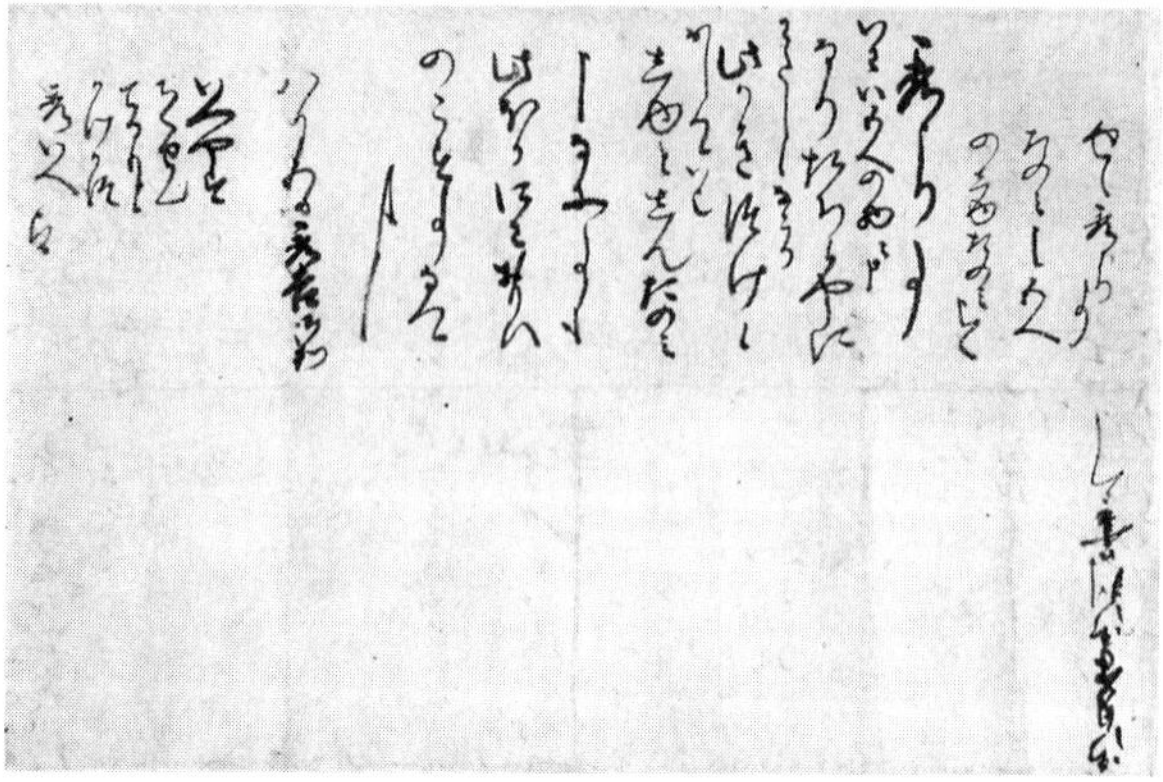

図44　秀吉遺言状（慶長３年８月５日　豊臣秀吉自筆書状写）

秀吉の最後の輝きともなったこの花見のあと、慶長三年四月一五日、秀吉は秀頼を伴って上洛、一八日に年頭の礼のために参内する。この時、従二位権中納言《ごんちゅうなごん》に叙任され、二四日には親王・公家たちが昇進を京の屋敷に出向き祝った。

しかし、秀吉は六月初めに煩い、もはや腰が立たなくなった。六月の終わりに赤痢《せきり》を患い、時ならず胃の痛みを訴えるようになったが、生命が危険にさらされるほどではなかった。しかし、八月五日には病状は悪化しもはや絶望的となった。その少しまえの七月二二日には、秀吉は、徳川家康・前田利家・富田《とみた》知《とも》信《のぶ》・有馬《ありま》則頼《のりより》を召して四時間あまり雑談をし、少し食も進んだが、それに先立つ一五日には大名や奉公衆に「遺物」を、二五日には天皇をはじめ親王・女御《にょうご》・公家・門跡へも「遺物」を配分しており、死期の近いことを観念していたと思われる。

八月五日、死期を悟ったかのように、秀吉は徳川家康・前田利家・毛利輝元・上杉景勝・宇喜多秀家に宛てた遺書を認めた。

返々、秀より《（頼）》事たのミ申候、五人のしゆ《（衆）》たのミ《（頼）》申候〳〵、いさい《（委細）》五人の物ニ申わたし候、

なこり《（名残）》おしく候、以上、
秀より《（頼）》事なりたち候やうに、此かきつけ《（書付）》候しゆ《（衆）》としてたのミ申候、なに事も此ほかにわ、おもひ《（思）》
のこす事なく候、かしく、
八月五日　秀吉御判
いへやす《（徳川家康）》
ちくぜん《（前田利家）》
てるもと《（毛利輝元）》
かげかつ《（上杉景勝）》
秀いへ《（宇喜多秀家）》
まいる

宛名の徳川家康をはじめとする五大老に、秀吉亡きあとの秀頼の行く末を心から依頼したものである。二日後の七日には、いわゆる五奉行の浅野《あさの》長政《ながまさ》・増田《ました》長盛《ながもり》・石田三成・前田《まえだ》玄以《げんい》・長束《なつか》正家《まさいえ》に「日本国中之儀」を命じ、約一〇日後の八月一八日、秀吉は六二歳の生涯を伏見城に閉じた。

秀吉の死後

秀吉の死はしばらく秘匿《ひとく》され、まず朝鮮からの撤退が模索される。日本から八月二五日付の秀吉の朱印状を携えた徳永寿昌《とくながひさまさ》・宮木豊盛《みやぎとよもり》が派遣され、講和を実現させ、朝鮮から撤兵するよう申し送られた。その後も朝鮮南部では日本軍と明・朝鮮軍との戦闘が行われ、また和平交渉もさまざまに試みられるなか、十分な決着をみないままに、一一月には日本勢は朝鮮から撤兵した。

慶長四年（一五九九）に入って、秘匿されていた秀吉の死が公にされ、三月五日、所司代《しょしだい》の前田玄以が朝廷に秀吉の遺言を伝えるとともに、秀吉が望んだ「新八幡《いまはちまん》」の神号勅許を願いでた。しかし、朝廷側はそれに即答せず、秀吉の遺体が伏見城より阿弥陀ヶ峰《あみだがみね》に移された四月一三日より四日後の一七日に宣命使《せんみょうし》を阿弥陀ヶ峰の仮殿《かりどの》に派遣し、「豊国大明神《ほうこくだいみょうじん》」の神号を贈った。

四　徳川の天下

1—関ヶ原の戦いと将軍宣下

「天下殿に成られ候」

秀吉没後の豊臣政権の政務は、秀吉の遺言に従って徳川家康《とくがわいえやす》・前田利家《まえだとしいえ》・毛利輝元《もうりてるもと》・上杉景勝《うえすぎかげかつ》・宇喜多秀家《うきたひでいえ》の五大老と石田三成《いしだみつなり》・前田玄以《まえだげんい》・浅野長政《あさのながまさ》・増田長盛《ましたながもり》・長束正《なつかまさ》家《いえ》の五奉行が担うことになった。当初、朝鮮からの撤兵指示や新たな領知宛行などが五大老の連署状でなされ、また五奉行が寄り合って所務沙汰を処理するなど、五大老五奉行制は順調に機能するかにみえた。

いっぽう慶長四年（一五九九）正月に、伏見城で諸大名から年賀をうけた豊臣秀頼《ひでより》は、同月一〇日、秀吉の遺命に従い大坂城へと居を移した。この際、五大老《ごたいろう》の筆頭《ひっとう》である家康は伏見に残り、次席の前田利家は秀頼の守役《もりやく》として大坂に移った。まず五大老の体制に変化が生じた。さらに同年閏三月三日、大坂に移った利家が大坂の自邸で没した。利家の跡は、子の利長が継承することにはなるが、利家の死は、五大老のなかでの家康の地位を一層高めた。

利家死去の翌日、石田三成の差配に不満を抱いていた加藤清正《かとうきよまさ》・黒田長政《くろだながまさ》・浅野幸長《あさのよしなが》ら七人の武将が三成を亡き者にしようと動いた。それを察した三成は大坂から伏見に避難し、さらに近江《おうみ》の佐和山《さわやま》へと遁れた。命は確保したものの、三成は、事実上五奉行から脱落し、結果、五奉行制にもひびが入った。

この三成襲撃事件が一段落したのをみてか、家康は同月一三日、伏見向島《むかいじま》にあった自邸から居を伏見城西丸《にしのまる》へと移した。家康が伏見城へ移ったのを伝え聞いた奈良興福寺《こうふくじ》の僧英俊《えいしゅん》は、「天下殿に成られ候」とその日記に記している。世間は、家康を「天下殿」とみなしたのである。

また、秀吉死後間もない時期から禁裏に薬・菊の花・鷹の鳥（鷹狩りで捕獲した鳥）・初鮭などを進上していた家康は、慶長四年八月一四日、禁裏に参内する。後陽成天皇は、家康と常御所で対面、そこで三献の儀があり、家康からは太刀折紙・銀一〇〇枚、中折紙一〇〇把が進上された。この参内の様子は、秀吉やそれ以前の室町将軍が参内した折のものと変わりはなく、天皇が家康を室町将軍や秀吉と同等に扱ったことになる。いいかえれば、天皇の側が、事実上、家康が天下人であることを承認したことを意味している。

しかし、この段階での家康は、形のうえでは豊臣政権の、筆頭とはいえ、なお五大老の一人に過ぎなかった。

戦いの前夜

慶長三年（一五九八）に越後から会津一二〇万石へ転封となった上杉景勝は、一〇月にいったん上洛するが、翌年七月には領国経営のため会津へと下り、また前田利家の跡を継いだ利長も八月には大坂を発ち加賀金沢へと、相次いで上方《かみがた》を跡にした。五大老の体制は、除々に衰弱し、家康の権限が増大しはじめる。

慶長四年九月七日、家康は、秀頼に重陽の賀を述べるために大坂に出向き石田三成の屋敷に入った。そして九日には秀頼への礼を済ませる。しかし、その後も宿所を石田正澄の屋敷に移し、大坂滞留の意向を示した。同月二六日、家康の意向を受けてのことであろうか、秀吉の正室であった高台院が、突然、それまでいた大坂城西丸を出て京都へと去った。それを受けたかのように、翌二七日、家康は、高台院が去ったあとの西丸に入り、そこに居座ってしまった。そしてさらに、藤堂高虎に命じ、西丸の曲輪内に天守を築造した。

秀吉の生前には、私に婚姻を結ぶことが禁じられていたが、家康は、慶長四年になると伊達・福島・蜂須賀氏との婚姻を策する。しかし、五大老五奉行らの反対にあい、いったんは断念するが、翌年には蜂須賀氏との婚姻を約するなど、秀吉の定めた法度や置目を無視するようになっていく。

図45　高台院画像

図46　（伝）石田三成画像

また、家康は、前田利家の跡を受けて五大老の一人となった前田利長《としなが》や前田家と婚姻関係にあった細川忠興《ほそかわただおき》に謀叛《むほん》の疑いがあるとの情報を五奉行の一人長束正家から得て、両者に嫌疑をかけ、それを糾弾し、最終的には利長からその母を、忠興からは嫡子忠利《ただとし》を人質として求め、それを江戸に送らせた。前田・細川氏は、家康の謀略の前に屈伏したのである。

つぎに狙われたのは、会津一二〇万石の上杉景勝《うえすぎかげかつ》であった。家康は、まず景勝に上洛を求めるが、景勝は新たに領国となった会津の仕置《しおき》に専念したいと上洛を断る。しかし、家康は再度景勝に上洛を求め、それを景勝が拒むと、景勝に叛意《はんい》ありとして、六月一六日に会津攻めに踏み切り、大坂を発った。

家康が会津攻めに上方を明けたのを好機とみた石田三成は、前田玄以・増田長盛・長束正家の三人の奉行とはかって、五大老の一人である毛利輝元をかつぎ出し、西軍の盟主とした。前年末に国元に帰っていた輝元は、七月一五日、広島を船で発ち、一六日夜に大坂へ到着、翌日家康の将である佐野《さの》綱正《つなまさ》を大坂城西丸から追い出しそこに入った。

輝元が西丸に入った一七日、家康の非を書き上げた一三カ条の弾劾《だんがい》文と、家康と対決すべきことを呼びかけた前田玄以・増田長盛・長束正家の檄文《げきぶん》が諸大名に送られた。

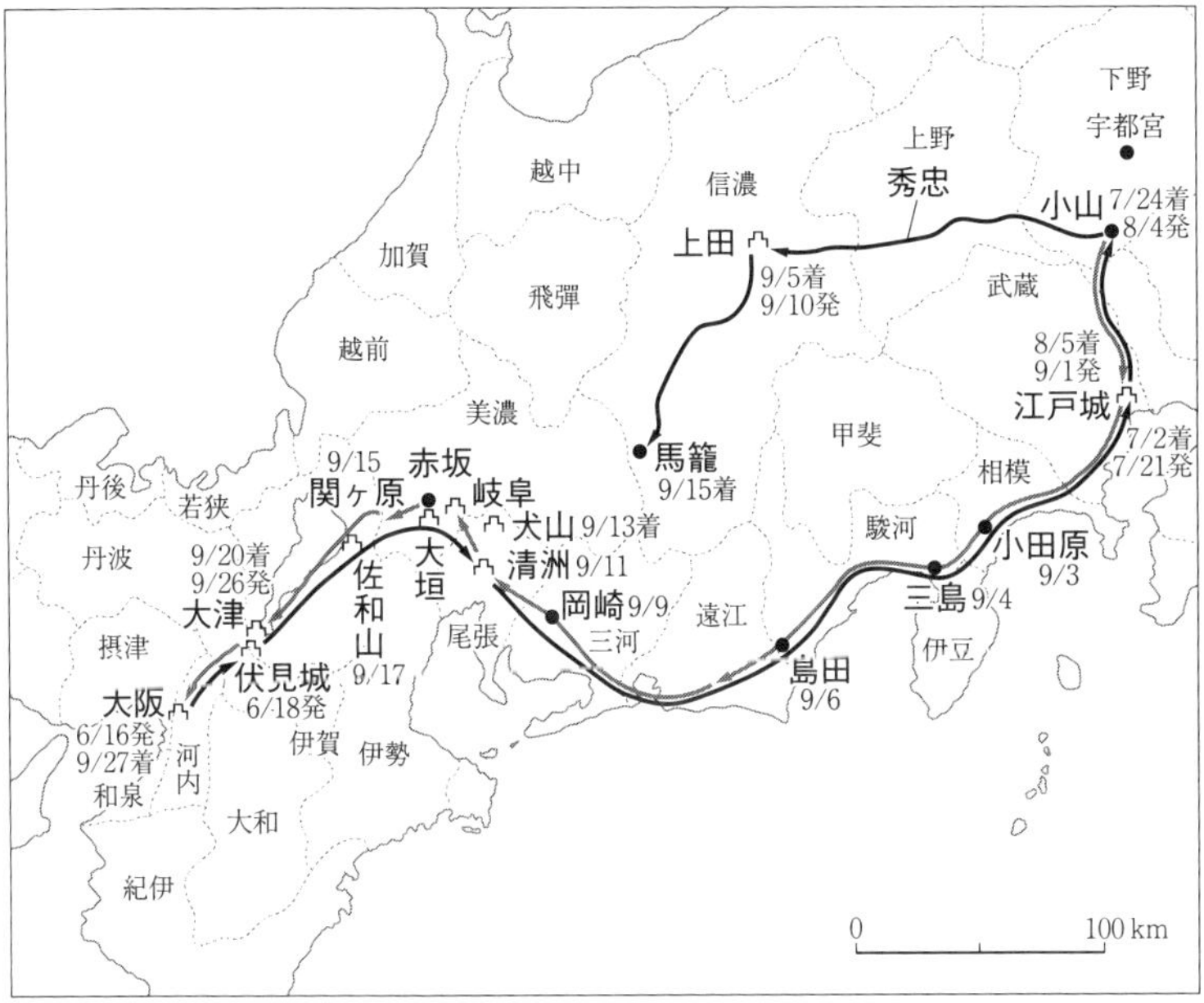

図 47　関ヶ原合戦前後の家康の動き

同じ日、江戸に留まっていた家康は、石田三成らの不穏の動きを知ったが、会津攻めの予定を変えることなく、一九日に軍を会津に向けて進発させ、家康みずからも二一日、江戸を出発した。伏見城の鳥居《とりい》元忠《もとただ》から西軍決起の報が家康のもとに届いたのは、家康が下野《しもつけ》小山《おやま》に着いた同月二四日のことである。家康は会津攻めに参加していた諸将を集め、軍議を持ち、三成らを討つため軍を上方へ反すことを決した。

二六日先陣を命じられた福島正則《ふくしままさのり》ら豊臣系の大名らは、小山を発ち、東海道《とうかいどう》を西上していった。一方、家康は八月四日、小山の陣を発ち、翌五日江戸に帰着するが、その後一か月近くのあいだ江戸を動かなかった。会津の上杉氏への警戒と上野《こうづけ》を通り信

第5〜7扇に東軍の家康本陣を、1〜2扇に西軍の拠点大垣城を描く

濃へと入った徳川秀忠《とくがわひでただ》を大将とする軍の思うに任せぬ動きが理由であろうが、いま一つ、福島正則・黒田長政・浅野幸長ら豊臣恩顧の大名たちの動きを見極める必要があったからであろう。その証としての岐阜城陥落の報に接するや家康は九月一日、江戸を発った。

東軍は、美濃岐阜城を攻めたあと、美濃《みの》の赤坂《あかさか》に陣を布いた。他方、西軍は大垣《おおがき》城に拠り、その後両軍は関ヶ《せきが》原《はら》の戦いまで対峙しつづけた。九月一日江戸を発った家康は、着実に東海道を進み、九月一三日岐阜、一四日には諸将の待つ赤坂に入り、翌日の戦いに備えた。

関ヶ原の戦いの実質と名分

慶長五年（一六〇〇）九月一五日朝、家康を大将とする七万五〇〇〇の東軍と石田三成率いる八万の西軍とが、美濃の西部、近江との国境にほどちかい関ヶ原で激突した。西軍の大将である毛利輝元は大坂城にあってこ

図 48　津軽本 関ヶ原合戦図屏風（右隻）

の合戦の場にはおらず、加えて毛利輝元の将吉川広家は戦い以前に家康に輝元が西軍の大将となったことは本意でないことを伝えるなど、西軍の内部は戦いの始まる以前から一枚岩ではなかった。

戦闘は、辰の刻（午前八時）に始まり、両軍一進一退の激戦となるが、関ヶ原の南方にある松尾山に陣し東軍への寝返りを約束していた小早川秀秋も、五奉行の一人長束正家、毛利《もうり》秀元《ひでもと》・安国寺《あんこくじ》恵《え》瓊《けい》・長宗我部《ちょうそかべ》盛《もり》親《ちか》の軍も動かず、西軍で実際に戦闘に参加したのは石田三成の軍勢を中心とした三万あまりに過ぎなかった。午後に及んだ戦いは、西軍の島津義弘の軍勢が退却のため家康本陣のすぐ近くを突っ切るなど危うき局面があったものの、家康軍から砲撃を受け寝返りを決した小早川秀秋の大谷吉継隊への攻撃を機に一気に決着へと向かい、東軍の勝利で戦いは終わった。

この戦いに勝利した家康は、軍をさらに進め、石田三成の居城佐和山城を攻め落とし、二〇日には大津《おおつ》城に入った。家康はここに二六日まで留まった。大坂城西丸にあった輝元は、家康との折衝を重ね、咎《とが》めぬ約束を取りつけたうえで、西丸を退去した。この報を得た家康は、二六日大津城を出て、二七日大坂に着き、まず本丸の秀頼に会い、ついで西丸に入った。

このように関ヶ原の戦いは、実質的には家康の天下取りの戦いであった。であれば、なぜ家康はこれを機に豊臣氏を滅ぼさなかったのであろうか。西軍に属した諸将にとっては、この戦いは、秀頼への奉公と故秀吉の定めた法度・置目に対する家康の違背を弾劾することを名分に、家康排除を目的として戦われた。

いっぽう家康が西軍決起の報に接した時、諸大名に「石田治部少輔(三成)・大谷刑部少輔(吉継)逆心」と報じたように、秀頼を首謀者と見立てていない。関ヶ原の戦いが終わり、大津で輝元との交渉を重ねていた同月二二日に家康が前田利長に送った書状のなかで、

大坂も一両日中相済申すべく候、すなわち乗懸責崩すべく候といえども、秀頼様御座所にて候あいだ、遠慮いたし候、

と報じたように、秀頼と西軍とを明確に区別している。

このように家康にとって、関ヶ原の戦いは、あくまでも豊臣氏五大老の一人としての立場から石田三成らを誅伐《ちゅうばつ》する戦いであり、名分のうえでは豊臣氏と徳川氏の戦いではなかったのである。

論功行賞

豊臣氏との戦いではないとする関ヶ原の戦いの名分とは別に、実質的な天下は家康によって掌握された。それを象徴するのが、秀頼ではなく家康によって西軍諸将の領知没収と東軍諸将への領知宛行がなされたことである。天下の実権は、秀頼ではなく家康によって握られた。

領知を没収された大名の主なものは、備前《びぜん》五七万石宇喜多秀家《うきたひでいえ》、土佐《とさ》二二万石長宗我部盛親、大和《やまと》郡山《こおりやま》二〇万石増田長盛《ましたながもり》、近江佐和山一九万石石田三成などであるが、その総数は八七名、その高《たか》は四一五万石にのぼった。また、毛利輝元が安芸《あき》広島一二〇万石から周防《すおう》・長門《ながと》二国三七万石に、上杉景勝が陸奥会津《むつあいづ》一二〇万石から出羽米沢《でわよねざわ》三〇万石に、佐竹義宣《さたけよしのぶ》が常陸水戸《ひたちみと》五四万石から出羽秋田二〇万石に減封《げんぽう》され、その高の合計は二〇八万石にのぼる。こうしたなか、慶長三年段階で四〇か国二二二万石あった豊臣氏の蔵入地《くらいりち》は実質的には摂津《せっつ》・河内《かわち》・和泉《いずみ》を中心に六五万石に削減された。

この結果、家康が論功行賞に宛てることのできた高は七八〇万石にのぼった。この高は当時の日本全体の石高一八五〇万石の約四〇パーセントにあたり、その規模の大きさを窺わせる。

いっぽう、論功行賞に預かった大名は、一〇四名、その高は六三五万石にのぼる。このうち外様《とざま》大名は五二名、四二二万石で、おもなものは下野宇都宮《しもつけうつのみや》一八万石から陸奥会津《むつあいづ》六〇万石に移った蒲生秀《がもうひで》行《ゆき》、豊前中津《ぶぜんなかつ》一八万石から筑前福岡《ちくぜんふくおか》五二万石に移った黒田長政、三河吉田《みかわよしだ》一五万石から播磨姫路《はりまひめじ》五二万石に移った池田輝政《いけだてるまさ》、尾張清洲《おわりきよす》二〇万石から安芸《あき》広島四九万石に移った福島正則《ふくしままさのり》、丹後宮津《たんごみやづ》一八万

図49　関ヶ原以後の大名配置図

① 弘前5万石　津軽為信
② 盛岡10万石　南部利直
③ 仙台60万石　伊達政宗
④ 中村6万石　相馬忠胤
■5 平　10万石　鳥居忠政
⑥ 会津60万石　蒲生秀行
⑦ 秋田18万石　佐竹義宣
⑧ 山形57万石　最上義光
⑨ 米沢30万石　上杉景勝
⑩ 村上9万石　村上義明
⑪ 新発田6万石　溝口秀勝
⑫ 春日山30万石　堀　秀治
●13 水戸15万石　武田信吉
⑭ 宍戸5万石　秋田実季
■15 宇都宮10万石　奥平家昌
●16 佐倉5万石　松平忠輝
■17 大多喜5万石　本多忠朝
⑱ 館山12万石　里見義康
■19 館林10万石　榊原康政
■20 小田原7万石　大久保忠隣
■21 府中6万石　平岩親吉
■22 飯田5万石　小笠原秀政
㉓ 小諸6万石　仙石秀久
㉔ 上田10万石　真田信之
㉕ 松本8万石　石川三長
㉖ 高山6万石　金森長近
■27 横須賀6万石　松平忠政
■28 浜松5万石　松平忠頼
■29 岡崎5万石　本多康重
●30 清洲52万石　松平忠吉
㉛ 金沢112万石　前田利長
●32 福井67万石　結城秀康
■33 大垣5万石　石川康通
■34 加納10万石　奥平信昌
㉟ 高須5万石　徳永寿昌
■36 桑名12万石　本多忠勝
㊲ 神戸5万石　一柳直盛
㊳ 鳥羽6万石　九鬼守隆
㊴ 津　7万石　富田信高
㊵ 松坂6万石　吉田重勝
㊶ 大坂60万石　豊臣秀頼
㊷ 和歌山38万石　浅野幸長
■43 彦根18万石　井伊直政
㊹ 小浜9万石　京極高次
㊺ 宮津12万石　京極高知
㊻ 出石6万石　小出吉政
㊼ 福知山6万石　有馬豊氏
㊽ 鳥取6万石　池田長吉
㊾ 姫路52万石　池田輝政
㊿ 米子18万石　中村一氏
(51) 松江24万石　堀尾忠氏
(52) 岡山51万石　小早川秀秋
(53) 広島50万石　福島正則
(54) 萩　30万石　毛利輝元
(55) 徳島18万石　蜂須賀至鎮
(56) 高松17万石　生駒一正
(57) 高知20万石　山内一豊
(58) 今治20万石　藤堂高虎
(59) 松山20万石　加藤嘉明
(60) 小倉40万石　細川忠興
(61) 福岡52万石　黒田長政
(62) 唐津12万石　寺沢広高
(63) 柳川32万石　田中吉政
(64) 平戸6万石　松浦鎮信
(65) 臼杵5万石　稲葉貞通
(66) 竹田7万石　中側久盛
(67) 熊本52万石　加藤清正
(68) 飫肥6万石　伊東祐兵
(69) 鹿児島60万石　島津家久

○は外様大名
●は一門大名
■は譜代大名
5万石以上の大名をあげ、領地高は万石未満は四捨五入した。

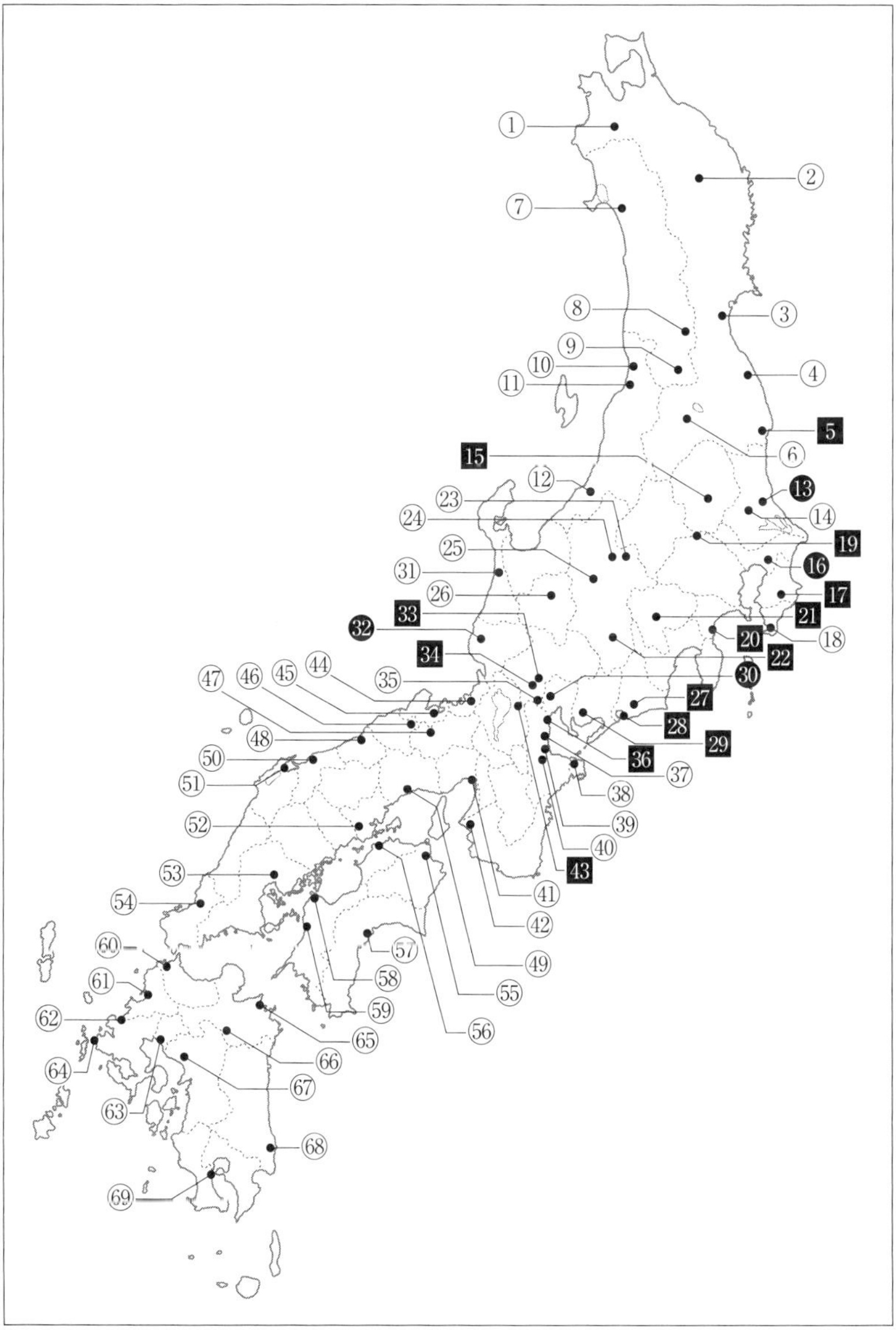
①
②
③
④
5
⑥
⑦
⑧
⑨
⑩
⑪
⑫
13
⑭
15
16
17
⑱
19
20
21
22
㉓
㉔
㉕
㉖
27
28
29
30
㉛
32
33
34
㉟
36
㊲
㊳
㊴
㊵
㊶
㊷
43
㊹
㊺
㊻
㊼
㊽
㊾
㊿
51
52
53
54
55
56
57
58
59
60
61
62
63
64
65
66
67
68
69

石から豊前小倉《ぶぜんこくら》三九万石に移った細川忠興、甲斐府中《かいふちゆう》一六万石から紀伊《きい》和歌山三七万石に移った浅野《あさの》幸長《よしなが》などである。

一門・譜代《ふだい》で論功行賞にあずかったものは、五二名、二一二万石であった。家康の第二子で関ヶ原の戦では下野小山に止どまり上杉景勝に備えた結城秀康《ゆうきひでやす》が下総《しもうさ》結城一〇万石から越前北庄《えちぜんきたのしよう》六七万石へ、家康の第四子松平忠吉《まつだいらただよし》が武蔵忍《むさしおし》一〇万石から尾張清洲四〇万石へ、井伊直政《いいなおまさ》が上野《こうづけ》高崎一二万石から近江佐和山一八万石へ、奥平信昌《おくだいらのぶまさ》が上野小幡《こうづけおばた》三万石から美濃加納《みのかのう》一〇万石へ、鳥居忠政《とりいただまさ》が下総矢作《しもうさやはぎ》四万石から陸奥平《むつたいら》一〇万石へと移った。

この結果、関東・東海にいた豊臣系大名が西国・東国に移され、そのあとへ一門・譜代大名が配置され、江戸と京都を結ぶ地域は、一門・譜代によって固められた。そして新たに一五七万石が徳川氏の蔵入地となった。

この論功行賞は、確かに家康の手でなされたが、注意したいのは、このときの領知宛行に際し、家康からそれぞれの大名に領知朱印状が出されなかった点である。これは、先述したようにこの段階の家康の名分上の地位が豊臣氏の重臣からなお抜け出し切れず形式面でなお天下人たりえなかったことを示していよう。

朱印船貿易の開始

関ヶ原の戦いの翌年、慶長六年（一六〇一）、家康は、東アジアから東南アジアへと渡航する商船に朱印状を発給することで、海外貿易の統制に着手した。朱印船貿易の開幕である。一〇月、家康は、安南国《あんなん》（ベトナム北部）の統兵元帥瑞国公《とうへいげんすいずいこくこう》阮潢《グエンホアン》への返書で、日本に来航する船の安全を保障するとともに朱印状を所持しない日本商船の安南での交易禁止とを求めた。また、同じ一〇月、明と日本の海賊の処罰と前年の戦乱（関ヶ原の戦い）の終結を報じたフィリピン総督への書簡でも、朱印状を所持しない商船のマニラでの交易禁止を求めた。世にいうところの朱印船貿易《しゅいんせんぼうえき》の開始である。この後、家康は東南アジアの暹羅《シャム》（タイ）・東埔寨《カンボジャ》・太泥《パタニ》（タイ南部）などの諸国とも国書を往復し、親善関係の樹立を計っていく。

図50　朱印船復元模型

朱印船貿易の開始は、日本が東アジア貿易に国家的保障をもって参入することを宣言したものであり、ポルトガル・スペインにとっては東アジア海域での新たな競争相手の出現を意味した。ポルトガル船・スペイン船・オランダ船による貿易は、しばしば朱印船による貿易と別々に論じられてきたが、生《き》糸《いと》や絹織物、香木などを日本へ運び、日本の銀・銅などを運び出すという点では、なんら差はなく、そこでの問題は、東アジアにおける中継貿易、ことに日本貿易をだれが制するかにあった。

フィリピン政庁との交渉

マニラのフィリピン政庁と家康との外交・貿易交渉は、秀吉の死去後まもない慶長三年（一五九八）一二月に始まる。家康は、この直前に捕らえられたフランシスコ会の宣教師ヘロニモ・デ・ヘスースを伏見城で引見し、フィリピンからメキシコに通うスペイン船の相模浦賀《うらが》への寄港と鉱山技師や航海士の派遣などを、フィリピン総督に取り次ぐよう依頼した。

先に触れたように、慶長六年一〇月、家康はフィリピン総督に書翰を送るが、そのなかで朱印船がマニラで交易することの禁止とメキシコだけでなく日本との通交とを求めるとともに、マニラ近海での海賊の取締を約束した。さらに慶長七年八月と一〇月の二度にわたって、フィリピン総督にメキシコとの通交とそのための寄港地を関東に設けることを提案している。このように、この時期の

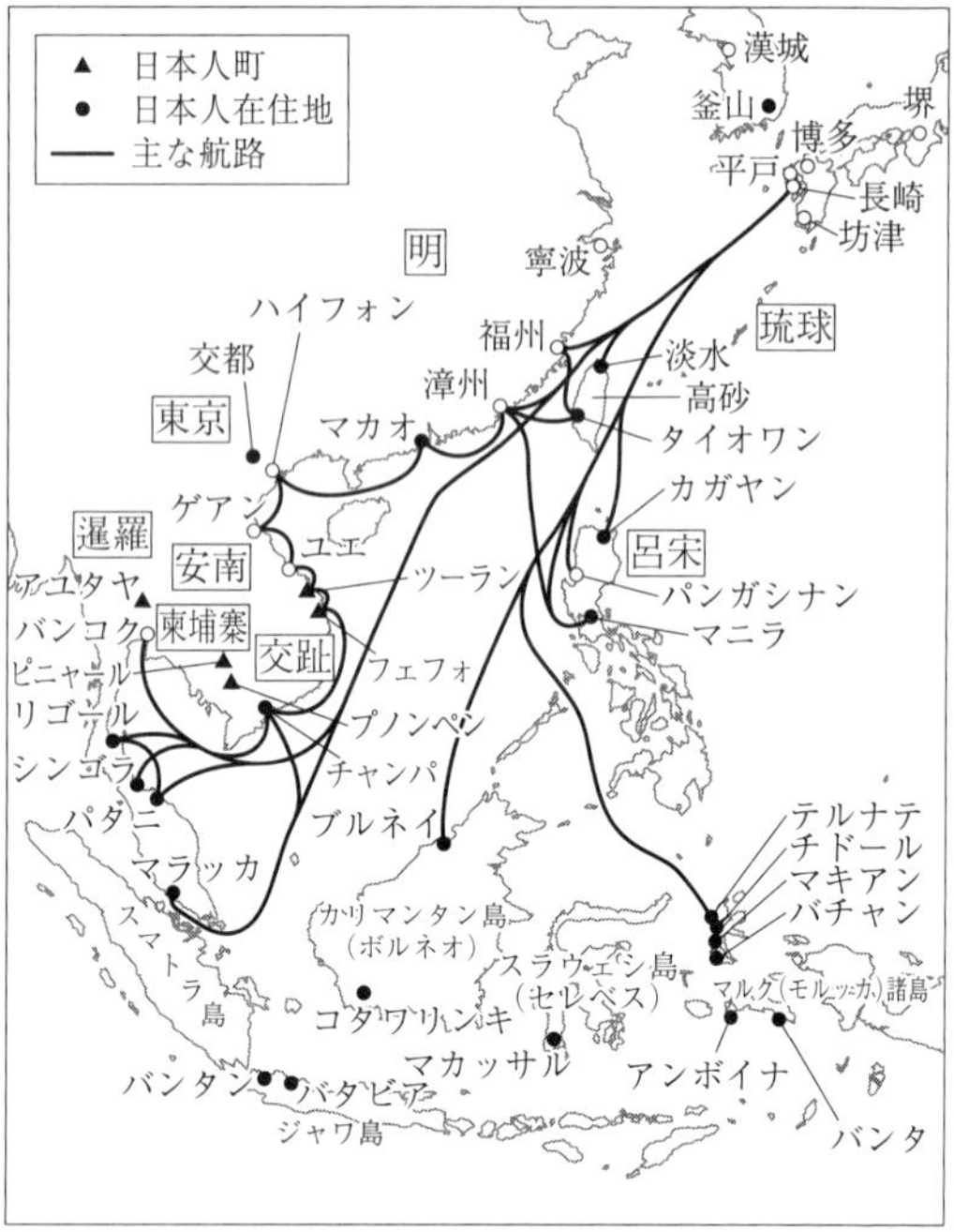

図51　朱印船貿易先地図

家康の関心は、朱印状による日本の貿易商人の掌握と新たな貿易国との通商を切り開くことに注がれていた。

いっぽうフィリピン政庁の関心は、日本との貿易とともに日本でのキリスト教の布教にあった。一連の交渉の過程でフィリピン総督は、宣教師の保護を家康に要請してきた。家康はそれに直接には答えず、日本への渡航を許可した朱印状の最後の箇条にキリスト教を布教することを禁止する文言を滑りこませた。しかし、同時に出した国書ではそれには触れず、キリスト教布教への公式な態度を明確には示さなかった。

慶長一〇年にも家康は、フィリピン総督に返書を送るがそのなかで、まずマニラに渡航する朱印船の数を六艘から四艘に減じることに同意し、ついでキリスト教の布教について次のように記した。

> 閣下、その地より、しばしば日本にある諸宗派に付きて説き、また多く望むところありしが、予はこれを許すことあたわず、何となれば、わが邦《くに》は神国と称し、偶像は祖先の代より今に至るまで大いに尊敬せり、ゆえに予《よ》一人《いちにん》これに背き、これを破壊することあたわざればなり、これゆえに日本においては決してその地の教を説き、これを弘布すべからず、

そこには、秀吉の伴天連追放令《ばてれんついほうれい》とほぼ同じ論理をもって、公式に日本におけるキリスト教の布教を禁じる旨が表明されている。だが、このキリスト教布教禁止は、江戸でフランシスコ会の日本人伝道士が追放されるなどしたものの、地域的には限られたもので全国に適用されることはなかった。その

ため、この時期以降も京都・長崎などでは宣教師の活動は活発で、布教は黙認された。

家康への将軍宣下

慶長七年（一六〇二）二月、後陽成天皇は源氏長者に補任しようとの意向を家康に伝えるが、家康は「当年は慎の間」との理由をつけて固辞した。この年の末には秀頼に関白宣下が、秀忠に将軍宣下があると噂され、また翌年正月、毛利輝元は繁沢元氏《しげざわもとうじ》に宛てた書状で家康が将軍に、秀頼が関白になるとの風聞のあることを伝えた。

こうした噂が飛び交うなか、慶長八年の元旦を伏見城で迎えた家康は、二日には諸大名からの年頭の礼をうけ、二月四日、秀頼への年頭の礼のために大坂に向かい、翌三日には伏見に戻った。それに先立つ正月二一日、勅使として広橋兼勝《ひろはしかねかつ》が伏見城の家康のもとに遣わされ、将軍任官の内意が伝えられた。そして二月一二日、再度広橋兼勝が伏見城に派遣され、家康に征夷大将軍への任官を伝えた。その折に出された宣旨をあげておこう。

　　　内大臣源朝臣
左中弁藤原朝臣光広（烏丸）伝
宣、権大納言藤原朝臣兼勝（広橋）宣《せんす》、奉《ちょくをうけたまわるに》
勅、件　人宜　為征夷大将軍《くだんのひとよろしくせいいたいしょうぐんとなすべし》
者《てえり》、
慶長八年二月十二日　中務大輔兼右大史笇博士小槻宿祢孝亮奉

慶長八年二月一二日、家康は征夷大将軍《せいいたいしょうぐん》に任じられた。この将軍任官は、すでに天下を掌握していた家康の地位を、将軍という武家にとっては伝統的な官職によって権威化するものとなった。豊臣氏の関白政権とは異なった政権構想が打ち出されたのである。

関ヶ原の戦いが終わって最初の正月、秀頼は元旦に諸大名の年賀を受け、家康は一五日に諸大名の年賀を受けた。また、正月二九日、年賀の礼のために京都から大坂へ下ってきた公家・門跡衆《もんぜきしゅう》の年頭の礼は、秀頼・家康の順で行われた。

前年の慶長七年正月は、家康は江戸で正月を迎え、二月に上洛、三月一三日に大坂へ下り、秀頼に年賀を述べている。さらに慶長八年には、年頭の挨拶のために伏見に集まった諸大名に対し、家康は、秀頼にまず年賀を述べるよう命じ、ついで先述したように二月八日、秀頼への年賀のため大坂へ下った。このようにこの時点まで、家康は、秀頼を豊臣政権の後継者とし、みずからも臣下の礼をとっていた。

図52　徳川家康画像

ところが、家康は将軍となるや秀頼のもとに礼に出向かなくなり、諸大名の秀頼への年頭の礼もこれ以降姿を消し、諸大名の礼は家康へのもののみとなった。すなわち将軍宣下は、家康が豊臣政権の五大老のひと

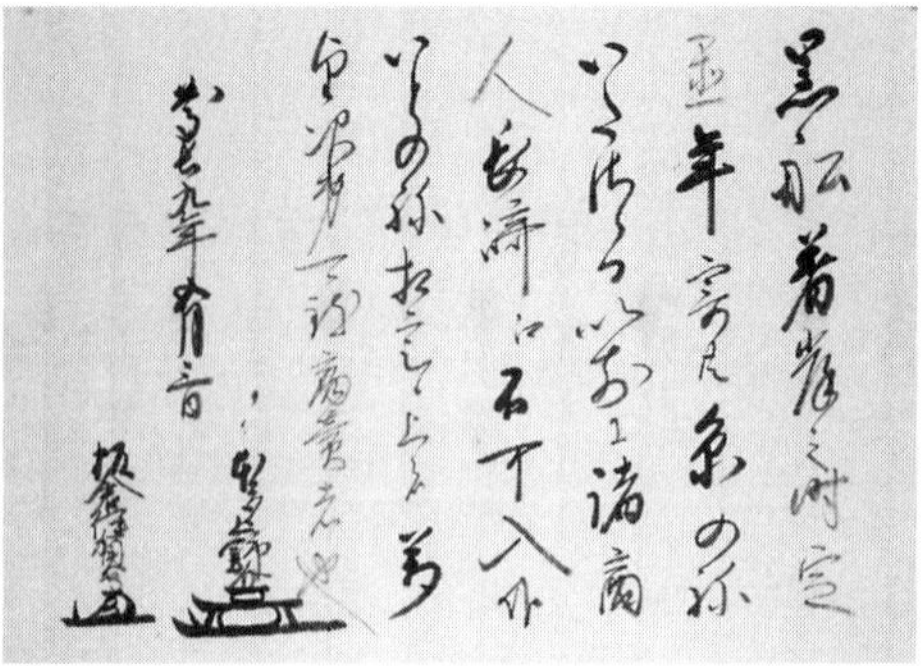

図53　糸割符奉書

りとしての地位から脱し、武家の棟梁《とうりょう》としてその頂点に名実ともに立つための重要な契機となった。

長崎の直轄化と糸割符

征夷大将軍に任じられた家康は、その直後の慶長八年（一六〇三）三月、秀吉時代以来長崎奉行であった肥《ひ》前《ぜん》唐津《からつ》一二万石の城主寺沢広高《てらざわひろたか》に代えて家康の直臣小《お》笠原《がさわら》一庵《いちあん》を長崎奉行に任じることで、長崎の直轄化を図った。

そして翌慶長九年五月、家康は長崎貿易の掌握を意図して、糸割《いとわっ》符《ぷ》制《せい》を導入した。この当時もっとも安定的にかつ大量の中国産の生糸を長崎にもたらしたのは、ポルトガル人であった。このポルトガル人のもたらす生糸を公定値段で一括購入したのが糸割符である。糸割符に用いられた貿易手法は、日本独自のものではなく、当時ポルトガル人が中国市場で生糸を購入する時に用いていたパンカダと呼ばれる一括購入システムと基本的には同じものであり、このシステムは、ポルトガル商人にとって一概に不利なものといえず、生糸の早期売却を可能とした点ではポルトガル商人にとってもメリットがあった。

この時の糸割符は、糸割符年寄に任命された堺・京都・長崎の有力町人が、ポルトガル人との交渉できまった値段で輸入生糸を一括購入し、堺・京都・長崎の三つの都市のあいだで一二〇、一〇〇、一〇〇の割合で配分し、諸国の商人に売り渡すというものであった。その後、堺・京都・長崎に江戸・大坂が追加され五ヶ所糸割符仲間が形成される。

覇府江戸の建設

天正一八年（一五九〇）の小田原攻めの直後に家康は秀吉から関東転封を命じられ、同年八月一日、江戸に入った。この日はその後の幕府にとって記念すべき日として「八朔《はっさく》の礼《れい》」の形で年中行事のなかに位置づけられるが、これは家康の「江戸御打ち入り」と古くからの「たのみの節句」とが結び付き儀礼化したものである。

家康が江戸に入った時の江戸城は、それ以前は北条氏の家臣遠山《とおやま》氏の居城であり、二〇〇万石を越す所領をもつ家康の居城としては、あまりにもみすぼらしいものであった。江戸入部後、本丸の改修、道三堀《どうさんぼり》の開削《かいさく》、西丸の築造、日比谷《ひびや》の入江の埋め立てなどがなされたが、奥羽出兵、朝鮮出兵など秀吉から課された軍事動員、伏見城普請への動員等で、江戸の改造は思うにまかせなかった。

しかし、将軍宣下《せんげ》のあった慶長八年（一六〇三）、家康は、本格的な天下の覇府《はふ》の建設に取りかかった。まず外様《とざま》・譜代《ふだい》に限らず東西七〇人あまりの大名に命じ、神田山《かんだやま》を切り崩し豊島《としま》の洲《す》を埋め立てさせ、町場の造成を計った。これは、このあと続く江戸城大拡張のためのもので、この埋め立て地には町屋《まちや》が移された。江戸城の縄張《なわば》りは藤堂高虎《とうどうたかとら》が行い、西国の大大名が石垣普請に動員された。本格的な工事は、新たに将軍となった秀忠のもとで、慶長一一年三月一日に始まり、本丸・二の丸・三の

図54　慶長国絵図控図　長門国絵図

丸が築造され、慶長一二年には天守閣《てんしゅかく》も完成した。

国絵図・郷帳の提出

関ヶ原の戦い後、家康は諸大名への論功行賞《ろんこうこうしょう》を行ったが、先述したようにその折には領有を証拠づける領知宛行状《りょうちあてがいじょう》を大名に発給しなかった。名分《めいぶん》の上ではできなかったともいえる。すなわち家康は、関ヶ原直後には論功行賞を実施したにもかかわらず、大名の領知高を十分には掌握していなかったのである。

慶長九年（一六〇四）八月、家康は、諸大名に拝領した村ごとに田畠高を書き付けた郷帳《ごうちょう》と郡名・村名・村高・道川等を描いた巨大な国絵図《くにえず》を作成して提出するよう命じた。江戸幕府による大名領知のみならず国土の把握を意図したものである。大名が作成した郷帳・国絵図は、その多くが秀忠の将軍襲職後に提出されたが、その提出先は、新たに将軍となった秀忠でなく大御所《おおごしょ》家康であった。このことは、大名への領知宛行権が将軍ではなく大御所家康にあったことを窺わせるが、実際、家康大御所時代の大名への領知宛行は、秀忠による宛行へと移行を試みながらも、最終的には大御所家康によってなされていた。このことは、秀忠が将軍となって以降も家康が天下人でありつづけたことを意味していよう。

2―家康の大御所時代

秀忠の将軍宣下

慶長一〇年(一六〇五)二月一九日上洛した家康は、四月八日、将軍職を子の秀忠に与奪するよう後陽成天皇に奏請する。そして同月一六日、天皇は秀忠を征夷大将軍に任じた。徳川氏が、政権を世襲することを天下に知らしめる出来事である。ただ、一方で天皇は、一二日には秀頼を内大臣から右大臣に昇進させ、将軍となる秀忠の内大臣より上の官職に就けるという配慮もみせている。秀忠は、二月二四日、一〇万とも一六万ともいわれる軍勢を率いて江戸を発った。関東・甲信以北の大名によって構成された秀忠の軍勢は、当時「頼朝の京入の例」にしたがったものだと噂された。三月二一日、京中貴《き》賤《せん》の見物するなかを伏見城に入る。そして四月一六日、家康が慶長八年に将軍宣下《せんげ》を受けた時と同様、伏見城で将軍宣下を受けた。家康のあとは秀頼にと、わずかに希望を抱いていた豊臣方にとっては、この一件は大きなショックであった。家康は、これに追い討ちをかけるかのように、五月はじめ、秀吉の正室高台院《こうだいいん》を通じて、秀頼に秀忠の将軍襲職を祝うため上洛するよう申し入れた。

この申し入れに対し秀頼の生母淀殿《よどどの》は激怒し、それを拒絶した。一時、大坂は騒然となる。しかし同月一〇日、新将軍秀忠の名代として家康の第七子松平忠輝《まつだいらただてる》が秀頼のもとに挨拶のため出向くことで、騒ぎはひとまず収まった。この一件は、その経過からみて秀頼側の出方を探るための家康側の企てだったのではないかと思われる。

伏見から駿府へ

家康は、秀忠に将軍職を譲ってからも、慶長一〇年（一六〇五）は九月一五日まで、同一一年は四月六日より九月二一日までを伏見で過ごしたが、慶長一一年、かつて居城であった駿府《すんぷ》に新たな居城を築くことを決めた。翌年、家康は、前田利長《まえだとしなが》・池田輝政《いけだてるまさ》・毛利輝元《もうりてるもと》・蜂須賀至鎮《はちすかよししげ》などの北国・西国の大名を普請に動員し、また畿内・丹波《たんば》・備中《びっちゅう》・近江《おうみ》・伊勢・美濃《みの》の一〇か国にたいし蔵入地《くらいりち》・知行地を問わず高五〇〇石につき一人の人夫を出させた。このなかには豊臣秀頼の領地や公家の領地も含まれていた。こうした大規模な動員によって駿府城は、早くも同年七月には完成し、家康は同月三日新しくなった城に入った。この後、大坂冬の陣までの間、慶長一六年の後水尾天皇の即位式に上洛したのを除いて、家康は上洛しない。

これに先立ち、家康は、これまで天下の政治をみるために居所としていた伏見城から金銀・緞子《どんす》・金欄《きんらん》など財宝を駿府へと運びだした。『当代記《とうだいき》』は、慶長一二年三月二五日に一五〇駄、閏四月二日に五五〇駄、一九日に八〇駄の金銀が駿府に送られ、一駄には金六〇〇〇両が積まれたと記している。天下の政治をみる場が、この時、伏見から駿府に移ったことを象徴する出来事である。

家康が将軍となったころの江戸幕府の政治組織は、年寄《としより》・奉行衆《ぶぎょうしゅう》・代官頭《だいかんがしら》などの呼称はあったものの、なお簡素なもので、家康のヘゲモニーのもとに、必要とされる職務が家康の信頼のもとにそれを果たす能力を持った人物によって担われており、のちの老中《ろうじゅう》制や寺社奉行・町奉行・勘定奉行といった職制はいまだ出来上がってはいなかった。

江戸の秀忠と駿府の家康

家康のもとには門閥譜代《もんばつふだい》の大久保忠隣《おおくぼただちか》と家康の信任のあつかった本多正信《ほんだまさのぶ》が年寄として仕え、大名へ将軍の意向を伝えるなど、のちの老中に近い役割を果たしていた。青山忠成《あおやまただなり》と内藤清成《ないとうきよなり》は江戸の町《まち》奉行《ぶぎょう》であり、かつ関東惣奉行《かんとうそうぶぎょう》であった。また所司代《しょしだい》となった板倉勝重《いたくらかつしげ》も所司代としての役割だけでなく、家康の元にいるときには年寄並《なみ》の役割をはたし、また後の所司代とは異なり、山城《やましろ》全体を統括する国奉行として、さらに京都周辺の蔵入地の代官でもあった。代官頭の名で呼ばれたものに、伊奈忠次《いなただつぐ》・彦坂元正《ひこさかもとまさ》・大久保長安《おおくぼながやす》らがいるが、かれらも後の勘定奉行の役割を果たすと同時に、たとえば大久保長安が大和・美濃の国奉行、石見《いわみ》・佐渡の金山《かなやま》奉行を勤めたように、多様な職能を果たしていた。

将軍職を秀忠に譲った家康は、江戸城の主を秀忠とし、自らは多くを伏見城、慶長一二年（一六〇七）からは駿府城で過ごした。また、徳川氏の譜代家臣と関東を中心とした所領支配を秀忠の手に委ねた。秀忠のもとには家康以来の年寄、大久保忠隣と本多正信がおり、それに酒井忠世《さかいただよ》ついで土井利勝《どいとしかつ》・安藤重信《あんどうしげのぶ》・青山成重《あおやまなりしげ》らが年寄あるいは年寄並となって加わった。江戸町奉行であった青山忠成と内藤清成はその地位を保ち、伊那忠次は関東郡代《かんとうぐんだい》として秀忠に属した。のちに勘定頭《かんじょうがしら》として活躍する伊丹康勝《いたみやすかつ》や水野忠元《みずのただもと》・井上正就《いのうえまさなり》、江戸町奉行となった米津田政《よねきつただまさ》・島田利正《しまだとしまさ》などが、秀忠政権を支える陣容に加わった。ただ、所司代の板倉勝重は、朝廷・西国支配の要として家康の手に残された。

いっぽう、大御所となった家康は本多正信の子の正純《まさずみ》を常に側近くに置き、駿府の奉行の筆頭に据え、大久保長安・成瀬正成《なるせまさなり》・安藤直次《あんどうなおつぐ》・村越直吉《むらこしなおよし》らを駿府の奉行衆とし、松平正綱《まつだいらまさつな》には勘定頭として財政の一端を担わせた。また駿府の奉行衆の一人でもあった大久保長安に美濃・大和を、小堀政一《こぼりまさかず》に備中を、米津清右衛門に近江を支配させたように、一国を単位とした国奉行に命じた。

さらに、金地院崇伝《こんちいんすうでん》・南光坊天海《なんこうぼうてんかい》・林羅山《はやしらざん》などの僧侶・学者、日野唯心《ひのゆいしん》などの公家、後藤光次《ごとうみつつぐ》・茶《ちゃ》屋四郎次郎《やしろうじろう》・長谷川藤広《はせがわふじひろ》・亀屋栄任《かめやえいにん》などの代官的豪商《ごうしょう》、外国人ウイリアム・アダムス（三浦按針《みうらあんじん》）、ヤン・ヨーステンなど多様な人材を召し抱え、幕府領支配だけでなく、対大名、対朝廷・公家、外交・貿易、寺社など全国的・対外的な政務を補佐させた。

島津氏の琉球侵攻

慶長八年（一六〇三）、家康は、島津《しまづ》氏に対し、前年冬に仙台伊達《だて》領内に漂着した琉《りゅう》球《きゅう》船の乗組員を本国に送還するよう命じた。これを機に、家康は明《みん》と国交回復交渉の糸口をつかもうとしたが、この時には事は順調には運ばなかった。いっぽう島津氏は、琉球国王尚寧《しょうねい》に家康のもとに聘礼使《へいれいし》を派遣するよう求め、さらに琉球をみずからの「附庸国《ふようこく》」にしようとねらっていた。

琉球からの聘礼使派遣がいっこうに実現しないなか、慶長一一年、島津忠恒は、伏見城の家康のもとを訪れ、「琉球入り」琉球侵攻の許可を家康から引き出した。その時、忠恒は家康から諱「家」を与えられ家久と名を改めた。

そして、慶長一四年三月、島津軍は、薩摩山川を出港、大島・徳之島を経て沖縄島に入り、四月五日、那覇《なは》の首里城《しゅりじょう》を落とした。那覇占領ののち宮古《みやこ》・八重山《やえやま》諸島の帰属を確かめ、五月、島津軍は国王尚寧を捕虜として伴い鹿児島に帰った。

図55　琉球国王尚寧

鹿児島に帰った島津家久は、すぐに琉球平定を家康に報じた。この報に接した家康は、その功を賞し琉球を島津家久に与え、その「仕置」を命じた。ここに江戸時代における琉球の位置が定まる。翌慶長一五年、家久は、琉球国王尚寧を伴い駿府を訪れ家康に拝謁、ついで江戸に行き秀忠にも謁した。

琉球侵攻は、琉球を島津氏に与えることで日本の領域のうちに取り込むこととなったが、家康は、島津氏の附庸国となったことを機に、明から冊封《さくほう》を受けていた琉球を介して明との国交回復を狙った。翌一五年、家康の意向をうけて琉球を介して

右第1扇の上部に首里《しゅり》城と、城下町が描かれている。慶長14年の島津軍の攻撃に降伏したのち、琉球は、島津の支配下に置かれるようになった。第3扇などに、「進貢船」も描き込まれている。

北京《ペキン》に送られた使は、家康が勘合《かんごう》復活を希望していることを明に伝えた。しかし明は、琉球国王尚寧の琉球への帰国を求めるだけで、家康が求めた勘合貿易再開の希望にはなんら答えず、そればかりか明は、慶長一七年には琉球の二年一貢の進貢を一〇年一貢へと、大きく貿易を制限する動きに出た。家康の琉球を介しての明との国交回復という思惑は行き詰まりをみせた。

朝鮮との国交回復と己酉条約

朝鮮との国交は、秀吉による朝鮮出兵のあと途絶えたままになっていたが、対馬《つしま》の宗《そう》氏は捕虜送還をともなった交渉を朝鮮とのあいだで重ねていた。こうした働きかけに応えて、慶長九年（一六〇四）、朝鮮は対馬に使を送り、対馬島民

図 56　琉球貿易図屏風

の釜山《プサン》での交易を許可する意向のあることを伝えた。そして翌年三月、家康は、宗氏に伴われて上洛した朝鮮使節を伏見城で引見し、宗氏に朝鮮との講和交渉を命じた。

慶長一一年七月、朝鮮は、宗氏に国交回復の二つの条件を提示してきた。その一つは、先に家康から朝鮮国王に国書を送ること、もう一つは朝鮮侵略の際に先王の墓を荒らした犯人の引き渡しであった。先に国書を送ることは、当時の外交上の慣習では相手国への従属を意味しており、家康側では受け入れられない条件であった。朝鮮貿易の再開を望む宗氏は、苦慮した結果、家康からの国書を偽造し、また墓荒らしの犯人に罪人を仕立て、朝鮮に送った。

朝鮮は、国書の偽造を知りながら、翌年正月、それに答える使を派遣した。この使は、日本側では通信使《つうしんし》と受け止められたが、朝鮮側では通信使ではなく国書に答え捕虜の送還を求めた回答兼刷還使《かいとうけんさつかんし》であり、両者の認識にはズレがあった。

閏四月、朝鮮使節の一行は総勢五〇四人で江戸に到着し、将軍秀忠に会い、ついで帰途駿府で家康

図57　朝鮮使節行列絵巻（部分）

に会った。朝鮮使節がもたらした朝鮮国王の国書は、先の家康からの国書を偽造したことが露見するのを恐れた宗氏によって改竄《かいざん》され秀忠に呈され、その場は糊塗《こと》された。こうした怪しげな作為がなされたものの、この朝鮮使節派遣をもって日本と朝鮮の国交はひとまず回復した。

その後、宗氏と朝鮮とのあいだで貿易再開についての交渉が重ねられ、慶長一四年五月、両者のあいだで己酉条約《きゆうじょうやく》が結ばれた。一二か条からなるこの条約の主な内容は、

① 日本から朝鮮への渡航者は、国王（将軍）使、対馬島主の特送使、朝鮮から官職を受けた受職人の三つとすること、
② 対馬島主が毎年朝鮮に送る船の数を二〇艘に制限すること、
③ 交易の港を釜山浦《プサンポ》のみとし、交易はそこに設けられた倭館《わかん》において行うこと、
④ 日本人がソウルに行くことの停止、

であった。

この条約は、多くの制限を伴なったが、江戸時代を通じて朝鮮と日本・対馬との外交・貿易のもっとも基本的な枠組みとなった。

オランダとの通商開始

慶長一四年（一六〇九）五月、肥前平戸《ひぜんひらど》に二艘のオランダ船が入港した。このオランダ船は、マカオから日本に向かったポルトガル船を捕縛することを第一の目的としてマレー半島のパタニを出港したものであったが、捕縛できなかった場合には日本に至り通商を求めるよう指示されていた。ポルトガル船を捕縛することに失敗したオランダ船は、航海の目的を第二の日本との通商へと転じ、平戸に入港するやその交渉を開始した。

オランダと日本との関係は、慶長五年のリーフデ号の豊後《ぶんご》漂着に始まるが、交渉が具体化するのは、リーフデ号の船長ヤコブ・クワッケルナークが帰国するにあたり、家康からオランダ国王への書簡を託した慶長一〇年のことである。

図58　平戸オランダ商館（モンタヌス編『オランダ東インド会社遣日使節紀行』）

朱印船でマレーのパタニに渡ったクワッケルナークは、家康の通商の希望を伝えたが、事はすぐには実現しなかった。ついで家康は、翌一一年にクワッケルナークとパタニのオランダ商館長に宛てた日本への渡航許可状を送り、交渉の進展を図った。

慶長一四年のオランダ船の入港は、オランダとの通商開始に大きな期待をもっていた家康にとって歓迎すべきものであった。

平戸に上陸したオランダ人は、駿府へ赴きオランダ国王の書と贈物を献じて日本との通商を求めた。オランダ側のこうした動きに、これより先に長崎に入港し駿府に来ていたポルトガル人は、オランダ人は海賊であり彼らを捕縛するよう家康に求めた。

家康は、同年七月二五日オランダ国王への返書を送るとともにいずれの浦へも着岸することを許可する渡航朱印状を四人のオランダ人に与えた。家康の厚遇にあったオランダ人は、この直後、平戸に商館を設けることを決めた。こうして日本とオランダの通商が開始されたのである。

ただ、注意せねばならないのは、この商館の開設によって貿易が拡大したのかというとそうでもなく、当初のオランダの平戸商館は、ポルトガル・スペイン勢力を排撃するための東アジア海域における軍事的拠点としての役割を主に担った。

ポルトガル船グラッサ号の爆沈

慶長一三年（一六〇八）、肥前日野江城主有馬晴信は、家康の意向を受けて占城《チャンパ》との通商を求め朱印船を派遣した。この朱印船には家康自身も、香木である伽羅《きやら》を求めるために銀六〇貫目を投資していた。その船が占城からの帰途に寄港したマカオで日本人船員が騒ぎを起こした。この騒ぎは、マカオの総司令官であったアンドレ・ペッソアによって鎮圧されるが、その過程で多くの日本人が死亡し、船荷が取り上げられ、残った船員もその非を認める誓約書を書かされ、翌年、帰国した。

慶長一四年五月末、ポルトガルの年航船として日本に派遣されたノッサ・セニョーラ・ダ・グラッサ号は、平戸に入港したオランダ船の追撃をかわし、長崎に入港した。この時、グラッサ号の総司令官アンドレ・ペッソアは、前年のマカオでの事件の顚末を家康に陳述するつもりであったが、ポルトガル人に対する感情が芳しくないことを理由に長崎奉行長谷川藤広《はせがわふじひろ》から駿府行きを止められ、かわりに使《つかい》を駿府の家康のもとに遣わし、オランダ人が渡航朱印状をもらった同じ七月二五日に日本人のマカオ寄港を禁ずる家康の朱印状を手に入れた。

ところが、駿府への使者が出発したのち、ポルトガル船が持ち渡った荷に対する家康の先買権行使をめぐって長谷川藤広とポルトガル商人とが対立し、ポルトガル側はペッソアを駿府に派遣し、この件を家康に訴えようとした。これに対し藤広はことが露顕するのを恐れ、マカオでの日本人殺害の顚末《てんまつ》を有馬晴信の耳に入れ、晴信にことを家康に訴えさせた。これを聞いた家康は、ポルトガルとの貿易の断絶を躊躇することなく決断し、ペッソアらの処分を晴信に命じた。この背景にはオランダ船の使節と上総《かずさ》で難破して救助された前フィリピン臨時総督らから、日本との貿易促進について期待される返答をえていたことがあった。

図59　グラッサ号(『黒船燔沈記』)

長崎に戻った晴信は、まずペッソアの引き渡しを求めたが、ポルトガル側はそれには応じず、出港の準備を進めた。こうしたなか晴信は、一二月六日、一二〇〇人の兵をもって長崎港外に停泊していたグラッサ号に攻撃をかけた。この攻撃にたえられなくなったペッソアは、九日夜船に火を放って爆沈させ、みずからも命を断った。

この事件によってポルトガルとの通商は一時途絶えた。しかし、慶長一六年にはゴアの副王の使節ドン・ヌーノ・ソートマヨールが日本を訪れ、通商の再開、グラッサ号の損害賠償、長谷川藤広の処分を求めた。それに対し貿易の断絶を願っていなかった家康は、「前規のごとく相違なし」とその再開を許可したが、他の要求はいずれも拒否した。

メキシコとフィリピン

慶長一四年（一六〇九）九月、前フィリピン臨時総督ビベロ・イ・ベラスコを乗せたスペイン船がフィリピンのマニラからメキシコのアカプルコに向かう途中、上総《かずさ》国の沖合で遭難した。

遭難したビベロたちは、一〇月二日に駿府に行き宣教師を保護し布教を許可すること、海賊であるオランダ人を国外に追放すること、マニラから日本へ来航する船を厚遇すること、の三つを家康に求めた。これに対し、家康はメキシコへ渡航する船が遭難した時には保護することを約束したが、他の要求には明確な答えを示さなかった。翌年、ビベロたちは、ウイリアム・アダムスが建造した黒船を与えられ、メキシコに向け発った。この船には京都の商人田中勝介《たなかしょうすけ》ら二〇人余りが便乗していた。

翌慶長一六年四月、ビベロらの遭難を助けたことの答礼のためにメキシコ総督の使者セバスチアン・ビスカイノが浦賀《うらが》に来航した。駿府で家康に答礼を済ませたビスカイノは、家康にスペイン船入港の便のため沿岸を測量すること、積荷の羅紗《らしゃ》類を自由に販売することを願い、それを許された。ところで、ビスカイノが来日した最大の目的は、表向きの家康への謝礼ではなく、当時ヨーロッパで広く信じられていた太平洋に浮かぶ金銀島を発見することにあった。このことは、ビスカイノが大津波や暴風雨で測量がうまくいかず江戸に戻ったころには、ウイリアム・アダムスなどから家康の耳に入っていた。ビスカイノの行動に疑いを抱いた家康は、ビスカイノに引見を許さず、また帰国の便宜を与えようともしなかった。結局、ビスカイノは伊達政宗《だてまさむね》のローマへの使節支倉常長《はせくらつねなが》が乗った船の船客として慶長一八年メキシコへと帰っていった。

官女密通一件

慶長四年（一五九九）に伝奏《てんそう》の久我敦通《こがあつみち》と勾当内侍《こうとうのないし》との醜聞がたち、勾当内侍が出奔するなどの事件が起きたのに対し、後陽成《ごようぜい》天皇は、禁裏に出仕する内々衆・外様衆への掟を出し、綱紀の引き締めをはかった。

こうした施策にもかかわらず、慶長一四年（一六〇九）六月、後陽成天皇に仕える官女と若公家衆との密通が取沙汰され出した。七月に入って官女の召使が尋問を受け、四日には新大典侍広橋《おおすけひろはし》氏・権《ごん》典侍中院《てんじなかのいん》氏・中内侍水無瀬《なかないじみなせ》氏・菅内侍唐橋《からはし》氏・命婦讃岐《みょうぶさぬき》の五人の官女が親に預けられ、関係した公家衆、烏丸光広《からすまるみつひろ》・大炊御門頼国《おおいみかどよりくに》・花山院忠長《かざんいんただなが》・飛鳥井雅賢《あすかいまさかた》・難波宗勝《なんばむねかつ》・徳大寺実久《とくだいじさねひさ》・松木（中御門《なかみかど》）宗《むね》

図60　板倉勝重画像

信《のぶ》が勅勘を受け出仕を止められた。この官女と若公家衆のあいだを取り持った猪熊教利《いのくまのりとし》と典薬《てんやく》の兼康頼継《かねやすよりつぐ》の二人は逃亡した。

数日後、伝奏の勧修寺光豊《かじゅうじみつとよ》は、公家衆を成敗するとの天皇の意向を家康に伝えるよう所司代《しょしだい》板倉勝重《いたくらかつしげ》に依頼した。これに対し家康は、天皇がご機嫌の悪いのはもっともで、仰せ次第に処罰されるがよかろうとひとまず返事する。この家康の返事を聞いた天皇は、後のためであるので厳罰をもってことにあたることを再度表明した。

「仰せ次第」とひとまずは答えた家康ではあったが、板倉勝重に関係した公家たちを尋問させ、その様子を報告させた。この報告を受けた家康は、八月四日、「逆鱗《げきりん》」はもっともであるが、後難《こうなん》のないようよく糾明《きゅうめい》を遂げるべきであると慎重な取り扱いを天皇に求めた。

この家康の意向に対し天皇は、摂家衆《せっけしゅう》を清涼殿《せいりょうでん》に召し、今度の仕業《しわざ》は沙汰の限りであり、成敗すなわち死刑に処したい、との考えを示し、摂家衆に問いかけた。摂家衆は、天皇の怒りは頷《うなず》けるが、なお穿鑿《せんさく》すべきではないかと答えた。これに対し天皇は重ねて「御同心か」と摂家衆に迫った。その勢いに押され摂家衆は「御尤《ごもっとも》」と同意してしまった。そしてこの決定は、「勅諚《ちょくじょう》」として家康の使者大沢基宿《おおさわもといえ》をその場に呼び伝えられた。

しかし「勅諚」にもかかわらず処分は定まらず、板倉勝重は引き続き公家衆・官女の尋問を行い、八月二〇日、その結果をもって駿府に下った。家康の意向は、九月二三日に上洛した勝重から伝奏の勧修寺光豊を介して天皇に示された。家康の意向は天皇の意に沿わないものであったが、天皇はどのようにも家康に任せると、みずからの手での処罰決定を投げ出してしまった。というより、投げ出さざるをえない状況に家康によって追い込まれたのである。

一〇月一日、新大典侍ら五人御末衆三人が駿府へと下った。そして一一日に駿河《するが》に到着した官女らに対し、翌日、新大典侍ら五人と御末衆二人に、伊豆新島《にいじま》への配流が申し渡された。また、一一月一日には、板倉勝重から公家衆へ遠流の処分が申し渡された。大炊御門頼国と松木宗信が薩摩の硫黄島、花山院忠長が蝦夷、飛鳥井雅賢が隠岐、難波宗勝が伊豆に流され、残る烏丸光広と徳大寺実久の二人は配流を免れた。

外記《げき》の壬生《みぶ》孝亮《たかすけ》が「武命による也」とその日記に記したように、この公家処分は、天皇ではなく家康のヘゲモニー（権力）のもとに行われたのであり、これを通じて家康は、武家の手を朝廷の奥深くまで入りこませることに成功したのである。

後陽成天皇の譲位延期

慶長一四年（一六〇九）一二月、後陽成天皇は家康に譲位の意向を改めて伝えた。おそらくこの背景には官女・公家衆処分への不満があったのであろう。これに対し家康は、いましばらく譲位しないようにと返答した。この返答に後陽成天皇は、譲位が延びないよう「馳走《ちそう》」してほしいと、再度その意向を示した。家康は翌年二月、天皇の譲位と政仁親王《ことひとしんのう》の元服を了解したと伝えた。その結果、譲位は三月二日前後に行われることが決まり、その準備が進められた。

ところが、家康から、閏二月一七日に五女市姫《いちひめ》が死去したのを理由に、譲位延期が所司代板倉勝重を通して伝えられ、譲位は延期となった。この申し入れに天皇は「逆鱗」するが、従わざるをえなかった。

同年三月再々度、天皇は譲位の意向を家康に伝えるため伝奏の広橋兼勝と勧修寺光豊を駿府に派遣した。四月二七日に京都に戻った伝奏二人は、家康からの七か条の申入れを天皇に伝えた。

第一条　譲位については家康か秀忠のいずれかが上洛して馳走しなくてはかなわぬことであろうが、もし援助がなくとも今年中に行いたいというならなされるがよろしかろう、

第二条　親王の元服を当年中に執行することの承認、

第三条　天皇の母であり当時岩倉長谷《いわくらながたに》に籠もっていた女院の禁裏への還御《かんぎょ》と天皇への後見、

第四条　摂家衆に存じ寄りのことがあればたがいに談合をし天皇に申入れるよう命じること、

第五条　公家諸家にそれぞれの道を学び、行儀・法度《はっと》を正しくするよう命じること、
第六条　公家の官位について奉公の励みになるように叙任《じょにん》を行うこと、
第七条　官女一件で配流された花山院忠長《かざんいんただなが》の弟と松木《まつき》（中御門《なかみかど》）宗信《むねのぶ》の兄の召出し、

というものであった。

第一条の譲位については、やれるものならやってみよ、といわぬばかりの口吻《こうふん》である。第三条以下は、女院《にょいん》・摂家《せっけ》・公家にたいするあからさまな干渉である。また、この時、口頭で官女一件で罪をまぬがれたものの勅勘《ちょっかん》のままでいる烏丸光広《からすまるみつひろ》と徳大寺実久《とくだいじさねひさ》の召出しも求められた。

家康と天皇

この七か条をめぐっての折衝が、天皇と家康とのあいだでこの後しばらく続く。一〇月、家康は摂家衆に書状を送った。ここでは天皇が家康の七か条の申入れに同意したことを家康が了解したことが記されるとともに、摂家衆が意見を天皇に上申することを求め、さらにこれに従わないのなら今後相手にしないと、脅している。そこには摂家を天皇の意志、ひいては朝廷の意志決定に関わらせようとする家康のねらいがあった。

この摂家衆への書状と同時に、家康から天皇へ三か条の申入れがあった。一つ目は、親王元服を早期に執行することに同意すること、二つ目は親王の政務見習の提案、最後は摂家衆へ意見具申《ぐしん》を命じることである。最後の箇条は、摂家衆への書状の内容の実現を担保するものである。

この三か条の申入れに、天皇は大いに不満であった。翌日、天皇は、延喜《えんぎ》の例にならい元服と譲位

は同日に行うこと、政務は関白に関わらせること、烏丸と徳大寺の加番《かばん》は結改《けっかい》（宿直の順を変更する）のおりに行うことの三点を示した。これに対し摂家衆は、譲位と元服を同日とすることはもっともなことであるが、ここはひとまず家康の意向にまかせ、年内に元服だけ行うのが良いのではないかと上申した。

さらに摂家衆と伝奏とが女院御所に集まり、再度天皇の意向を聞くが、天皇からは延喜の例にならい元服と譲位は同日に行うこと、烏丸と徳大寺の加番は結改のおりに行うこと、花山院と松木の兄弟の召出しはなにかのついでに行うことと、以前と変わらぬ意向が示された。摂家衆は打開策を相談し、智仁親王《としひとしんのう》ら天皇の連枝衆《れんししゅう》に説得にあたるよう依頼し、また板倉勝重との談合でまずは元服に限ってことを進めることが合意された。そして智仁親王・興意法親王《こういほっしんのう》・良恕法親王《りょうじょ》が天皇のもとに行くが、天皇は「なに事もあしく候て不苦候《くるしからずそうろう》」と、自らの意志の変わらぬことを示した。

これに驚いた親王衆と摂家衆は、ことが調わなければ、家康との関係が大変なことになると、天皇へ書付を上げた。これに対する天皇の返事は「たゝなきになき申候、なにとなりともにて候」というものであった。精一杯家康の要求に抵抗してきた天皇の緊張の糸が切れた瞬間であった。天皇は、官女密通一件に続いて、またもや家康の意向に従わさせられたのである。

譲位と即位

慶長一六年（一六一一）三月一七日、騎馬七、八百、五万の軍勢を従えた家康は、京都への入り口にあたる山科追分に西国大名・公家衆らが迎えるなか上洛し、二条城に入った。細川忠興は、この時のことを「諸国大小名残らず上洛」と家臣に申し送っている。

上洛した翌日、「御上洛珍重」との天皇の意向を伝えるために武家伝奏の広橋兼勝《ひろはしかねかつ》と勧修寺光豊とが二条城を訪れるが、その時、家康は、伝奏二人に対し、このたびの上洛は「江戸将軍」すなわち秀忠の名代として御即位の沙汰を行うためのものであることを告げるとともに、徳川家の元祖、新田義重《にったよしげ》に鎮守府《ちんじゅふ》将軍の官を、家康の父広忠《ひろただ》に大納言の官を贈るよう申し入れた。家康の申入れは即日勅許され、新田義重には鎮守府将軍が、広忠へは権大納言《ごんだいなごん》が贈られた。

三月二七日、後陽成天皇から政仁《ことひと》親王へ剣璽《けんじ》渡《と》御《ぎょ》がなされ、御陽成天皇の譲位が執り行われた。ここに後水尾天皇《ごみずのおてんのう》が誕生する。ついで四月一二日、紫宸殿《ししんでん》で即位礼が執行された。家康は、この即位の礼を裏頭《かとう》で拝観した。裏頭とは、黒い薄絹で頭巾のように頭を包むことである。

慶長一六年の大名誓紙

後水尾天皇が即位した慶長一六年（一六一一）四月一二日、家康は在京の諸大名を二条城に集め、三か条の条々《じょうじょう》を示し、それを誓約させた。これは、かつて秀吉が後陽成天皇の聚楽行幸《じゅらくぎょうこう》のおりに、諸大名に誓紙を提出させたことに倣ったものであろう。この条々は、

第一条　源頼朝《みなもとのよりとも》以後、代々の将軍家が定めてきた法式を奉じ、江戸の将軍秀忠の法度を堅く守ること、

第二条　法度に背きまた上意を違えたものはそれぞれの国に隠しおいてはならないこと、

第三条　それぞれ抱え置く侍が、もし反逆・殺害人であることが告げられたならば、たがいにその者を抱えないこと、

をあげている。第二条は、慶長二〇年の武家諸法度の第三条に、第三条はその第四条に受け継がれており、この条々は、武家諸法度の先駆をなすものであった。

この条々には、この時京都にいた細川忠興《ほそかわただおき》・松平忠直《まつだいらただなお》・池田輝政《いけだてるまさ》・福島正則《ふくしままさのり》・島津家久《しまづいえひさ》・森忠政《もりただまさ》・前田利常《まえだとしつね》・毛利秀就《もうりひでなり》・京極高知《きょうごくたかとも》・京極忠高《ただたか》・池田利隆《いけだとしたか》・加藤清正《かとうきよまさ》・浅野幸長《あさのよしなが》・黒田長政《くろだながまさ》・藤堂高虎《とうどうたかとら》・蜂須賀《はちすか》至鎮《よししげ》・山内忠義《やまうちただよし》・田中忠政《たなかただまさ》・生駒正俊《いこままさとし》・堀尾忠晴《ほりおただはる》・鍋島勝茂《なべしまかつしげ》・金森可重《かなもりありしげ》ら二二人の北国・西国の主要な大名が名を連ねている。越前《えちぜん》福井の松平忠直以外は国持クラスの外様《とざま》大名である。

この時、江戸城普請への動員などによって在京していなかった東国の大名たち、上杉景勝《うえすぎかげかつ》・丹羽長《にわなが》重《しげ》・伊達政宗《だてまさむね》・立花宗茂《たちばなむねしげ》・佐竹義宣《さたけよしのぶ》・蒲生秀行《がもうひでゆき》・最上義光《もがみよしあき》・里見忠義《さとみただよし》・南部利直《なんぶとしなお》・津軽信枚《つがるのぶひら》ら一〇人と松平忠直の一一人が翌慶長一七年正月五日に誓紙を上げ、また同じ時に関東・甲信越の譜代・外様を含めた小大名五〇人が同様の誓紙をあげた。

この誓紙には大坂の豊臣秀頼《とよとみひでより》が名を連ねておらず、なお限界がみられるものの、ほぼすべての大名が徳川氏に誓紙をもって臣従を誓っており、この誓紙提出は、徳川氏の政権確立にとって一つの大きな画期であった。

公家衆法度と公家支配

家康は、慶長一四年（一六〇九）の官女密通事件をみずからのヘゲモニーのもとで処理し、朝廷の奥深くまでその手をのばすことに成功した。ついで、家康は、譲位をめぐる交渉のなかで発した七か条の申入れにおいて、公家衆にそれぞれの道を学び、行儀・法度を正しくすることを命じるよう後陽成天皇に求めた。この段階では公家への法度を出す主体は、あくまで天皇であり、家康自らが法度を出すことはなかった。

家康の公家支配が一歩前進するのは慶長一七年六月のことである。家康は、公家衆に「家々の学問行儀の事、油断なく相嗜《あいたしな》み申すべ」きことと「鷹つかい申すまじ」きことの二か条を伝奏《てんそう》を通して命じた。これに対し、公家衆はそれぞれ伝奏宛に請書《うけしょ》を提出する。そしてこの請書の末尾には、所司《しょし》代《だい》板倉勝重《いたくらかつしげ》へ誓約を伝えるようにとの文言があった。すなわちこの法度を天皇を介することなく公家衆に命じ、さらに天皇の許可なく公家たちに請書を事実上所司代さらにいえば家康に提出させたことで、家康は、公家衆支配を大きく前進させた。

さらに一八年六月、家康は、大徳寺以下の住持職を勅許する以前に家康に報じることを求めたいわゆる紫衣《しえ》法度《はっと》とともに五か条の公家衆法度を駿府に下っていた伝奏の広橋兼勝《ひろはしかねかつ》に申し渡した。それを持ち返った広橋兼勝は、摂家衆と相談したうえ、七月一二日に公家衆を禁中に集め、家康からの法度としてこの五か条を申し渡した。その内容は、

第一条　公家衆は家々の学問を油断なく勤めること、

図61 （伝）豊臣秀頼画像

第二条　行儀を慎むこと、
第三条　禁裏の番を怠りなく勤めること、
第四条　用もなく町小路を徘徊することの禁止、
第五条　勝負事と無頼の青侍の召し抱えの禁止、

であり、最後を「右条々相定むる所なり、五摂家ならびに伝奏より、その届けこれある時、武家より沙汰行うべきものなり」と結んでいる。この法度もまた天皇を介することなく公家に発せられたものであり、さらに公家支配には摂家と伝奏とがあたることを定めるとともに、最終的には武家が公家を処罰することを宣言したものとなっている。

大坂城包囲網

慶長一六年（一六一一）、上洛した家康は、後陽成天皇の譲位、後水尾天皇の受禅《じゅぜん》（帝位を譲られて即位すること）の翌日三月二八日に秀頼と二条城で会見した。秀頼の上洛は、慶長四年正月に伏見から大坂に移って以後、はじめてのものであった。この日、秀頼は、片《かた》桐《ぎり》且元《かつもと》の京都屋敷で衣裳を改め、家康のいる二条城に入り、家康とのあいだで礼を交わし、家康の供応を受け、故秀吉の正室高台院《こうだいいん》との対面を終えて、二条城を退出した。

対等の形でなされたこの会見は、その翌日、家康の側近である本多《ほんだ》正純《まさずみ》が酒井《さかい》忠世《ただよ》ら江戸の年寄衆五人に宛て「秀頼様、昨二八日大御所様へ御礼おおせあげら」ると申し送ったように、つまるところ秀頼の家康への臣礼とされ、家康が秀頼を臣従させたことを諸大名・公家衆をはじめ多くの人びとにみせつけるためのものとなった。

家康が、大坂の豊臣氏を軍事的に圧伏しようと考え始めたのは、おそらく居を伏見から駿府に移したころではなかったか。関ヶ原の戦い直後には、畿内五か国に所領を持った譜代大名はひとりもなく、五畿内の国々に近江・丹波《たんば》・播磨《はりま》を加えたいわゆる上方《かみがた》八か国をながめても、譜代大名は近江佐和山《さわやま》一八万石の井伊直政《いいなおまさ》と近江膳所《おうみぜぜ》五万石の戸田一西《とだかずあき》のわずか二人であった。

この地域の譜代大名の配置に変化がみられるのは、慶長一一年以降のことである。同年、駿府の内《ない》藤信成《とうのぶなり》が近江長浜《おうみながはま》へ移された。これは駿府が大御所家康の居所とされての措置である。ついで一二年、家康の第九子で甲府二五万石の徳川義直《とくがわよしなお》が、尾張名古屋四七万石に移され、遠江掛川《とおとうみかけがわ》の松平定勝《まつだいらさだかつ》が城《じょ》番《うばん》として伏見城に入った。翌一三年には、常陸笠間《ひたちかさま》三万石の松平康重《やすしげ》が丹波篠山《たんばささやま》五万石に、ついで一四年、岡部長盛《おかべながもり》が丹波亀山《かめやま》三万四〇〇〇石に移された。また、伊勢亀山《かめやま》へ家康の外孫の松平忠明《ただあきら》が三《み》河作手《かわつくで》から移った。こうして、大坂城を包むように一門・譜代大名が配置されていった。

慶長一四年、家康は、丹後・丹波・播磨・美作《みまさか》・備前・備中・紀伊などの諸大名を動員して丹波篠山城を、中国・西国の諸大名を動員して丹波亀山城を普請した。この二つの城の普請は、大坂城包囲網の一環としてなされたことは明らかである。また東海道の要衝に位置する名古屋城が西国・北国の諸大名が動員されて建設されたのも大きくみれば大坂城包囲網の一環ととらえられる。

家康がとった貿易重視策のもとでキリスト教の布教は黙認され、キリシタンの数は増加の一途をたどっていた。増加の様相は、当初ゴアに拠点を置いたイエズス会のインド管区《かんく》に属していた日本の布教区が、天正一〇年に準管区に昇格し、慶長一四年には独立管区となり中国布教区をその管轄下に置くことになったことにもよく示されている。

布教黙認から禁教へ

家康は、早く慶長一〇年(一六〇五)にフィリピン総督への書状で日本でのキリスト教の布教を認めないことを宣言し、また一一年大坂の町を対象にキリシタン禁令を出してはいたが、本格的な禁教が打ち出されたのは、慶長一七年三月のことである。禁教の直接の契機は、キリシタン大名であった有馬《ありま》晴信《はるのぶ》と家康の側近である本多正純の家臣岡本大八《おかもとだいはち》とのあいだの贈収賄事件であった。

岡本大八は、有馬晴信にポルトガル船グラッサ号撃沈の功として、有馬氏の旧領肥前三郡の拝領を斡旋《あっせん》する話を持ち掛け、晴信から多額の賄賂を取った。にもかかわらず家康からは何の沙汰もないのを訝《いぶ》かった晴信が、様子を正純にただしたため事が発覚し、駿府で両者対決の吟味がなされ、大八の非と決まった。ところが大八は獄中から、晴信がかつて長崎奉行の長谷川藤広《はせがわふじひろ》の謀殺を企てたことを訴えたため、ふたたび両者の対決となった。その場で弁解に窮した晴信は、その罪を問われ自害を命じられた。

この事件の当事者、有馬晴信・岡本大八がともにキリシタンであったことから、家康は、大八を火刑に処した三月二一日に駿府・江戸・京都・長崎などの幕府直轄都市でのキリスト教の禁止とキリシタン寺院の破却を命じた。しかし、この時の禁教は、地域によっても差がみられ、またそれほど徹底したものではなかったようである。

同年六月付のメキシコ国王への返書のなかで、家康は、キリスト教布教を禁止することと貿易に限定した往来を認めることを報じ、幕府の禁教の姿勢を打ち出した。ついで八月には、関東地域を対象にキリシタン禁令が出され、禁令の範囲は徐々に拡大していった。

「大追放」

慶長一八年（一六一三）一二月、江戸にいた家康は、将軍秀忠の重臣である大久保忠隣《おおくぼただちか》をバテレン追放の総奉行に任じ、京都に派遣した。大久保忠隣の派遣にあたって家康は、金地院崇伝《こんちいんすうでん》に命じて「伴天連追放之文《ばてれん》」を起草させ、それを将軍秀忠の名で出させた。

この追放文では、まず日本は神国・仏国であることが述べられ、ついで「吉利支丹の徒党《きりしたんととう》」は貿易だけでなくみだりに邪法を弘め、それをもって日本の政体を転覆しようとしており、すぐさま禁止しなければ「後世必ず国家の患《わずらい》」（国家の危機）となるとし、バテレンの追放が宣言されている。しかし、この「伴天連追放之文」は、京都でバテレンを追放するにあたって法的根拠として作成されたもののようで、大名らに広く示されたものではなかった。

翌年正月一七日に京都に入った大久保忠隣は、さっそく教会を壊し、宣教師《せんきょうし》を長崎へと追放した。さらに信徒の改めを行い、「転ぶ」こと棄教を迫り、それに従わないものを捕えて陸奥津軽《むつつがる》に送った。宣教師の追放と信徒の改めは、京都のほか豊臣氏の本拠である大坂や堺でも行われ、多くの宣教師が長崎へと送られていった。また細川氏や大村氏などの西国大名領でも信徒の改めが行われ、宣教師たちが追放された。

長崎に集められた上方《かみがた》や西国各地からの宣教師や信徒たちは、九月二四日、寄港していたポルトガル船三艘に乗せられ日本から追放された。ポルトガル船のうち二艘は、イエズス会の宣教師と信徒を乗せマカオに、残る一艘はイエズス会・フランシスコ会・ドミニコ会・アウグスチノ会の宣教師と信徒とを乗せマニラへと出港していった。マニラへの船には、キリシタン大名として信徒にも大きな影響力をもっていた高山右近《たかやまうこん》とその家族が乗っていた。世に「大追放」といわれている事件である。

この「大追放」は、幕府によるキリシタン禁圧の本格化を示すとともに、当時から取沙汰されていたように、大坂夏の陣を前にしてキリシタンが豊臣方に引き込まれることの防止策としての側面があった。

秀頼と方広寺大仏再建

秀吉が死去した翌年、慶長四年（一五九九）、秀頼は方広寺《ほうこうじ》の大仏を再建する工事に着手した。この工事は、関ヶ原の戦いのあとも続けられたが、慶長七年一二月四日、半ばできあがっていた大仏は、鋳物師《いもじ》のふいごの火の不始末から大仏殿もろとも灰燼《かいじん》に帰してしまった。

しかし、秀頼は大仏再建をあきらめず、家康の勧めもあって慶長一四年ふたたび大仏再建にとりかかった。そして、慶長一六年には大仏殿の立柱《りっちゅう》が行われ、一八年にはほぼ完成し、翌年の落慶供養《らっけいくよう》の準備が着々と進められていった。

この工事にあたって、家康は土佐《とさ》・日向《ひゅうが》・備中《びっちゅう》などでの巨木の徴発を許可し、また西国大名のなかには米を送って工事を助けた。この時の大仏再建には秀吉の遺金である金塊の一〇〇〇枚分銅が一三個、二〇〇〇枚分銅が一五個が使われたといわれている。小判に鋳《い》なおせば、四万数千両にのぼる金額である。また秀頼は、この大仏再建のほか、慶長一二年に北野天満宮を大修造したほか各地の寺社修造に秀吉が残した金銀を惜しみなく使った。

図62　洛中洛外図に描かれた大仏殿（画面左）（林原本、右隻第2扇部分）

家康が、秀頼に大仏再建をはじめとする寺社修造を積極的に勧めたのは、なによりも大坂城に秀吉が残した膨大な金銀を使わせ、豊臣氏の力をそごうとしたためであった。いっぽう、秀頼が寺社の修造に秀吉が残した金銀を湯水のように使ったのは、凋落《ちょうらく》の色が濃くなりつつあった豊臣氏の威信を、当時の政治の中心である京都、さらには全国において保ち、豊臣氏がなお政権の継承者であることを示すためであり、やむをえないものであった。

方広寺鐘銘事件

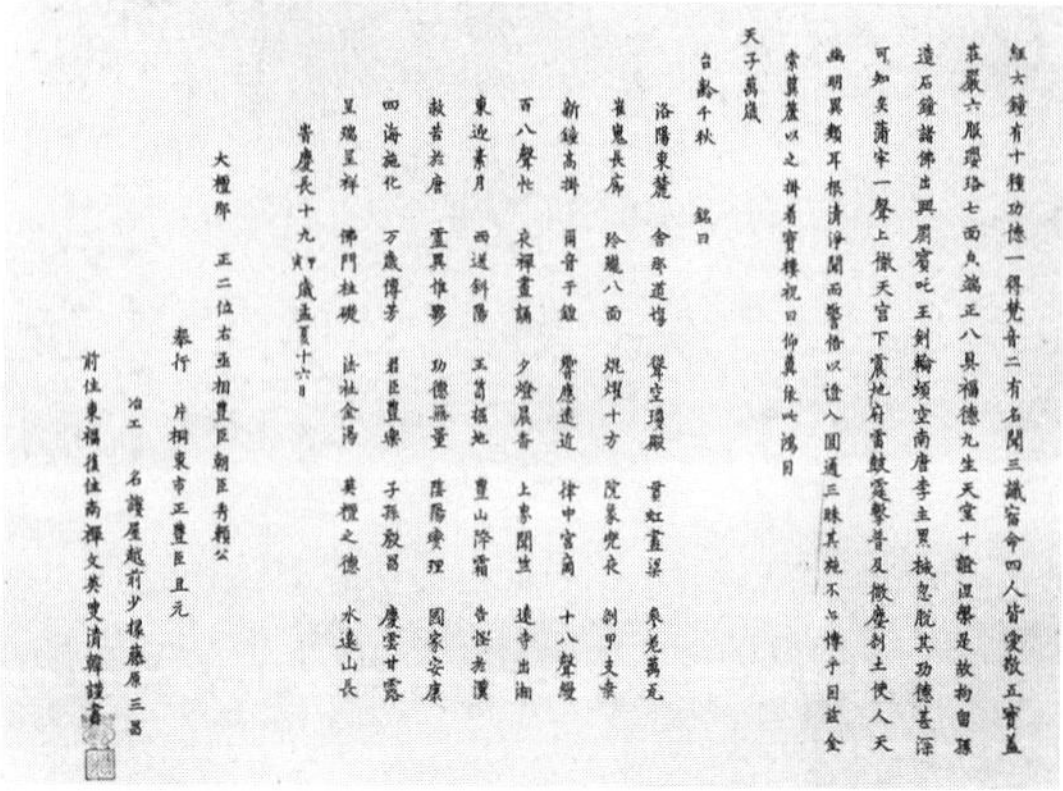

図63　文英清韓筆の方広寺鐘銘・序草稿

図64　方広寺梵鐘拓本

大仏開眼供養《かいげんくよう》の役者と供養日について大坂と駿府のあいだで折衝がなされ、ようやく開眼供養の日は慶長一九年（一六一四）八月三日、堂供養の日は一八日と決まった。

しかし、開眼供養まであとわずかという七月の末になって、家康は、「大仏鐘銘、関東不吉の語、上棟《じょうとう》の日吉日にあらず」と鐘銘の文案と上棟の日時とに言いがかりをつけ、突然上棟と供養の延期を求めた。

この銘文は、「洛陽無双《らくようむそう》の智者」といわれた文英清韓《ぶんえいせいかん》が書いたもので、一〇〇〇字ちかくの長文である。その何か所かが問題とされたが、もっとも問題となったのは「国家安康《こっかあんこう》」と「君臣《くんし》豊楽《ほうらく》　子孫《しそん》殷昌《いんしょう》」の部分であった。「国家安康」は、安の字をもって家康を引き裂いており、「君臣豊楽　子孫殷昌」は、豊臣を君として子孫の殷昌を楽しむと読め、いずれも徳川氏を呪詛《じゅそ》するものであるというものである。いいがかりと言うほかない。また上棟の日については、幕府の大工頭《だいくがしら》であった中井正清《なかいまさきよ》が、自らの名が棟札《むなふだ》にないことをねたみ、予定された上棟の日を悪日と家康の耳に入れたためだといわれている。

大仏開眼供養の中止が都鄙《とひ》に伝わると、京都・大坂は騒然となった。そうしたなか秀頼に仕えていた片桐且元は、鐘銘と棟札について弁明するため駿府へと下った。駿府では、本多正純と金地院崇伝《こんちいんすうでん》から鐘銘と棟札について糺《ただ》されるとともに、大坂で浪人を集めていることについて詰問された。且元は、家康に会うことはできないまま、なお一か月ちかく弁明のため駿府にとどまった。

図65　方広寺梵鐘

いっぽう、大坂城には且元らの穏健派に対し、徳川氏に敵愾心《てきがいしん》をもつ大野治長らの強硬派があった。且元による弁明工作が進展しないのをみて、治長の母である大蔵卿《おおくらきょう》らが駿府へと遣わされた。この一行への応対は、且元とは打って変って丁重であり、家康は大蔵卿らを謁見し、厚遇した。

九月に入って、正純と崇伝は、家康の意を受けて、且元と大蔵卿に別々に会い、家康・秀忠とも秀頼に疎意のないことを伝えるとともに、且元には、秀頼の方から徳川氏に隔意のないことを示す証しを求めた。この時、証しの内容は示されず、且元の分別にゆだねられた。

大坂に帰った且元は、自らの分別で豊臣方の徳川方への証しの具体案として秀頼あるいは淀殿《よどどの》が江戸に在府するか、もしくは秀頼が大坂城を出て他国に移るかという二案を示した。これに対し、駿府から戻った大蔵卿から豊臣氏に疎意なしとの家康の意向を伝えられていた淀殿はじめ強硬派は、これを且元の裏切りと決めつけ、出仕する且元を殺害しようとした。この動きを察知した且元は一〇月一日、大坂城を退去し、摂津《せっつ》茨木城《いばらぎじょう》に入った。

大坂冬の陣

大坂城の強硬派による且元殺害計画を報じた所司代板倉勝重の書状が駿府の家康の元に届いた一〇月一日、家康は大坂攻めを決定、近江・伊勢・美濃・尾張・三河・遠江の諸将に陣触《じんぶれ》を出すとともに、江戸の秀忠にもこのことを伝えた。開戦を万を期して待ち構えていたとしか思えない素早さである。

家康は一〇月一一日、駿府を発ち、二三日に二条城に入った。この間、北国・中国・四国の諸大名に軍勢を出すよう命じている。しかし、大坂方への加勢を恐れて、豊臣氏恩顧の大名である福島正《ふくしままさ》

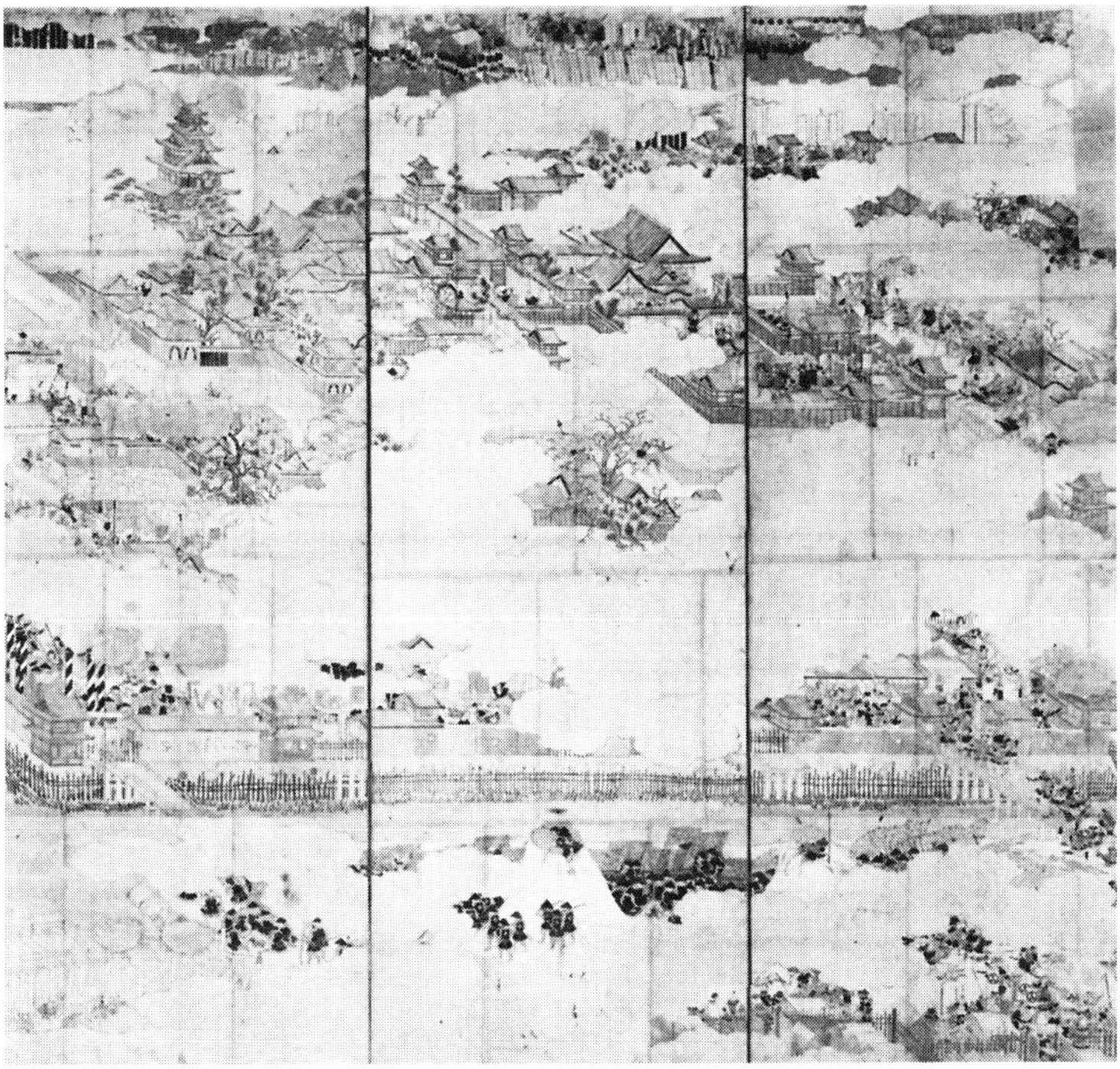

図66　大坂冬の陣図屛風（左隻部分）

則《のり》・黒田長政《くろだながまさ》・加藤嘉明《かとうよしあき》を江戸に留め置いた。

江戸の将軍秀忠は、東国大名に大坂攻めの軍勢を出すことを命じるとともに、家康が二条城に入った二三日に江戸を発った。かつて関ヶ原の戦いに遅参するという苦い経験をもつ秀忠は、行軍のスピードを早め、一一月一〇日には伏見城に入った。

開戦は早くから避けられないものと考えていた豊臣方は、駿府での交渉さなかの八月に戦闘の準備を始めていた。関ヶ原の戦いで西軍に加わった長宗我部盛親《ちょうそかべもりちか》、信州上田城《うえだじょう》で秀忠の軍を釘づけにした真田幸村《さなだゆきむら》、武名高い後藤又兵衛基次《ごとうまたべえもとつぐ》ら多くの浪人が大坂城に入った。このほか浪人衆、城下の町人、周辺の百姓らも大坂城に入ったが、豊臣方の誘いにもかかわらず、だれ一人としてこの誘いに応じる大名はいなかった。

家康は二条城を、秀忠は伏見城をともに一一月一五日、出陣した。家康は奈良を経て一七日に住吉《すみよし》に、秀忠は淀《よど》から平野《ひらの》に陣を進めた。この時点での徳川方の布陣は、大坂城の南に藤堂高虎《とうどうたかとら》・前田《まえだ》利《とし》常《つね》・松平忠直《ただなお》・井伊直孝《いいなおたか》・鍋島勝茂《なべしまかつしげ》・蜂須賀至鎮《はちすかよししげ》・山内忠義《やまうちただよし》・浅野長晟《あさのながあきら》らの諸勢が陣取り、城の東には上杉景勝《うえすぎかげかつ》・佐竹義宣《さたけよしのぶ》らの軍勢、北方の天満《てんま》・中島《なかのしま》には加藤明成《あきなり》・池田利隆《としたか》・池田忠雄《ただかつ》・森忠政《もりただまさ》・有《あり》馬《ま》豊氏《とようじ》らの諸勢が陣取った。さらに家康・秀忠の軍勢の後から伊達政宗の軍勢が八尾《やお》へ、毛利《もうり》輝元《てるもと》の軍勢が一七日に兵庫に着いた。

一一月一九日、戦いは始まるが、大規模な戦闘はみられず、一一月の終わりには「大坂四方の陣所ことごとく明所これなく候」までに大坂城包囲網はできあがった。しかし、秀吉が築いた天下の名城大坂城は、容易には落ちなかった。一二月四日、功を焦った前田利常・松平忠直・井伊直孝らは、家康の指示を待たず、真田幸村の守る大坂城の出城《でじろ》真田《さなだ》丸《まる》を攻撃した。しかし幸村らの防戦に会い、多数の軍兵を失い、撤退した。豊臣方にとっては冬の陣での最大の戦果であった。

講和交渉

一二月に入って、徳川方の本多正純・後藤光次と豊臣方の大野治長・織田長益《おだながます》とのあいだで講和交渉が始まった。当初、交渉はもたつくが一二日ごろには「両御所様(徳川家康・秀忠)御出馬の上、なにの色めもござなく、御馬いれらる義なされがたく」と、出馬した家康の面目をどのように立てるかが講和を成立させるうえでの重要なポイントとなった。一五日に示された豊臣方の講和条件は、淀殿が江戸へ人質として下り、そのかわりに浪人たちへの加増のための領地を秀頼に与えることの二点であった。しかし、家康は、浪人たちにはなんの功労もないはずと、その条件を一蹴した。

いっぽう一七日には、後水尾天皇の勅使として武家伝奏の広橋兼勝と勧修寺光豊の二人が茶臼山《ちゃうすやま》の家康の元を訪れ、家康の帰京と後水尾天皇の仲介による和議とを家康に勧めたが、「禁中よりの御扱いは無用」と、その申出を家康は拒絶した。

交渉がなお進展しないなか、一六日、家康は、淀殿の居所であった千畳敷《せんじょうじき》へ大砲を打ち込んだ。これが効を奏したのか、一八日・一九日、京極忠高《きょうごくただたか》の陣で、豊臣方からは淀殿の妹であり当時大坂城内にあった常高院《じょうこういん》が使者に立ち、徳川方からは家康の愛妾である阿《あ》茶《ちゃ》の局《つぼね》が出て交渉が持たれ、その結果、本丸を残し二の丸・三の丸の堀を埋めること、織田長益と大野治長から人質を出すこと、秀頼の家臣および浪人衆は構いなしの三つを条件に講和が整い、家康・秀忠と秀頼とのあいだで誓紙が取り交わされた。

大坂城の堀の埋立ては、松平忠明《まつだいらただあきら》・本多忠政《ほんだただまさ》・本多康紀《ほんだやすのり》を奉行に総軍をもって始まった。工事が始まると、家康はあとを秀忠にまかせ、

図67　（伝）淀殿画像

二五日、二条城に凱旋《がいせん》し、ついで朝廷へ和議のなったことを報告、翌慶長二〇年（一六一五）正月三日、京都を発って駿府へと下った。堀の埋め立てを見届けた秀忠は、正月一九日、岡山の陣を払い伏見城に入り、二八日には江戸へ向け京都を発った。

大坂夏の陣と豊臣氏滅亡

豊臣方にとって講和条件は屈辱的なものであり、大坂城に籠城《ろうじょう》した浪人たちの間には不満がくすぶりつづけていた。冬の陣の余燼《よじん》がおさまらぬ三月はじめ、豊臣方は、大坂城の城壁を修理し、埋められた堀を掘り返し、兵粮《ひょうろう》を城中に入れ、浪人を募りはじめた。これに対し家康は、使者を遣わし、秀頼に大坂城を退去し大和《やまと》か伊勢に移るか、浪人を召し放つかのいずれかを選ぶよう伝えた。豊臣方としてはいずれも受け入れがたいものであり、大坂城内は主戦論が膨らんでいった。

四月四日、家康は、第九子義直《よしなお》の婚儀を理由に駿府を発ち、名古屋に向かうが、この日、一一か条の軍令を定めている。事実上の出陣である。家康は、一五日名古屋を発ち、一八日二条城へ、将軍秀忠は、一日江戸を発ち、二一日伏見城へ入った。そして再度、秀頼に浪人の召し放ちか、大和郡山《こおりやま》への転封《てんぽう》のいずれかを選ぶよう求めた。家康からの最後通牒《つうちょう》であり、豊臣方にとっては、戦闘の開始を意味した。

家康は五月五日、二条城を出、河内筋《かわちすじ》を大坂へ向かった。夏の陣での本格的な戦闘は、家康出陣の翌日と翌々日の二日行われたにすぎない。しかし、この戦闘に参加した軍勢は、徳川方一五万五〇〇

○人、豊臣方五万五〇〇〇人であり、大規模な戦闘であった。六日の戦闘は大坂城の南東の道明寺《どうみょうじ》・藤井寺《ふじいでら》、八尾《やお》・若江《わかえ》方面で行われ、両者に多くの死傷者を出した。翌七日、午前一〇時に戦が始まり、豊臣方優勢のうちに戦闘は展開した。一時真田幸村《さなだゆきむら》が家康の本陣に突入し、徳川方を混乱に陥れたが、多勢のまえに力尽き、越前の松平忠直《まつだいらただなお》の兵に討たれた。松平忠直の隊は、真田隊との戦闘で多くの兵を失いながらも北へ進撃し、城内に乗り込み、本丸を占領した。

徳川方の軍勢が城内に突入してくるなか、秀頼は、一時本丸天守に入るが、そこも火の手が延びたため、焼け残った山里丸《やまざとまる》の唐物倉《からものぐら》に身を潜めた。しかしまもなく徳川方に発見され、八日正午すぎ二三歳の命を自ら断った。秀頼の母淀殿もここに自害した。ここに豊臣氏は滅亡したのである。

武家諸法度

慶長二〇年（一六一五）七月、伏見城に諸大名が集められ、家康の命で崇伝《すうでん》が起草した武家諸法度《ぶけしょはっと》が、将軍秀忠の名で申し渡された。一三か条からなる法度の第一条の書きだしは、よく知られているように、

一文武弓馬の道、専らあい嗜むべきこと、

である。武士たるものは文武弓馬の道に励むべきことを定めたものである。これまでこの箇条は、武とともに文の大切さを示したものと読まれてきた。文の登場という点からすれば、それは注目されねばならないが、この条文に付された説明には、

文を左にし、武を右にするは古の法なり、兼ね備えざるべからず、弓馬はこれ武家の要枢なり、

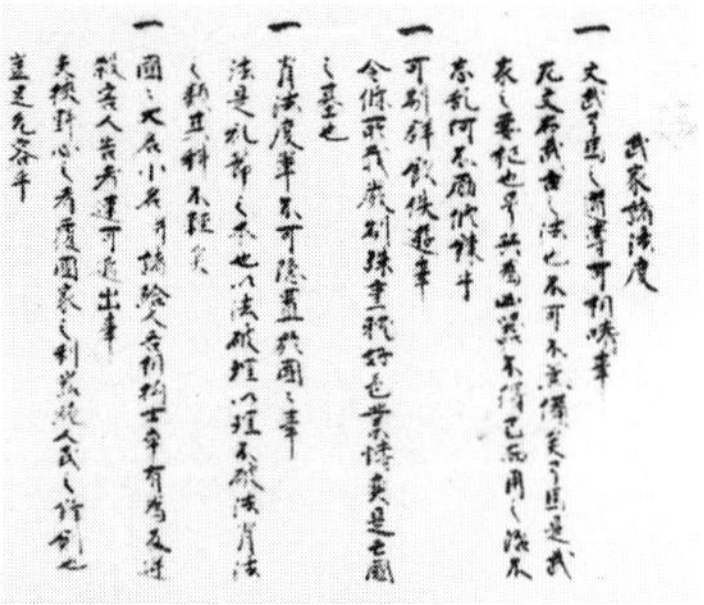
武家諸法度
一 文武弓馬之道専可相嗜事
左文右武古之法也不可不兼備矣弓馬是武
家之要枢也号兵為凶器不得已而用之治不
忘乱何不励修錬乎
一 可制群飲佚遊事
令條所載厳制殊重耽好色業博奕是亡国
之基也
一 背法度輩不可隠置於国々事
法是礼節之本也以法破理以理不破法背法
之類其科不軽矣
一 国々大名小名并諸給人各相抱之士卒有為叛逆
殺害人告者速可追出事
夫挟野心之者為覆国家之利器絶人民之鋒剣也
豈足允容乎

兵と号して凶器となし、やむをえずしてこれを用う、治において乱を忘れず、なんぞ修練に励まざらんや、

とある。この部分は『神皇正統記《じんのうしょうとうき》』の「世ミダレル時ハ武ヲ右ニシ文ヲ左ニス、国オサマル時ハ文を右ニシ武ヲ左ニス」から来たことが指摘されている。すなわち家康は、「治において乱を忘れず」と現状を「治」としながらも、他方では「武」が「文」に優先する「世ミダレル時」と認識していたのであり、そこには「武」重視の姿勢が明確に示されている。第二条以下の内容は、

第二条　群飲佚遊を禁ずる、
第三条　法度に背いたものをその領内に隠し置くことの禁止、
第四条　各地の大名・小名・諸給人が抱えていたもののうち、かっての主人から反逆・殺害人であると報じられたときには領外に追放すること、
第五条　領内に家臣以外の他国者を交え置くことの禁止、
第六条　居城の修復にあたっては必ず届け出ること、および新城構築の禁止、
第七条　隣国で新儀を企て徒党を結うものがあれば言上すること、
第八条　私の婚姻の禁止、

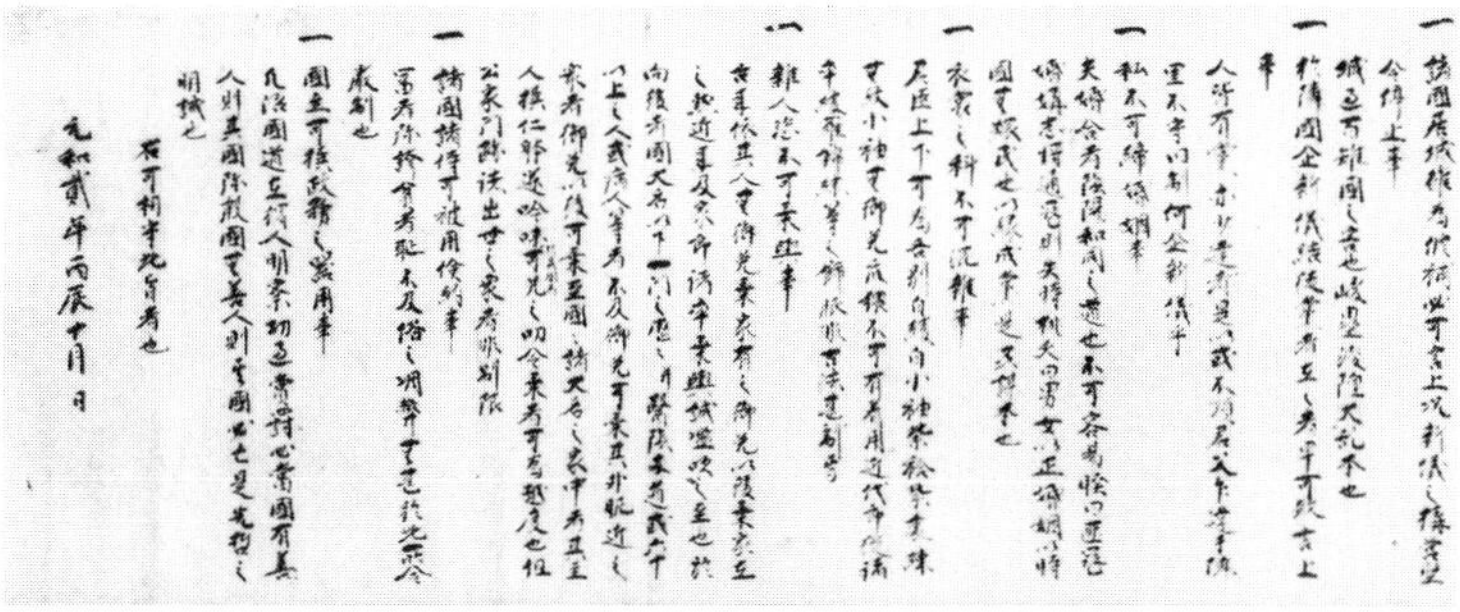

図 68　武家諸法度

第九条　参勤の作法を定める、
第一〇条　衣服の制を定める、
第一一条　乗輿の制を定める、
第一二条　諸国諸侍に倹約を命じる、
第一三条　国主、政務の器用を撰ぶべきこと、

というものである。第六条は武家諸法度に先立って出された一国一城令に続く大名の城郭にたいする規制であり、のちにふれる広島の福島正則の改易はこの条項に触れたために起こったものである。最後の条目は、建武式目の条項を引いたものであるが、こののち幕府が大名の改易また領内支配に介入する場合にその根拠としてもっとも威力を発揮した条文である。

この武家諸法度は、実質的には家康が崇伝に命じて作らせたものであったが、それにもかかわらず、みずからの名でそれを出さず、将軍秀忠の名で出させたのは、おそらくこれまで様々な局面で家康が見せたと同様、秀忠を引立て徳川氏による政権の継承を確固たるものとしようとの配慮からであったろう。

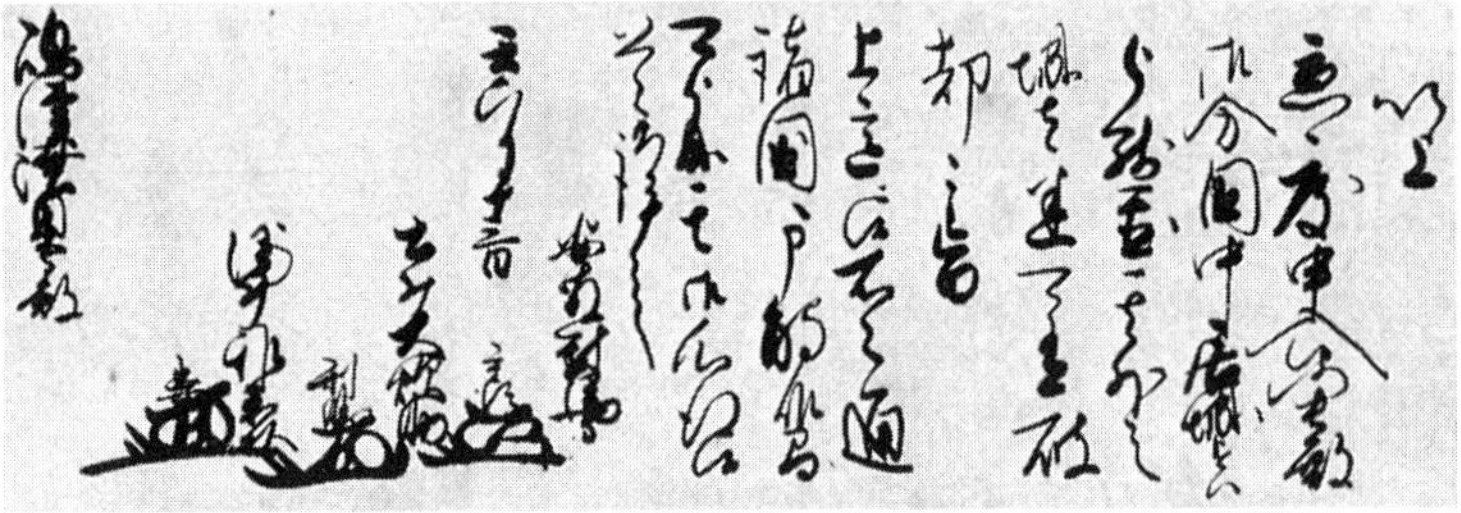

図69　一国一城令
（慶長20年閏6月13日付　島津家久宛江戸幕府老中連署奉書）

一国一城令

関ヶ原の戦いが終わったからといって、すぐさま平穏な時期が到来したわけではない。このあと大坂の陣が終わるまで、幕府だけでなく諸大名による城郭建設ラッシュが続いた。『当代記《とうだいき》』の慶長一二年（一六〇七）の記事に、「この二、三か年中、九州・中国・四国衆、いずれも城普請専《もっぱ》らなり、乱世遠からずとの分別か」とみえ、肥前佐賀の慶長一四年の記録にも「今年日本国中ノ天守数二十五立ツ」とあり、この時期、城郭建設がいかに盛んであったか窺わせる。

家康が、諸大名の盛んな城郭普請に不快感を示したのは、慶長一四年のことである。『慶長見聞録案紙《けいちょうけんぶんろくあんし》』が伝えるところによれば、同年正月二〇日、尾張清洲《おわりきよす》への途中、岡崎で「中国西国之大名衆、所々おいて城《しろ》普請丈夫《ふしんじょうぶ》に構之旨《かまえのむね》」を耳にし、「然《しか》るべからず」とつぶやいた。このつぶやきが具体的にはどの大名を対象としたものであったのかはこの記録は記さないが、少なくともその一人に広島の福島正則《ふくしままさのり》がいた。

福島正則は、毛利《もうり》輝元《てるもと》の時代からの城を一、二か所普請した。ところが新城を拵《こしら》えたというふうに家康の耳に入り、慶長九年正月以降、正則と家康との関係がギクシャクし、以降公儀を憚《はばか》るようになった。正則が普請部分を破却しその旨を届けると、家康はそれを聞き届け、以前のように普請することを認めた。こうしてこの一件は落着するが、この広島城の普請が家康の意に沿わぬことを正則に伝えることで、正則の居城普請を牽制《けんせい》したのである。

こうした幕府と大名の城郭をめぐる関係は、大坂夏の陣の直後、慶長二〇年閏六月に出された一国《いっこく》一城令《いちじょうれい》によって大きく変化した。この一国一城令は、諸大名に対し、居城以外の城郭の破却を命じた法令としてよく知られているものである。ただ、この法令は、すべての大名ではなく西国の大名を対象としたものであり、かつまた特定の法文が定められ、それが公布されたものではなく、個々の大名に老中奉書《ろうじゅうほうしょ》でもって命じられたものであった。

この一国一城令で注目すべきことの一つは、この法令が家康ではなく秀忠の年寄衆から出された点である。大坂の陣まで西国大名への軍事指揮権は大御所家康にあった。その西国大名に対して将軍秀忠の意向として軍事上の拠点である城郭の破却が命じられたのである。これもまた大御所家康から将軍秀忠への権限委譲を計ったもので、軍事面での秀忠の権限の拡大を示す出来事である。

さらに注目すべきは、これまで諸大名の軍事力を削減することを目的に出されたとされてきた一国一城令は、結果的にはもう一つの効果をもった点である。それは、大名の有力家臣が所持してきた城を取り上げることで、大名家臣による城郭所持を否定したのであり、結果として大名による城郭の独占が出現し、大名と家臣の関係において大名を優位に立たせた。

禁中幷公家中諸法度

慶長二〇年（一六一五）七月一七日、武家諸法度に続いて禁中幷公家中諸法度一七か条が出された。この法度は、武家諸法度同様、崇伝が起草したもので、実質的には家康の意向に従って作成されたものであったが、一七日、二条城において、この直後に関白に還任される二条昭実、将軍秀忠、最後に大御所家康が末尾に加判して正式のものとなった。この法度は、それ自体には武家諸法度のように名称はなく、通常「禁中幷公家諸法度」の名で呼ばれてきたが、近年の橋本政宣氏の研究に従って「禁中幷公家中諸法度」と呼ぶことにする。その対象とするところは、天皇・公家だけでなく親王・門跡《もんぜき》にも及ぶものであった。そして三〇日、公家衆門跡衆を禁裏に集め、伝奏広橋兼勝《ひろはしかねかつ》がその面前でこの法度を読み上げた。

「天子諸芸能之事、第一御学問也」で始まるこの法度の第一条は、史上はじめて天皇の行動を規制したものとしてこれまでも注目されてきた。その条文は、その大部分が一三世紀はじめの天皇である順徳《じゅんとく》天皇が、その皇子のために日常の作法や教養のあり方を説いた『禁秘抄《きんぴしょう》』からの引用であるが、そこでは有職《ゆうそく》としての学問の修熟と「我国の習俗」としての和歌の学習が求められ、天皇が政治に介入することを間接ながら否定している。

第二条以下の内容は、

第二条　親王の席次は三公（左大臣・右大臣・内大臣）の下とする、

第三条　清花家出の大臣は辞して以降は親王の次座とする、

禁中并公家中諸法度
一 天子諸藝能之事第一御學問也
不學則不明古道而能政致太平
貞觀政要明文也寛平遺誡雖
不窮經史可誦習群書治要云々
和哥自光孝天皇未絶雖為綺語
我國習俗也不可棄置云々所載
禁秘抄御習學專要候事
一 三公之下親王其故者右大臣不比等
着舍人親王之上殊舍人親王仲野親王
贈太政大臣穂積親王准右大臣是皆
一品親王以後被贈大臣時者三公之下
可為勿論歟親王之次前官之大臣三公
在官之内者為親王之上辭表之後者
可為次座其次諸親王但儲君各別
前官大臣關白職再任之時攝家之内
可為位次事

図 70　禁中并公家中諸法度

第四条　摂家であっても器用（器量）がなければ三公・摂関には任じてはいけない、
第五条　器用の人物については老年であっても、三公・摂関の辞表を出してはならない、
第六条　養子は同姓とし、女縁からの相続は認めない、
第七条　武家・公家が同一の官職に任じられることを許容すること、
第八条　改元は漢朝の年号のうち吉例をもって選ぶこと、
第九条　天皇・仙洞《せんとう》・親王・公家の詳細な服装規定、
第一〇条　諸家の昇進は旧例に従うこと、ただし学問・有職・歌道など勤学のものは超越してよい、
第一一条　関白・伝奏・奉行・職事の申渡に背くものは流罪とすること、
第一二条　罪の軽重の基準を「名例律《みょうれいりつ》」とすること、
第一三条　摂家門跡は親王門跡の次座とすること、
第一四条　僧正・門跡・院家は先例を守り任じること、

第一五条　門跡は、僧正・法印に叙任すること、院家は僧正・法印・法眼に叙任すること、

第一六条　紫衣《しえ》勅許が近年みだりになっており、今後はその器用を選んで行うこと、

第一七条　上人号は碩学のものを本寺が選び上申した場合に勅許すること、

というものであった。第七条の規定では、武家への官位を公家の官位からの切り離すことで、朝廷と徳川氏以外の武家とのつながりを排除しようとする家康の意図を読み取ることができる。また、第一一条は、関白・伝奏を公家・門跡支配の中核に位置づけている点で注目される。

大御所家康と将軍秀忠、そしてこの月の終わりに関白に復帰する二条昭実《にじょうあきざね》の名で出されたこの法度は、武家諸法度と同様実質的には大御所家康の手で定められたものであるが、この法度が家康の名のみで出されなかったこと、また武家諸法度が将軍秀忠の名で出されたのに対しそうでなく、さらに発布直前までこの法度には秀忠が加判する予定がなかったことなどは、天皇の行動を規制する条項を盛り込んだこの法度を出すにあたって、家康がその正当性を獲得するためにいかに腐心したかを窺わせるものである。

それはともかくこの禁中幷公家中諸法度は、こののち幕末にいたるまで幕府の朝廷支配のもっとも重要な法となった。

家康死す

武家諸法度を定め、禁中幷公家中諸法度の公家への申し渡しを見届けた徳川家康は、元和元年（一六一五）八月四日二条城を発ち、一三日には駿府《すんぷ》に戻った。そのあと家

康は、駿河《するが》・伊豆・相模《さがみ》で鷹狩《たかが》りを楽しみ江戸に行くが、一二月一六日には駿府に戻った。この江戸からの帰途、伊豆三島《みしま》の泉殿《いずみどの》に立ち寄り、そこを隠居所《いんきょじょ》とすることに決め、その鍬始《くわはじ》めを翌年正月一九日と定めた。しかし、まもなく諸人に迷惑をかけるとの理由でこの計画は中止された。おそらく、本格的な引退を決意したのであろう。

元和二年の正月を駿府で迎えた家康は、正月七日に鷹狩りに出かけ、二一日には駿河の田中《たなか》に宿泊するがその夜遅く、痰《たん》がつまり床に伏した。家康の発病については、供をしていた茶屋《ちゃや》四郎《しろう》次郎《じろう》に勧められ、ポルトガルから伝わったキャラの油で揚げた鯛《たい》のテンプラを食したのが原因ともいわれているが、確かなことはわからない。

いったん元気を取り戻した家康は、駿府へと戻るが、その後も病状は一進一退が続いた。将軍秀忠《ひでただ》は、家康の病気を気遣って年寄衆《としよりしゅう》の安藤重信《あんどうしげのぶ》や土井利勝《どいとしかつ》を駿府に派遣し、二月二日にはみずから駿府を訪れ、その後、家康の死まで駿府にとどまった。

家康の病気は、二月五日ころには京都にも伝わり、後水尾天皇は諸寺社に家康の病気平癒を祈願する祈禱を命じ、また勅使として広橋兼勝・三条西実条を駿府に派遣した。家康の病状がさらに悪化するなか、家康を太政大臣に任じるようにとの奏請が駿府に滞在していた伝奏を通じて伝えられ、天皇は三月二一日家康を太政大臣に任じ、それを伝えた。

三月も終わろうとするころ、家康は多くの大名に形見の品を頒った。死期の近いことをさとったのであろう。四月二日、家康は本多《ほんだ》正純《まさずみ》・南光坊天海《なんこうぼうてんかい》・金地院崇伝《こんちいんすうでん》を枕許《まくらもと》に呼び、死後遺体は駿河久能《くのう》山《さん》に葬り、葬礼は江戸の増上寺《ぞうじょうじ》で行い、位牌《いはい》は三河の大樹寺《だいじゅじ》に立てるよう命じ、最後に一周忌が過ぎたら下野日光《しもつけにっこう》に小堂を建てて勧請《かんじょう》せよ、「関東八州の鎮守《ちんじゅ》」となるであろうと申し渡した。そして一五日後の四月一七日巳《み》の刻（午前一〇時）、七五歳の生涯を駿府城本丸に閉じた。

五　徳川の政権継承

1―秀忠「天下人」への道

将軍秀忠の課題

後に述べる元和五年（一六一九）の大坂の直轄化にともなう大坂城の大普請は、家康の死後、秀忠が大名を動員した最初の普請であった。この普請にあたって土佐山内氏の家臣が江戸より国許に送った書状のなかで、この普請を「御代替り之御普請《おだいがわりのごふしん》」と称されていると記したように、秀忠の将軍就職によって徳川氏の代替りはなされてはおらず、代替りは家康の死を待たねばならなかった。

将軍という地位にありながら、多くの局面で大御所家康の意向が優越し、それに従わねばならなかった秀忠にとって、家康の死は、秀忠を一面で自由にした。では、それまで家康が行使してきたさまざまな権限のすべてが秀忠に移ったのだろうか、ことはそれほど簡単ではない。

秀忠は、慶長《けいちょう》一〇年（一六〇五）に将軍職を家康から譲られ、徳川氏の本城江戸城の本丸にあって大名から年頭をはじめとする諸礼を受け、東国大名をその軍事指揮権のもとにおき、大名への継目《つぎめ》の

図71　徳川秀忠画像

判物《はんもつ》を出すなど武家の第一人者として振舞ったが、その多くは、表面的・形式的世界のことであり、内実は徳川政権の存続を許ろうとする家康が秀忠を引立てるためにとった手立てであり、それを可能としたのは天下人である家康の実力であった。

家康の死は、秀忠にとってはこの後楯の喪失を意味し、秀忠は、これまで形式的に維持されてきた地位、これは家康の秀忠への政権移譲策の一定の成果であったのだが、それを足掛かりとして、みずから天下人たることをさまざまな機会をとらえて衆人《しゅうじん》に認めさせねばならなかった。最初に取り組まれたのは、家康の神号問題である。

「権現」か「明神」か

家康が死去した四月一七日の夜、家康の遺体は、駿府近くの久能山《くのうさん》に移され、一九日には急拵《きゅうごしら》えの仮殿に埋葬された。この埋葬は、吉田神道《よしだしんとう》に従って執り行われ、その本社を「大明神造」で建てることになっていたように、この時点では家康は「大明神《だいみょうじん》」として祝われることになっていた。

ところが四月二〇日、駿府城において家康の神号をめぐって、南光坊天海《なんこうぼうてんかい》と以心《いしん》（金地院）崇伝《すうでん》との間で論争があった。崇伝は、祀る作法は神道を司る吉田家に任せ、神号は勅定《ちょくじょう》によるべきだとしたのに対し、天海は、作法は「山王神道《さんのうしんとう》(両部習合神道《りょうぶしゅうごうしんとう》)」により、神号も「権現《ごんげん》」とすべきであり、吉田社は山王社の末社にすぎず、また「明神」は豊国大明神の例をみればわかるように良くないと主張した。

しかし、この論議はその場では決着せず、秀忠は江戸に戻って、吉田家につながる神龍院梵舜《しんりゅういんぼんしゅん》に「権現」と「明神」の優劣について問いただすなどしたうえで、五月二六日、天海を江戸城に召し、家康を「権現」として祝うことを命じた。そして同月三〇日、板倉重昌《いたくらしげまさ》、天海、儒者の林永喜《はやしえいき》を京都に遣わし、そのことを奏請させた。

七月六日、禁中に公家たちが召集され家康の神号について寄合がもたれた。そこでは「法中」すなわち仏家から「神灌頂《しんかんじょう》」をするのは「沙汰の外《さたのほか》」であるが、家康の遺言があり、また「神灌頂」のことは天海に家康が仰せ置かれたことでもあり、さらに将軍秀忠からの執奏でもあり、その方向で考えざるをえないだろうとの意見に傾いた。そして朝廷は、幕府の意向に押し切られたかたちで神号を「権現」と決めた。この決定を聞いた天海は、天皇が「両部習合神道にて勧請《かんじょう》、珍重に思《おぼ》しめし」であること、「神号宣命勅使等」についても仰せ付けられたことを報じ、さらに現在、禁中においては「神号御撰びなされ」ていることを江戸の年寄衆に書状をもって伝えた。

神号はまず「権現」と決したが、その名を何とするかがその後も論議され、朝廷側から「日本権現」「東光権現」「東照権現」「霊威権現」の案が伝奏の広橋兼勝《ひろはしかねかつ》から天海に渡され、天海とともに京都に来ていた板倉重昌がその案を持って江戸に下った。そして九月五日、秀忠は神号を「東照大権現《とうしょうだいごんげん》」とするよう命じた。この秀忠の意向は朝廷に伝えられ、同月一六日には「東照大権現」勅許を伝える勅使が江戸に向け京を発した。

このように、家康を神に祝うことは天皇を抜きにして行うことはありえなかったが、秀吉のときには「新八幡」を希望した秀吉側の意向を後陽成《ごようぜい》天皇は押しとどめ「明神」としたのに対し、家康の場合は朝廷抜きで「権現」か「明神」かが議論され、最終的には将軍秀忠の意として「権現」と決し、そのうえで神号の奏請が後水尾《ごみずのお》天皇になされ、さらに具体的な神号も天皇が決めるのではなく、将軍秀忠の意向に従い決定された。このように、家康の神号決定は、将軍側の優位のもとに進められ、天皇の役割はその形を調えるに過ぎなかった。

鎖国の原型

元和二年（一六一六）八月、薩摩《さつま》藩主《はんしゅ》である島津《しまづ》家久《いえひさ》の元に一通の老中奉書《ほうしょ》が届けられ、将軍秀忠の命が伝えられた。その文面は次のようなものである。

追て唐船《からぶね》の儀は、何方へ着き候とも、船主次第商売仕るべきのむね仰せ出され候、以上、きっと申し入れ候、よって伴天連門徒《ばてれんもんと》の儀、堅くご停止《ちょうじ》の旨、先年、相国様（徳川家康）仰せ出さるのうえは、いよいよその旨を存知られ、下々百姓以下に至《いたる》まで、かの宗門これなきように御念を入れらるべく候、はたまた黒船《くろふね》・いきりす舟の儀は、右の宗躰《しゅうたい》に候あいだ、御領分に着岸候とも、長崎・平《ひら》戸《ど》へ遣わされ、御領内において売買仕らざるように尤もに候、この旨上意によってかくのごとく

に候、恐々謹言《きょうきょうきんげん》、

この奉書の前半では、「伴天連門徒」すなわちキリシタンについては、先年、相国様（徳川家康）が堅く禁止するとの旨を仰せ出されており、いよいよその旨を承知し、下々百姓にいたるまで、キリシタンがなきよう念を入れよと命じている。

奉書の後半では黒船（ポルトガル船）・イギリス船については、キリシタン宗門のものであるので、島津氏の領内に着岸した場合でも、長崎・平戸《ひらど》へそれらの船は回航させ、島津氏の領内において商売しないよう取り扱うことが肝要であると命じている。

さらに、尚々書において、唐船については、どこに着岸してもその地で船主の意向次第に商売してもよいとしている。

すなわち、この奉書で幕府は、島津領内でのキリシタン禁止の徹底と、ポルトガル船・イギリス船の長崎・平戸回航を命じたのであり、そこには後の鎖国の原型を見て取ることができる。

島津氏への奉書が出されたころ江戸では、イギリス商館長のリチャード・コックスが、日本への渡《と》航朱印状《こうしゆいんじょう》を更新するため、幕府の重臣たちと交渉を重ねていた。

重臣たちは、コックスに対し「イギリス人はイエズス会の宣教師《せんきょうし》たちと同じキリスト教徒ではないのか」と繰り返し審問した。島津氏への老中奉書にあったように、イギリスはキリシタンであるとの認識はこのときの幕府にはすでにあった。それに対し、コックスは、自分たちはキリスト教徒ではあるがローマ教皇に従ってはおらず、スペイン人とは敵対関係にあるとその違いを強調し、渡航朱印状の交付を求めた。

こうした交渉の結果、八月末にはイギリスに対する渡航朱印状がようやく出る。その内容は、これまで日本国内での交易が自由であったものが、今後はイギリス船の交易地は平戸に限定し、他での商売を禁止するというものであり、従来の特権はこの時否定された。

以前と同様の渡航朱印状が出たものと思い込んでいたコックスの元に京都にいたイギリス商館員から京都・大坂・堺で外国人との商売が禁止されたとの急報が届いた。これに驚いたコックスは、将軍から出された渡航朱印状では平戸での交易のみしか許可されていないことを確かめ、従来通りの交易を求めて幕府の重臣たちへ陳情を繰り返すが、その努力はかなわず、幕府の指示に従わざるを得なかった。

この二つの出来事にみられるように、この段階で幕府は、貿易よりも禁教を重視する方向へと舵を大きくきっていった。

元和三年の秀忠上洛

元和三年（一六一七）、家康の遺体は家康の遺言どおり久能山から日光へと移され、四月一七日、日光に建てられた東照社《とうしょうしゃ》において正遷宮《せいせんぐう》が執行され、翌日の祭礼には秀忠も日光に赴き参列した。日光から帰って二か月後の元和三年六月一四日、秀忠は数万の軍勢を従え上洛した。上洛軍は一番伊達政宗《だてまさむね》、二番上杉景勝《うえすぎかげかつ》、三番佐竹義宣《さたけよしのぶ》、四番戸田《とだ》（松平）康《やす》長《なが》、五番蜂須賀至鎮《はちすかよししげ》、六番本多正純《ほんだまさずみ》、七番土井利勝《どいとしかつ》、八番酒井忠世《さかいただよ》、九番将軍秀忠、一〇番安藤重信《あんどうしげのぶ》、一一番鳥居忠政《とりいただまさ》、一二番蒲生秀行《がもうひでゆき》で構成されていた。東国の大名と老臣とが中心であるが、蜂須賀至鎮は西国大名である。またこの軍勢に加わらなかったものの島津家久《しまづいえひさ》・福島正則《ふくしままさのり》・細川忠興《ほそかわただおき》など西国の有力大名も、秀忠にあい前後して江戸を発ち、京都へと向かった。さらに領地にいた大名も、そのほとんどが秀忠の上洛に合わせ、あいついで上洛した。

この秀忠の上洛にともなう大名の供奉《ぐぶ》・上洛は、秀忠の軍事指揮権のもとに大名が従うことを目にみえる形で示し、秀忠が「天下人」であることを大名だけでなく諸人に認めさせた。上洛の最大の目的はまさにここにあった。

この上洛中、秀忠は、播磨《はりま》姫路四二万石の城主池田氏を因幡《いなば》鳥取三二万石へ転封《てんぽう》させるとともに、それに連動して数多くの大名を移動させた。池田氏は徳川氏と婚姻を通じて太い絆で結ばれていたが、この時の当主は前年に父利隆《としたか》をなくしたわずか九歳の光政《みつまさ》であり、山陽道《さんようどう》の要衝姫路を任すには荷が重すぎるとして、鳥取への転封が命じられたのである。このため鳥取六万石の池田長幸《ながよし》は五〇〇〇石の加増を得て備中松山に、因幡若桜《わかさ》三万石の山崎家治《やまざきいえはる》が備中成羽《びっちゅうなりわ》三万石へ、因幡鹿野《しかの》四万三〇〇〇石の亀井政矩《かめいまさのり》が石見津和野《いわみつわの》四万三〇〇〇石へ、伯耆米子《ほうきよなご》六万石の加藤貞泰《かとうさだやす》が伊予大洲《いよおおす》六万石へ、伊予大洲五万三五〇〇石の脇坂安元《わきざかやすもと》が信濃飯田《しなのいいだ》三万五〇〇〇石へと移された。

池田氏に替って姫路には譜代の伊勢桑名城主本多忠政《ほんだただまさ》・忠刻《ただとき》が一二万石で入り、播磨明石《あかし》には信濃

図 72　元和 3 年の大名配置図

番号	藩・石高	大名
○1	弘前5万石	津軽信枚
○2	盛岡10万石	南部利直
○3	仙台60万石	伊達政宗
○4	中村6万石	相馬忠胤
■5	平　12万石	鳥居忠郷
○6	会津60万石	蒲生秀行
○7	秋田21万石	佐竹義宣
○8	山形57万石	最上家親
○9	米沢30万石	上杉景勝
○10	村上9万石	村上義明
○11	新発田5万石	溝口宣勝
○12	長岡8万石	堀　直寄
●13	水戸25万石	徳川頼房
○14	真壁6万石	浅野長重
■15	宇都宮10万石	奥平忠昌
■16	佐倉6.5万石	土井利勝
■17	館林11万石	榊原康政
■18	高崎5万石	松平信吉
●19	府中22石	徳川忠長
○20	飯田6万石	脇坂安元
○21	小諸6万石	仙石忠政
■22	高田10万石	酒井家次
●23	松代12万石	松平忠昌
○24	上田10万石	真田信之
■25	松本7万石	松平康長
○26	高山6万石	金森長頼
●27	駿府50万石	徳川頼宣
■28	岡崎5万石	本多康紀
●29	名古屋54万石	徳川義直
○30	金沢120万石	前田利常
●31	福井67万石	松平忠直
■32	大垣5万石	松平忠良
■33	加納10万石	菅沼忠政
○34	高須5万石	徳永昌重
■35	桑名11万石	松平定勝
○36	神戸5万石	一柳直盛
○37	鳥羽6万石	九鬼守隆
○38	津　32万石	藤堂高虎
○39	松坂6万石	古田重治
○40	松山5万石	織田信雄
■41	郡山6万石	水野勝成
○42	岸和田5万石	小出吉英
○43	和歌山38万石	浅野長晟
■44	尼崎5万石	戸田氏鐵
■45	明石10万石	小笠原忠真
■46	姫路22万石	本多忠政・忠刻
■47	彦根20万石	井伊直孝
○48	小浜9万石	京極忠高
○49	宮津12万石	京極高知
○50	福知山8万石	有馬豊氏
○51	鳥取32万石	池田光政
■52	篠山5万石	松平康重
○53	津山19万石	森　忠政
○54	松江24万石	堀尾忠晴
○55	松山7万石	池田長幸
○56	成羽3.5万石	山崎家治
○57	岡山32万石	池田忠雄
○58	広島50万石	福島正則
○59	津和野4.3万石	亀井政矩
○60	萩　30万石	毛利秀就
○61	徳島25万石	蜂須賀至鎮
■62	竜野5万石	本多政朝
○63	高松17万石	生駒一正
○64	高知20万石	山内忠義
○65	松山20万石	加藤嘉明
○66	大洲6万石	加藤貞泰
○67	宇和島10万石	伊達秀宗
○68	小倉40万石	細川忠興
○69	福岡52万石	黒田長政
○70	久留米33万石	田中吉政
○71	唐津12万石	寺沢広高
○72	平戸6万石	松浦隆信
○73	佐賀36万石	鍋島勝茂
○74	臼杵5万石	稲葉典通
■75	日田6万石	石川忠総
○76	岡　7万石	中川久盛
○77	熊本52万石	加藤忠広
○78	延岡5万石	有馬直純
○79	飫肥6万石	伊東祐慶
○80	鹿児島60万石	島津家久
□81	府中	宗　義智

○は外様大名
●は一門大名
■は譜代大名
□はその他
5万石以上の大名をあげ、領地高は万石未満は四捨五入した。

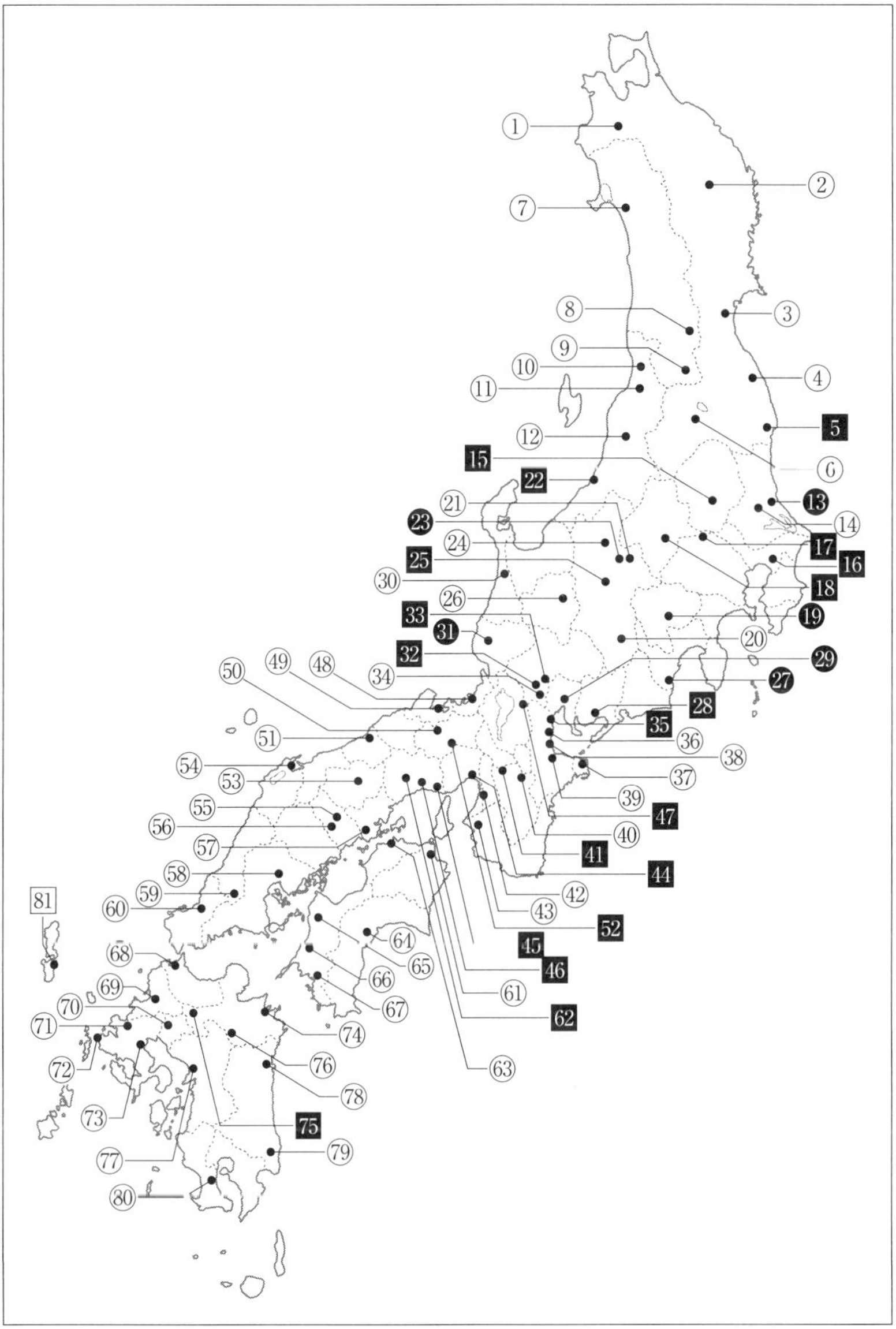

1
2
3
4
5
6
7
8
9
10
11
12
13
14
15
16
17
18
19
20
21
22
23
24
25
26
27
28
29
30
31
32
33
34
35
36
37
38
39
40
41
42
43
44
45
46
47
48
49
50
51
52
53
54
55
56
57
58
59
60
61
62
63
64
65
66
67
68
69
70
71
72
73
74
75
76
77
78
79
80
81

松本八万石の城主小笠原忠真《おがさわらただざね》が二万石の加増を得て、播磨竜野《たつの》五万石には本多政朝《ほんだまさとも》が上総大多喜《かずさおおたき》から入った。また桑名にはそれまで伏見城代《じょうだい》であった久松《ひさまつ》（松平）定勝《さだかつ》が六万石の加増を得て一一万石で、伏見には摂津《せっつ》高槻《たかつき》四万石の城主内藤信正《ないとうのぶまさ》が五万石で入った。さらに、近江膳所《おうみぜぜ》三万石の城主戸田氏鐵《とだうじかね》が摂津尼崎《あまがさき》五万石へ転封となった。これらの大名はすべて譜代大名である。元和二年に豊後《ぶんご》日田《ひた》六万石に石川忠総《いしかわただふさ》がひとり配置されていたものの、それまで丹波までしか進みえなかった徳川氏の勢力は、この一連の転封によってつながりをもちながら大きく西に進んだ。

こうした大規模な転封も、秀忠が「天下人」であることを認めさせる一手段とみることができよう。

領知朱印状の交付

この上洛の直前と上洛中に秀忠は、大名・旗本・公家・門跡・諸寺社を対象として領知朱印状を交付する。前章で述べたように、徳川家康は関ヶ原の戦い直後に東軍に属した諸将に論功行賞《ろんこうこうしょう》を行った。しかし、その折には、領知の領有を担保する領知宛行状《あてがいじょう》を出すことはなかった。いや、実質はともかく名分《めいぶん》では豊臣政権の五大老であったことが、その交付を困難にしたものと思われる。将軍時代にも家康は外様大名《とざまだいみょう》へ一通の領知朱印状も交付していない。

さらに、秀忠に将軍職を譲ってからも、藤堂高虎《とうどうたかとら》・前田利長《まえだとしなが》など一部の大名を除いて領知朱印状を交付することはなかった。慶長一八年（一六一三）、家康は、諸大名に対し、領知朱印状を交付するので領知高を書き上げるよう求めたが、これも大坂冬の陣の勃発のなかで具体化されることはなかった。

元和三年（一六一七）、秀忠は、はじめて諸大名対し領知朱印状を一斉交付した。この年の領知朱印状は、大名すべてを対象としたものではないが、大名・旗本・公家・寺社を対象に出された。公家・寺社宛のものは家康時代に安堵あるいは与えられていたものが、この時秀忠によって確認されたものである。

武士宛のものは、三代将軍家光《いえみつ》は五万石以上、四代将軍家綱《いえつな》以降は万石《まんごく》以上の大名を対象としたのに対し、秀忠は万石以下の旗本層《はたもと》をも対象として交付した点に一つの特徴があるが、ここでは大名へのものに注目すると、この時に大名に宛て出された領知朱印状で、現在それが確認できるものは外様大名三一人、譜代大名一三人の合計四四人である。そこにみえる大名は、島津家久《しまづいえひさ》・黒田長政《くろだながまさ》・福島正則《ふくしままさのり》・浅野長晟《あさのながあきら》・毛利秀就《もうりひでなり》・細川忠興《ほそかわただおき》・山内忠義《やまうちただよし》などの西国外様大名と美濃《みの》・三河《みかわ》・尾張《おわり》・丹波《たんば》・摂津《せっつ》などに所領を持った譜代大名であり、この時の領知朱印状は西国、すなわち大御所時代の家康が軍事指揮権をもっていた駿河《するが》以西の大名を対象としたものといえよう。これがこの年の領知朱印状発給の第一の特徴である。

二つ目の特徴は、慶長一九年（一六一四）に秀忠の継目《つぎめ》の判物《はんもつ》が出された加賀前田氏や元和元年に加増の領知判物が出された藤堂氏や井伊《いい》氏にはこの時には領知朱印状が出されていないことである。このことは、この時の領知朱印状が領知について、将軍秀忠とのあいだでこれまで確認行為のなされていなかった大名を対象としたものであったことを示していよう。

図73　以心崇伝像

「日本国」と「日本国王」

元和三年（一六一七）八月二一日、京都に入った朝鮮の使節が、二六日、伏見城で秀忠に謁見し、朝鮮国王の国書を呈した。その返書の作成が崇伝《すうでん》に命じられた。それを知った対馬《つしま》の宗氏《そうし》から崇伝の元に使いが来て、先に西笑《さいしょう》承兌《じょうたい》が書いた朝鮮への返書に「日本国王」ではなく「日本国」とあったことが帰国後朝鮮で問題となり、使節が処罰されたので、今回の返書には「日本国王」と書くようにと要請してきた。これに対し崇伝は年寄衆に、

王の字は古《いにしえ》より高麗《こうらい》の書に書かざる也、高麗は日本よりは戎国《じゅうこく》にあて申し候、日本の王と高麗の王と書のとりやりはこれなく候、その上年々兌長老（西笑承兌）書簡も昔を帯び候て製せられ候あいだ、今もって王の字あるまじきと申す理なり、

と、「王」の字を使わない根拠、朝鮮は日本にとっては「戎国」（野蛮な国）であり、これまでも王と王との書のやり取りはなく、西笑承兌も昔の例に従って書いていることを述べ、年寄衆を納得させた。翌日、秀忠もこの扱いに満足し、今回の返書にも「国王」とは書かないことに決した。しかしこの返書は、結局、朝鮮使節の強い要請によって宗氏によって改竄《かいざん》され、朝鮮へと持ち帰られた。これがの

ちに国書偽造事件として問題化する。

この点はともかく、この時点で一方的に日本側は朝鮮を「戎国」と位置づけた。こうした朝鮮認識は、この時はじめて現れたのではなく、律令制《りつりょうせい》以来の伝統的な観念の再確認であった。しかし、この国書をめぐる論議のなかで幕府があらためてこのように位置づけたことの意味は、江戸時代の外交秩序確定の過程では極めて重要な出来事であった。

改易された福島正則

元和五年（一六一九）四月、秀忠の上洛を前に、安芸広島の福島正則が幕府の許可なく居城の普請を行ったことで、幕府の嫌疑を受けているとの噂が江戸の大名たちのあいだに広がった。噂は事実で、正則は将軍秀忠にこの件について詫びを入れた。二四日、秀忠はこの正則の詫びを受け入れると同時に居城広島城の本丸以外はすべて壊すようにと命じ、また正則もこの命を受け入れ、この一件は落着したかに見えた。

五月八日、秀忠は上洛のため江戸を発ち、同月二八日には伏見城に入った。これに先立ち、秀忠は、播磨姫路城主の本多忠政に命じ、広島城破却の様子を探索させた。秀忠が伏見に入って四日目の六月二日、秀忠は、正則が上石ばかりを取り除いただけで破却を命じられた二の丸・三の丸などには手を付けずそのままにしていることを咎め、安芸・備後の両国の召し上げと津軽《つがる》への転封《てんぽう》を老中奉書《ろうじゅうほうしょ》をもって江戸に留めおかれていた正則に申し送った。いったんことが収まってわずか一月あまりのことであり、当時の江戸と広島との行き来にかかる日数を考えると、先の宥免《ゆうめん》（罪を大目にみて許す）はみせかけで、正則改易は江戸で固まっていたものと思われ、それゆえに正則の改易は、秀忠上洛の目的の一つに組み込まれていた節がある。

九日、伏見では諸大名に正則改易が伝えられ、ついで加藤嘉明《かとうよしあき》・森忠政《もりただまさ》・本多忠政《ほんだただまさ》・蜂須賀至鎮《はちすかよししげ》・池田忠雄《いけだただかつ》・生駒正俊《いこままさとし》・山内忠義《やまうちただよし》・堀尾忠晴《ほりおただはる》・毛利秀就《もうりひでなり》らの中国・四国のほとんどすべての大名に広島城を受け取るための出陣が命じられた。その軍勢の総数は一〇万ともいわれたが、確かなところはわからない。しかし動員された大名の領知高は、正則の領知高四九万石に対し約二〇〇万石にも及び、その規模の大きさを十分うかがうことができる。

いっぽう国許《くにもと》にいた福島氏の家臣は、広島城と三原《みはら》城に籠城《ろうじょう》する構えをみせ、いったんは上使安藤《じょうしあんどう》重信《しげのぶ》と永井直勝《ながいなおかつ》からの城明渡しの要求をはねつけた。しかし、正則の嫡子忠勝《ただかつ》から正則の城明渡しの指示が伝えられると、開城し上使に城を引渡した。

秀忠が上洛して最初に行ったのが福島正則の改易であったが、この正則の改易は、軍事的には、諸大名に秀忠の「武威」が示されたものとして、また広島城受取への大名の動員は九州の大名が除かれていたとはいえ、秀忠の軍事指揮権への西国大大名の包摂が具体的な場で明示されたものとして注目される。

大規模な転封と大坂直轄化

広島城受取が一段落した七月から八月にかけて、福島正則の旧領、安芸・備後を中心に大規模な大名の転封がなされ、それと同時に大坂が直轄化された。

秀忠は、福島氏の跡に和歌山で三七万石を領していた浅野《あさの》長晟《ながあきら》を四二万石に加増したうえで移し、同時に大和郡山で六万石を領した譜代大名水野《みずの》勝成《かつなり》を福島氏の旧領の一部である備後福山一〇万石に加封した。この水野勝茂の福山転封は、元和三年（一六一七）になされた播磨姫路への本多忠政に続く徳川譜代の西国進出であり、幕府支配の西国への伸長として注目される。浅野が去った和歌山には、家康の一〇男で駿府で五〇万石を領していた徳川頼宣《とくがわよりのぶ》を五五万石で入れた。また豊臣期以来和泉岸和田《いずみきしわだ》にいた小出《こいで》氏を但馬出石《たじまいずし》に移し、そのあとに家康の庶子ともいわれ家門に準ずる待遇を受けた松平康重《やすしげ》を入れ、摂津高槻《せっつたかつき》には松平家信《いえのぶ》を入れた。さらに大坂の陣後に大坂を与えられていた松平忠明《ただあき》を大和郡山《やまとこおりやま》一二万石に移し、大坂を幕府の直轄地とし、伏見城代であった内藤信正を大坂城代とした。

この結果、大坂城の南には和歌山の徳川氏と岸和田の松平氏、北東には高槻の松平氏、西には元和三年に尼崎に入った戸田《とだ》氏があり、大坂城を核とした親藩・一門・譜代による軍事配置が完成し、畿内だけでなく西国における幕府最大の軍事拠点が形成された。

また、この大坂の直轄化は、こうした軍事的な目的だけでなく、大坂のもった経済力を幕府がみずから掌握し、それをもって西国諸大名を統制下に置くことをねらったものでもあった点も見落とす

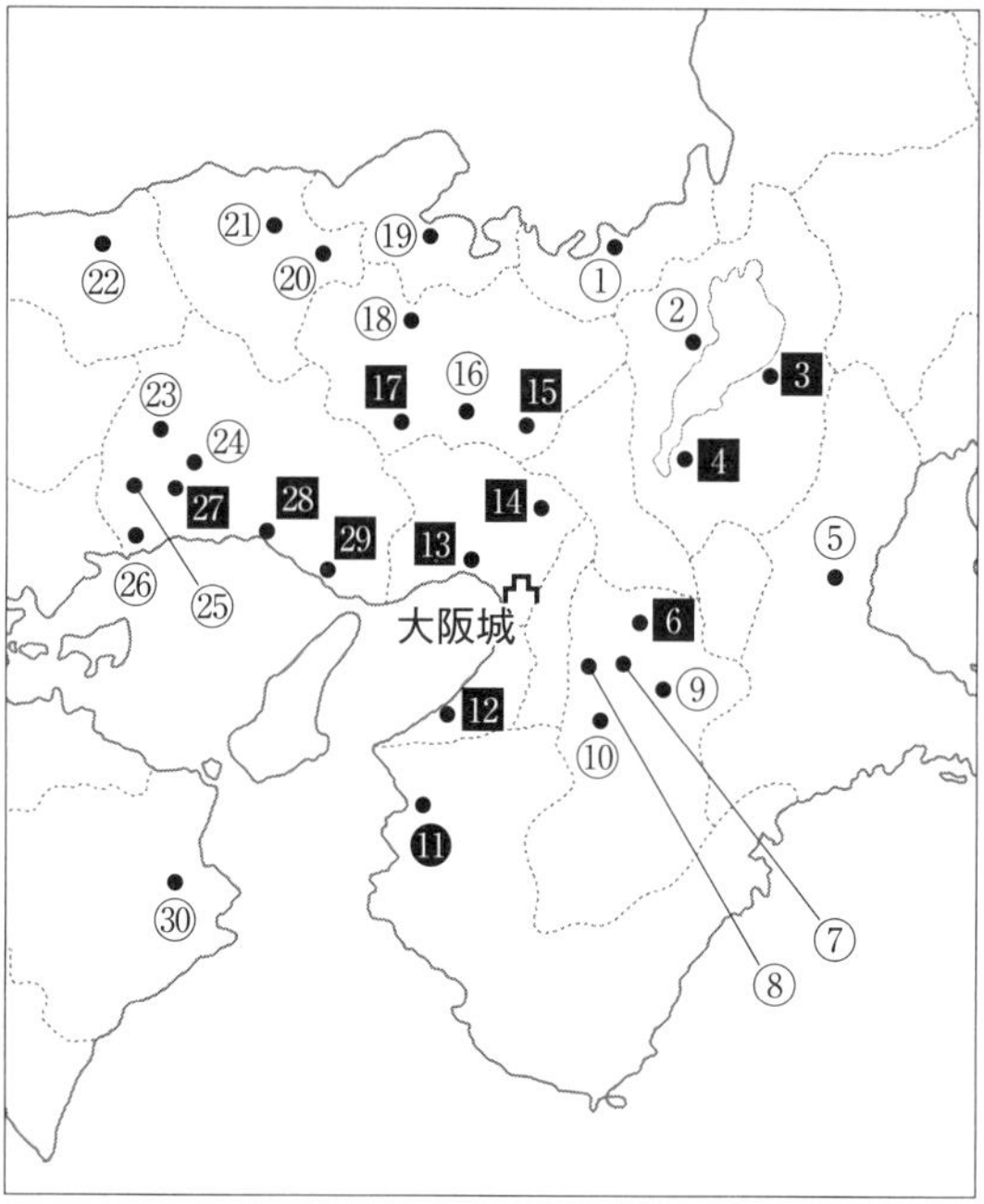

図74　元和5年の大坂城周辺の大名配置図

① 小浜9万石　京極忠高
② 大溝2万石　分部光信
■3 彦根25万石　井伊直孝
■4 膳所3万石　本多康俊
⑤ 津　32万石　藤堂高虎
■6 郡山12万石　松平忠明
⑦ 小泉2万石　片桐貞隆
⑧ 竜田4万石　片桐孝利
⑨ 松山5万石　織田信雄
⑩ 御所3万石　桑山元晴
⓫ 和歌山56万石　徳川頼宣
■12 岸和田5万石　松平康重
■13 尼崎5万石　戸田氏鐵
■14 高槻2万石　松平家信
■15 亀山3万石　岡部長盛
⑯ 園部3万石　小出吉親
■17 篠山5万石　松平信吉
⑱ 福知山8万石　有馬豊氏
⑲ 宮津12万石　京極高知
⑳ 出石5万石　小出吉英
㉑ 豊岡3万石　杉原重氏
㉒ 鳥取32万石　池田光政
㉓ 佐用3万石　池田輝興
㉔ 山崎4万石　池田照澄
㉕ 柏原4万石　織田信則
㉖ 赤穂4万石　池田政綱
■27 竜野5万石　本多政朝
■28 姫路22万石　本多忠政・忠刻
■29 明石10万石　小笠原忠真
㉚ 徳島25万石　蜂須賀至鎮

○は外様大名
●は一門大名
■は譜代大名
2万石以上の大名をあげ、領地高は万石未満は四捨五入した。

ことはできない。

元和五年九月、秀忠は、直轄城とした大坂城を訪れ、ついで大坂城の大改造のために西国大名を中心に石垣普請への動員令を発した。新たな大坂城の設計は、当代随一の城造りの上手であった藤堂高虎に任され、城の堀の深さと石垣の高さとは旧の二倍とするよう指示した。この指示は、恐らく、大坂さらには畿内の人々に豊臣氏より遙かに強大な徳川氏の力を具体的にみせることを意図したものであった。

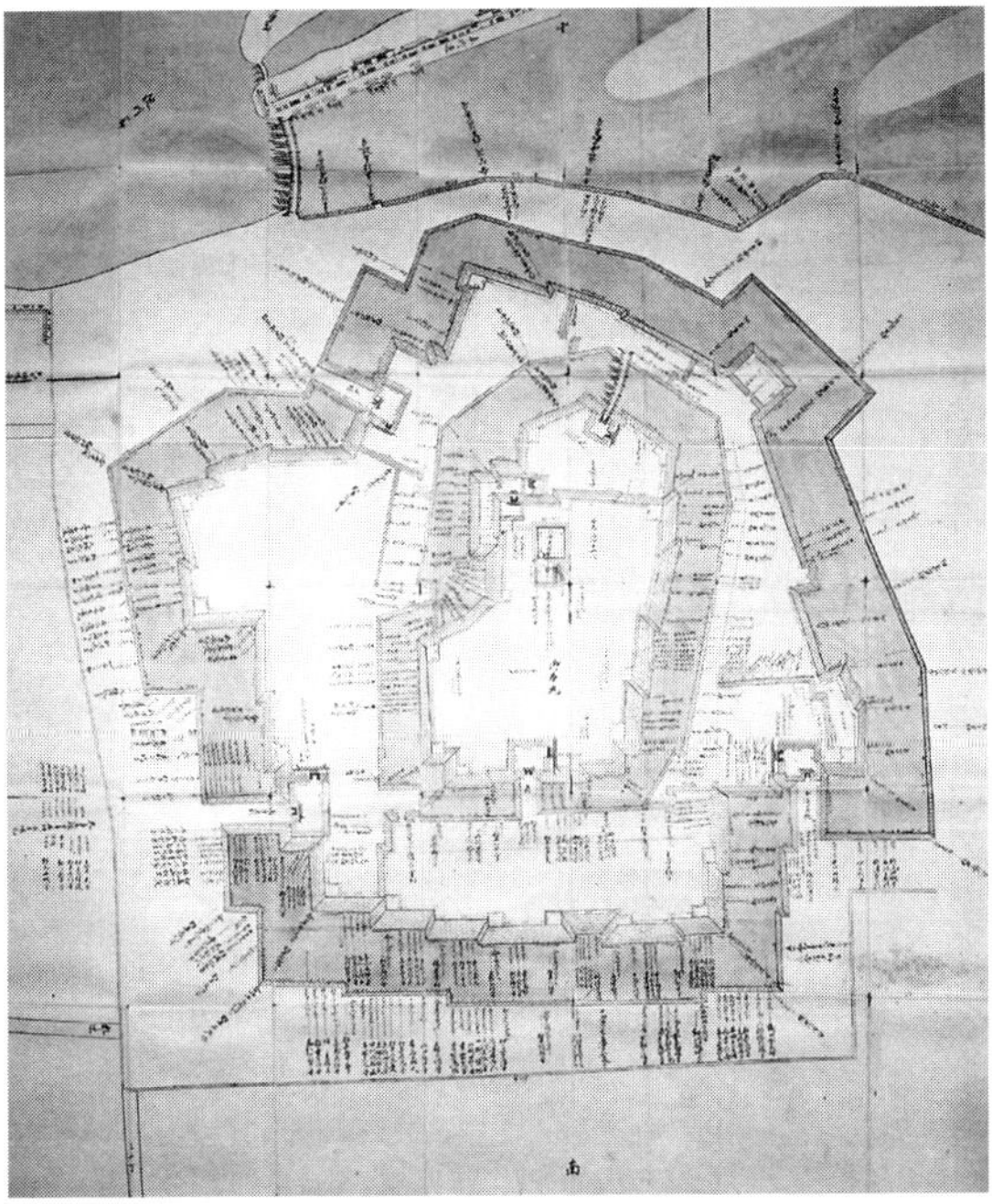

図 75　大坂築城大名丁場割図
徳川幕府の大坂城再築には、元和 6 年（1620）～寛永 6 年（1629）のあいだに、64 藩が動員された。

新しい大坂城の規模については、イギリスの平戸商館長リチャード・コックスが本国へ送った書簡のなかで「かつて太閤《たいこう》様が建設し、大御所様が破棄せる旧城は、今やそれ以前よりも三倍も大きく再建せらるゝことになれり」と報じており、また発掘調査の結果、徳川氏の大坂城は豊臣氏の大坂城を覆い隠すように盛土がなされ、石垣が築かれていることが判明している。

徳川氏の大坂城は、元和六年から寛永六年（一六二九）まで三期にわたり、あしかけ一〇年の歳月を費やして完成する。

和子入内前の幕府と朝廷

元和五年（一六一九）の上洛にあたって、秀忠は、福島正則の改易、大坂の直轄地化とならんで、娘和子《まさこ》《かずこ》の入内《じゅだい》を執り行おうとしていた。和子が生まれたのは、慶長一二年（一六〇七）一〇月四日であるが、そのころから公家のあいだではやくも噂されていた。こうしたなか、慶長一七年、大御所家康と将軍秀忠は、朝廷に和子入内を申し入れ、同時にその衣裳や乗物の検討を始めた。そして和子入内は同一九年三月に決定し、駿府に下った勅使広橋兼勝《はしかねかつ》と三条西実条《さんじょうにしさねえだ》から家康に伝えられ、事は順調に進むかにみえた。

ところがこの年の一〇月には大坂冬の陣が、翌年五月には夏の陣があり、さらに元和二年四月には家康自身が死去、さらに元和三年八月には後陽成院《ごようぜいいん》が死去するなど、幕府、朝廷とも事多く、入内は延び延びとなった。

元和四年に入って入内の本格的な準備が所司代《しょしだい》板倉勝重《いたくらかつしげ》と伝奏《てんそう》広橋兼勝とのあいだで始まり、九月には和子の住まいとなる御殿の造営も開始され、来年の秀忠の上洛のおりに入内というところまで煮詰まっていた。

そこに大事件が起きた。後水尾天皇が寵愛した「およつ御寮人《ごりようにん》」とのあいだに皇子が誕生していたことが、この期におよんで徳川氏の耳に入ったのである。この女性は、公家の四辻公遠《よつつじきんとお》の娘である。この一件は、天皇の外戚《がいせき》たろうとしていた徳川氏にとってはゆゆしき事態であり、秀忠は、入内のことを家康から託されたという藤堂高虎《とうどうたかとら》を京都に送り、交渉にあたらせた。なお、この皇子は賀茂宮《かものみや》と呼ばれたが、一般の皇室系図にはその名を見いだすことはできず、和子入内後の元和八年に五歳で死去した。

元和五年五月二八日に上洛した秀忠は、ひとまず和子の入内を延期することにした。そこにおよつ御寮人がふたたび天皇の子を産んだ。今度は皇女であったが、秀忠の上洛中ということもあって幕府と朝廷との関係はいっそう緊張した。

入内延期を聞いた後水尾天皇は、当時の天皇としては最後の切札である譲位をほのめかした。天皇は、右大臣近衛信尋《このえのぶひろ》にたいし、入内を延期されるのは、きっと自分の行跡《ぎようせき》が秀忠公の心にあわないからだと思う、入内の遅延は公武ともに面目がたたないことであるので、自分には弟もたくさんいるので誰にでも即位させ、自分は落飾して逼塞《ひつそく》すればことは収まるだろう、もし当年中に入内を行わないのならば、このように取り計らうよう藤堂高虎に伝えてほしいと、秀忠に再考をせまった。

これに対し秀忠は、その矛先を天皇からその近臣に移すことで、圧力をかけた。近年禁中《きんちゆう》に遊女や白拍子《しらびようし》などを引き入れ日夜酒宴を催しているのは、公家衆法度《ほつと》にも違反しもってのほかの行動であると。秀忠は、一〇人ちかい公家の処分を天皇に奏上した。このうち何人かは処分をまぬがれたが、近臣の万里小路《までのこうじ》充房《あつふさ》は丹波《たんば》篠山《ささやま》に、四辻季継《よつつじすえつぐ》・藪《やぶ》（高倉《たかくら》）嗣良《つぐよし》の二人は豊後に流され、数名の公家の出仕が止められた。

この直後、秀忠は、朝廷との交渉の役を担う所司代の職を、家康以来勤めてきた板倉勝重から嫡子の重宗《しげむね》に譲らせた。この交代は、幕府の意向を京都でより貫徹させるための処置であった。

和子入内

公家の処分に逆鱗《げきりん》した後水尾天皇は、「この度の公家の処分はもっとも至極なことである、しかしこのようなことが起こったのは自分に器量がないからであり、さぞかし将軍もみかぎられたためであろうと、恥じ入っている。これでは禁中も廃《すた》れ、武家のためにも良くないので、自分の兄弟の誰かの即位と自分の譲位とを板倉勝重と藤堂高虎を通じて将軍に申し入れるように」と、皮肉も交えながら近衛信尋に指示した。

天皇の申し入れに対し、秀忠は、ふたたび藤堂高虎を京都に派遣し、その打開策を探るが、天皇は、入内以前に処分された公家の召出を求め、容易には応じなかった。そこで高虎は、所司代の板倉重宗と計って関白の九条忠栄《くじょうただひで》のところに出向き、将軍の意向をなおざりにせぬよう申し入れ、処分された公家については入内後に残らず召し出すとの了解がなされた。この動きに天皇もとうとう折れ、「この上は、何様《いかよう》とも公方様御意次第《くぼうさまぎょいしだい》」と幕府の意向を飲んだ。結果、入内はこの六月と決まった。元和六年（一六二〇）二月二八日のことである。

五月八日に江戸城を発った和子は、同二八日上洛し、二条城に入った。入内の日は六月八日と定まっていたが、和子の不調のため一八日に延期された。入内当日は、おびただしい数の長櫃《ながびつ》や諸道具が二条城から運び出され、侍女たちが輿《こし》を連ねた。入内の行列は、雑色《ぞうしき》を先導として、楽人《がくじん》、馬上の公家、所司代板倉重宗、武家の随身《ずいしん》、北面《ほくめん》の武士が続き、女御《にょうご》となった和子の牛車《ぎっしゃ》が進んだ。その後に大沢基宿《おおさわもといえ》・井伊直孝《いいなおたか》・酒井忠世《さかいただよ》らの高位の武家、そして長柄《ながえ》に乗った関白・左大臣・右大臣、大納言・中納言・参議の公卿たちが続いた。

幕府は、この和子入内にあたって、女御を警護するとの名目でお付の武士、弓気多昌吉《ゆげたまさよし》を配した。幕府の役人が直接に禁裏へ入り込んだ初めての出来事である。その後はまもなく女御付の武士は弓気多から天野長信《あまのながのぶ》と大橋親勝《おおはしちかかつ》とに交替し、天野・大橋には与力《よりき》一〇騎、同心《どうしん》三〇人が付されその陣容は強化された。そしてこれはのち仙洞付《せんとうつき》、禁裏《きんり》付《つき》武士の配置へとつながり、朝廷監視の役割を担うものとなっていく。

大坂の陣以降一度もなかった朝廷からの勅使は、和子入内後の元和六年に派遣され、それ以降、特別な事情がないかぎり勅使が江戸へと下った。これもまた和子入内がもたらしたものであろう。

中国よりの「慮外なる書」

元和七年(一六二一)、長崎にきた唐人商人が、万暦《ばんれき》四七年(一六一九)六月付の中国浙江《せっこう》の都督《ととく》が発した書簡をこの時長崎奉行であった長谷川権六《はせがわごんろく》に届けた。その書の第一行には、「欽差《きんさ》総鎮浙直地方総兵官中軍都督府《ととくふ》僉事《せんじ》王　為」とあり、「王」の文字以外は木版刷りであり、さらに将軍宛のものと長崎奉行長谷川権六に宛てたものとの文面が全く同じであった。この書翰を手にした幕府の年寄衆は、この書簡について意見を崇伝《すうでん》に求めた。崇伝がこれを「無礼」とし、また「慮外《りょがい》なる書」であると断じたことで、幕府ではこの書簡を受けとらないとし、返書ではなく崇伝の作成した書付を所司代に送り、京都まで来ていた唐人に長谷川権六から読み聞かせることで決着が計られた。その書付には、

大明《だいみん》と日本の通信、近代朝鮮より対馬《つしま》に告げ、対馬より之を奏上す、今猥《みだり》にこれを執奏《しっそう》する由なし、たちまち邦に還り、朝鮮の訳通をもって、求む所の事を述ぶべきもの也、

とあった。そこには日本と中国の正式な外交関係は朝鮮・対馬を介して取り結ぶとする中国との外交関係についての幕府の原則的態度が示されている。しかし、この原則は、この一件より一一年前の慶長一五年（一六一〇）に本多正純《ほんだまさずみ》が福建都督《ふっけんととく》に和平と貿易再開を求めた時や、一八年に琉球《りゅうきゅう》国王に福建総督との交渉を命じた時の幕府の態度とは大きく異なっており、対中国政策は大きく転換したことになる。

こうした出来事で朝鮮・中国との外交体制が確定したわけではないが、江戸時代を通じての日本と朝鮮、日本と中国に関しての日本側の考え方はほぼこの時に決まった。

オランダ・イギリスの防御艦隊創設

慶長一四年（一六〇九）、オランダは平戸《ひらど》に商館を開くが、しばらくは平戸へ来航するオランダ船は極めて少なかった。大坂夏の陣の起きた元和元年（一六一五）以降、来航する船の数が増えはじめ、扱われる荷物の量も増大していった。しかし、その荷物の大半は、オランダ船が東アジア海域でポルトガル船や中国船を捕獲し略奪してきたものであり、それらの荷の多くは日本で売り払われることなく、東南アジアにおけるオランダの拠点であったモルッカ・アンボイナ・バタビアなどにそのまま搬出されていった。すなわちこの段階でのオランダの主たる関心は、日本ではなく香料を確保するための東南アジア地域にあった。といってまったく交易がなされなかったわけではなく、日本からは銀のほか鉄・鉄砲・刀剣など軍需物資が送られた。このほか、平戸からのオランダ船には奴隷として買われた男女、水夫や傭兵として雇われた日本人が多く乗り込んでいた。なかでも傭兵は、東南アジア地域でのイスパニア勢力との戦いを遂行するためのものであった。

イスパニア勢力とオランダとの東アジアの海での抗争は、激しさを増していく。元和三年、オランダは、マニラ封鎖作戦をその艦隊をもって始めた。ついで同五年、オランダはイギリスとのあいだでイスパニア勢力を駆逐《くちく》するための共同防御協定を結び、両国で編成された防御艦隊を創設し、平戸をその母港とした。

こうしたオランダ・イギリス防御艦隊の創設とそれによる略奪行為の激化は、ポルトガル人・スペイン人そして中国人の大きな不満となり、彼らはオランダ・イギリス人を日本から放逐するよう強く幕府に求めた。

こうした事態への対処を迫られた幕府は、元和七年七月二八日、平戸の領主松浦《まつら》隆信《たかのぶ》に命じてイギリス・オランダ商館長に三項からなる命を伝えた。

第一は、雇用・奴隷のいかんにかかわらず日本人を両国の船で国外に連れ出すことの禁止、

第二は、甲冑《かっちゅう》・刀剣・槍・鉄砲・火薬などの軍需品の輸出禁止、

第三は、日本近海における日本船・中国船・ポルトガル船などへの海賊行為の禁止、

であった。なお、この命は九州の諸大名にも老中の奉書をもって伝えられた。

この幕府の命は、オランダ・イギリスにとってこの時期の平戸が持っていた軍事上の機能を否定するものであり、両国の日本貿易は、その性格の変更を迫られた。元和九年のイギリスの平戸からの撤退は、こうした状況への一つの対応であった。

元和の大殉教

慶長末年から幕府はキリスト教禁止に動いていた。元和に入ってもその政策は進められるが、それは宣教師《せんきょうし》の摘発を主軸としたものであった。幕府は、元和三年（一六一七）肥前《ひぜん》大村の大名大村純頼《おおむらすみより》に宣教師を厳しく探索するように督励するが、その結果、同年四月には四人の宣教師が捕らえられ、処刑された。また長崎でも宣教師の宿をしたもの二人が処刑された。さらに長谷川藤広《はせがわふじひろ》のあとを受けて長崎奉行となった長谷川権六《ごんろく》によるキリシタン取締によって元和四

年には長崎代官となった末次平蔵《すえつぐへいぞう》も棄教した。そして同年一〇月には宣教師を摘発するために家宅捜査が長崎奉行によって実施され、翌一一月には宣教師の訴人に銀三〇枚を与えるという、訴人への褒賞制度が初めて採り入れられた。

元和五年八月、秀忠上洛中の京都で、キリシタン五二人が火刑に処せられた。一般民衆にとってキリシタン禁制が現実のものとなった事件である。この処刑は、キリシタンに対する幕府の断固たる姿勢の表明であり、京都の人びとだけでなく秀忠の上洛に従った大名たちへ幕府のキリシタン禁制をアピールするためのデモンストレーションでもあった。翌年八月二四日、支倉常長《はせくらつねなが》の帰国の二日前、伊達《だて》領でキリシタン禁令《きんれい》が出されたのはその効果の一つであったと思われる。

元和六年七月、キリシタン弾圧をさらに加速させる事件が起きた。この月の四日、台湾近海でマニラから宣教師二人を乗せた平山常陳《ひらやまじょうちん》の朱印船が、イギリス・オランダ防御艦隊に拿捕《だほ》された。この船は、渡航朱印状を所持していたが、二人の外国人が宣教師でないかとの疑いをかけられ、平戸まで曳航され、松浦隆信《まつらたかのぶ》に引き渡された。アウグスチノ会とドミニコ会の二人の宣教師は、松浦隆信の、ついで長崎奉行長谷川権六らの拷問《ごうもん》をまじえた尋問にも容易には白状しなかった。しかし、イギリス・オランダ側から証拠が提出され、また棄教したキリシタンの証言があり、そして言語に絶する拷問によって捕縛されてから二年目に白状に追い込まれた。

元和八年七月、幕府はこの二人の宣教師と船頭平山常陳を火刑に、同乗していた商人と水夫一二人を斬首し、翌八月、これまでに捕らえていた宣教師ら二一人とその宿主と家族ら三四人、合計五五人を長崎西坂《にしざか》で処刑した。元和《げんな》の大殉教《だいじゅんきょう》と一般には呼ばれている事件である。

幕府は、宣教師の潜入を防ぐために、元和八年の暮から翌年春にかけて、長崎に入港する外国船への監視を強化した。その効果があったのか、元和九年から寛永《かんえい》五年（一六二八）までのあいだに宣教師の密入国は一人もなかったといわれている。

さらに元和九年、幕府は、ポルトガル人が日本に定住することと、ポルトガル人を日本船の航海士として任用すること、また日本人がフィリピンへ渡航すること、キリシタンが出国することを禁止し、翌年にはスペイン船が日本へ渡航することを禁止し、ポルトガルに対しても乗船者名簿を提出するよう命じる措置をとった。こうして日本人とヨーロッパ人との接触の機会を削減し、日本人の海外渡航に制限を加えていった。

2——秀忠と家光

三代将軍家光　秀忠は、元和《げんな》九年（一六二三）五月一二日に江戸を発ち六月八日に上洛、二条城に入った。ついで病気で出発を遅らせていた家光《いえみつ》も六月二六日に江戸を発ち七月一三日に上洛し、伏見城に入った。そして同じ月の二七日、家光は伏見城において将軍宣下《せんげ》を受ける。江戸幕府三代将軍の誕生である。

家光への将軍宣下が済んだ同年閏八月一日、秀忠はシャムの使節を二条城で引見した。その使節がもたらした国書はシャム国王から「日本国王秀忠」へのものであった。内容は、隣国カンボジャの新王が離反し、それに日本人が荷担しているのでそれを止めさせるよう命じることを乞い、また良馬をもとめるものであった。これに対し秀忠は「日本国　源秀忠　回章」と記して不法を働く日本人を処罰することを約した書簡をシャム「国主」に送った。しかし新将軍家光は、同月三日にシャム使節を伏見城に引見したものの、シャム国主へ書簡を送っていない。家光が将軍となっても、秀忠は依然として対外的には「日本国王」であった。

図 76　徳川家光画像

江戸に帰ってからも秀忠は江戸城本丸におり、家光は西丸《にしのまる》にいた。しかし、同年一〇月、秀忠は、みずからの所領として七〇万石を残し、黄金五〇万枚、五畿内残らず、関東にて二〇〇万石、金銀山残らず、大番衆《おおばんしゅう》の一部を家光に譲った。秀忠から家光への政権委譲を示す、将軍職の譲り渡しに続く出来事である。
元和一〇年（一六二四）正月二日、諸大名はまず西丸の将軍家光の元へ年頭の礼に行き、翌三日には本丸の秀忠への礼を済ましており、形式の上では家康の大御所《おおごしょ》時代と同様、将軍としての家光の地位が重んじられている。

正月二五日、家光付の年寄である酒井忠世《さかいただよ》から、江戸にいた大名たちに西丸へ登城するようにとの指示が届いた。知らせを受けた大名たちが西丸に登城すると、去る二三日に大御所秀忠から家光に「御馬しるし」が渡され、「天下御仕置《てんかおしおき》」が家光に任されたとの申し渡しがあった。軍事指揮権の象徴である「御馬しるし」が委譲され、天下の仕置が任されたとなれば、家光は秀忠から全権を譲られたことになり、大御所としての秀忠は、大御所としての家康とは違い、まったくの隠居《いんきょ》の身になったことになる。そして、同年九月二三日に秀忠は本丸を出て西丸へ移り、一一月三日に家光が本丸に入ったことは政権の委譲が形式的にも整ったことを示す出来事であった。しかし、ことはそう簡単ではなかった。

大御所秀忠

寛永《かんえい》二年（一六二五）七月から一二月にかけて、譜代《ふだい》大名・旗本《はたもと》を対象に多くの領知朱印状《しゅいんじょう》が出された。この領知朱印状を交付したのは、将軍家光ではなく、すべて大御所秀忠であった。このことは、家光が将軍となって以降も、大名や旗本への領知宛行権《あてがいけん》が、将軍家光ではなく大御所秀忠によって掌握されていたことを示している。

寛永三年五月二八日、大御所秀忠は、供奉《ぐぶ》の大名を伴って江戸を発ち、六月二〇日に二条城に入った。将軍家光は、七月一二日に江戸を発ち、八月二日新造された淀《よど》城に入る。この上洛は、後水尾天皇《ごみずのおてんのう》の二条城行幸《ぎょうこう》のためのものであったが、この時の秀忠の軍勢は、先陣に伊達政宗《だてまさむね》・佐竹義宣《さたけよしのぶ》・上杉《うえすぎ》

図 77　二条城行幸図屏風（鳳輦周辺部分）

定勝《さだかつ》・南部《なんぶ》利直《としなお》などの東国の大大名以下二一人を置き、本陣にも外様《とざま》大名を加え、秀忠のまわりを譜代大名と旗本で固め、後陣に堀直寄《ほりなおより》・溝口宣勝《みぞぐちのぶかつ》を置く大部隊であった。それに対し、将軍家光の軍は、蒲生忠郷《がもうたださと》などわずかを除くと一門・譜代の大名で構成され、旗本を固めるものの数も少数であり、秀忠の軍勢の三分一にも及ばないものであった。このように大名への軍事指揮権を具体的に示す場の一つであった上洛において、将軍家光の力は極めて限定されたものであり、秀忠が依然として大名への指揮権を掌握していた。

大御所秀忠は、家光将軍襲職後も、領知宛行権と軍事指揮権を掌握する「天下人《てんかびと》」の地位に依然としてあった。

後水尾天皇の二条城行幸

九月六日から一〇日まで、後水尾天皇は、徳川の城二条城へと行幸した。二条城は、後水尾天皇を迎えるため寛永元年から諸大名を動員して普請が行われ、ついで廃城となった伏見城の建物を二条城に移すなど大改造がなされた。今日の二条城の外郭はこの時に確定したものである。

行幸に先立って八月一八日、後水尾天皇は、参内した家光を従一位《じゆいちい》右大臣に、秀忠を太政大臣《だいじようだいじん》に推任する。家光はそれを受けるが、秀忠は固辞し左大臣叙任となった。

行幸の日の九月六日、天皇を迎えるため家光が禁裏へと向かった。いっぽう、大御所秀忠は、二条城にあって天皇を迎えた。家光の迎えの行列は、所司代《しよし だい》板倉重宗《いたくらしげむね》を先頭に、馬上の従五位下諸大夫《しよだいぶ》の武家二六二人、ついで年寄の土井利勝《どいとしかつ》・酒井忠世《さかいただよ》が続き、そのあとに番頭《ばんがしら》・旗本が固めた家光の牛車《ぎつしや》が進んだ。その車後に徳川義直《とくがわよしなお》・徳川頼宣《よりのぶ》・徳川忠長《ただなが》・徳川頼房《よりふさ》が従い、それに続いて伊達政宗以下四品《しほん》以上の四九人の大名が続いた。江戸に警護のため残されたものを除くとほぼすべての大名がこの行列のなかにあった。

後水尾天皇は鳳輦《ほうれん》に乗り、家光先導のもと公卿を従えて二条城に入った。そして一〇日まで五日を二条城に過ごす。六日には祝《いわい》の膳《ぜん》があり、七日には舞楽《ぶがく》、八日には和歌・管弦《かんげん》の遊び、九日には能楽が催され、日々酒宴が開かれた。

また、七日には将軍家光から、八日には大御所秀忠から天皇をはじめ公家衆に対し、おびただしい量の進物が贈られた。天皇への家光からの進物は、白銀《しろがね》三万両、御服二〇〇領、沈木《じんぼく》一本、襴絹《らんけん》一〇〇巻、紅糸《こうし》二〇〇斤《きん》、玳瑁《たいまい》三〇枚、麝香《じやこう》五斤であり、秀忠からもほぼ同様の進物があった。公家や門跡衆への進物も、白銀だけで合計一一万六〇〇〇両にも達した。

行幸から戻った後水尾天皇は、一二日あらためて秀忠を太政大臣、家光を左大臣に任じた。今度は、秀忠もそれを辞退することはなかった。

この後水尾天皇の二条城行幸は、すべての大名を京に集め、迎えの行列に従わせることによって、徳川氏への臣従をよりいっそう確かなものとし、また徳川氏に反感をもった公家をはじめとする諸勢力に徳川氏の力を見せつけるものであったが、それとともに和子《まさこ》が入内し、女一宮《おんないちのみや》が誕生するといった融和への流れのなかで、長く続いてきた幕府と朝廷との軋轢《あつれき》にとどめをさそうとした壮大な政治ショーでもあった。

紫衣事件

二条城行幸によって蜜月を迎えるかにみえた幕府と朝廷との関係は、紫衣事件の勃発で大きく揺いだ。二条城行幸の翌寛永四年（一六二七）七月、大御所秀忠は、禅僧への紫衣《しえ》勅許《ちょっきょ》と浄土宗《じょうどしゅう》寺院での上人号《しょうにんごう》が家康の定めた法度《はっと》に違反しているとして、元和元年（一六一五）以降の紫衣と上人号勅許の無効を命じた。紫衣や上人号を許可する権限は、天皇に属すものであったが、禁中幷公家中諸法度、諸宗寺院法度には紫衣や上人号の勅許は慎重にするようにとの規定があり、それに違反しているというのである。幕府法度が勅許、天皇の意志に優越することを再確認させたのである。

多くの寺は幕府の処置に従ったが、もっとも大きな影響を受けた大徳寺《だいとくじ》と妙心寺《みょうしんじ》は、大きく反発した。なかでも大徳寺の強硬派であった沢庵宗彭《たくあんそうほう》・玉室宗珀《ぎょくしつそうはく》・江月宗玩《こうげつそうがん》の三人は寛永五年の春、抗議の書を所司代板倉重宗に提出した。そこには、元和元年大徳寺に宛《あて》られた法度の各条に従い、その来歴・意味などが細かに述べられ、処分の不当性が指摘されていた。

板倉重宗からすぐさま江戸に送られた沢庵らの抗議書に対し、幕府は、それに直接には対応せず、まず同月一三日に沢庵らの大徳寺を避け、妙心寺に対し家康の一三回の祭礼を理由に正式に住持となった者と五〇歳以上で出世をした者については勅許の効力の回復を認めた。と同時に、妙心寺からこれまで出世がみだりとなっていたことを認め、今後は法度の旨を守ることを約束する請書《うけしょ》の提出を求めた。

それに対し妙心寺では、この年のなかばから相次いで請書が出され、一部の僧を除いてことは決着し、大徳寺でも同様の動きが見られた。

しかし沢庵らは、寛永六年閏二月に江戸に下り、なお抗議を続けた。幕府では、崇伝《すうでん》が厳罰を、天海《てんかい》が寛刑を主張するなど足並みはそろわなかったが、同年七月、大徳寺の沢庵は出羽上山《でわかみのやま》、玉室は陸奥《むつ》棚倉《たなぐら》、妙心寺の東源慧等《とうげんえとう》は陸奥津軽《つがる》、単伝士印《たんでんしいん》は出羽由利《ゆり》へ配流となった。江月宗玩は、抗議書に署判したものの罪は軽いとして処分をまぬがれた。

後水尾天皇譲位

こうした幕府の朝権への圧迫に後水尾天皇は、譲位という方法で抵抗した。というより、天皇にはこれ以外の方法で幕府に抵抗することができなかったのである。

寛永六年（一六二九）一一月八日の朝早く、禁裏から参内の命を受けた公家たちは正装である束帯姿であわただしく禁裏に集まった。そこで後水尾天皇の譲位が告げられたのである。

紫衣・上人の勅許が無効とされた直後、後水尾天皇は譲位の意向を表すが、幕府は、中宮和子《ちゅうぐうまさこ》の子である一宮高仁親王《いちのみやたかひとしんのう》が寛永三年一一月一三日に誕生したことを踏まえ、譲位の引き延ばしを計った。そして、寛永五年三月には院御所《いんのごしょ》の造営に着手し、いずれ譲位のあることを認めていた。

ところが高仁親王が院御所の造営が始まった年の六月一一日に三歳で死去したことで状況は大きく転回した。天皇は七月、女一宮に位を譲り、一〇月には即位させたいとの意向を明らかにし、それを幕府に伝えた。八月、秀忠は「いまたをそからぬ御事」と譲位を延期すべきとの意向を天皇に伝え、また将軍家光も秀忠の仰せどおりにされるのがよかろうと返答した。この時期は中宮和子が出産をまぢかにひかえており、幕府側では皇子の誕生をなお期待していた。九月二七日に期待どおり皇子が誕生した。しかし八日後にその皇子は夭天《ようてん》してしまい、幕府の期待は打ち砕かれた。

寛永六年五月、天皇は、持病となっていた痔の治療を埋由に、譲位の意向を三たび表明する。痔の治療には灸が効果があるとされていたが、天皇の体を傷つける治療はタブーとされていた。天皇から相談を受けた摂家衆《せっけしゅう》も譲位はやむなしとし、朝廷から幕府へその意

図 78　後水尾天皇画像

向が伝えられた。しかし幕府は、女一宮の即位には依然として反対の態度をとり、その返答を遅らせていた。

こうしたなか持ち上がったのが将軍家光の乳母《めのと》である福《ふく》の天皇への拝謁一件である。福は、家光の疱瘡治癒《ほうそうちゆ》の御礼参りに伊勢と山城《やましろ》愛宕社とに参拝し、そのおりをとらえて天皇に拝謁することを望んだ。拝謁のための条件を整えるために福は伝奏の三条西実条《さんじようにしさねえだ》の妹分となり一〇月一〇日参内し、拝謁を済ませた。この時、天皇から「春日《かすが》」の局号を拝領した。幕府内では家光の乳母として権勢のあった福も、天皇にとっては無位無官のものであり、無理やりともとれる拝謁は許しがたいものであったが、幕府の力に押し切られ、拝謁を許さざるをえなかったのである。

この一件の直後、天皇はひそかに女一宮興子《おきこ》の内親王宣下《ないしんのうせんげ》を決め、一一月八日の「俄《にわか》の譲位」を決行したのである。譲位のことをあらかじめ知らされていた公家は、一、二を除いてはおらず、公家たちの驚きはひとかたならぬものであった。それ以上に驚いたのは所司代板倉重宗であった。重宗は、「俄の御譲位」「言語道断の事」と怒りをあらわにするが、もはや如何《いかん》ともしがたかった。この日、中宮付の天野《あまの》長信《ながのぶ》がことの顛末を知らせるために江戸に向けて京都を発った。

幕府の態度

幕府はしばらく朝廷の動きを静観していたが、寛永六年（一六二九）一二月、天野長信を上洛させた。幕府の返事は、女一宮への譲位は是非ないことと、譲位を追認するものであった。あっけない幕切れであった。しかし、ことはこれで終わったわけではなかった。

翌年七月、秀忠は、江戸に下っていた板倉重宗に一五か条の指示をあたえた。そのうち朝廷に関するものは第一条から第一三条までであるが、その第一条から第三条は、

第一条　女一宮の即位については、後水尾院の即位同様に道具を調えること、

第二条　即位の日は九月上旬の吉日とすること、

第三条　即位後の居所は後水尾院即位のときの様子に従うこと、

と、即位に関して指示した条項である。第四条・五条には、

第四条　万事、後陽成院の時と同様に馳走するので、院領も故院領を調査しそれを後水尾院の領地とすること、

第五条　院参の衆の人数は後陽成院の時と同様とすること、

とあり、「後陽成院御ときのことく」とすることで、後水尾院の新たな動きに機先を制したものとなっている。

さらに第六条では摂家衆に女帝であり幼帝であるので政を従来のように正しく沙汰するよう申し渡すこと、第七条では公家衆に学問を励むよう命じるとともに、不行儀なものは幕府へ言上すること、第八条では中宮の作法は院御所の作法に従うこと、第九条では摂家・親王・門跡等が参上するときは女官の権大納言が馳走し、それ以外の公家衆のときは表の使衆等が馳走すること、第一〇条では伝奏のこと、第一一条では武家の官位は幕府の執奏なくして朝廷が与えないよう申し入れること、第一二

条では禁裏の年中の「御政」は一万石で勤めること、第一三条では新旧の長橋局の知行の取り扱いを指示している。

九月一二日、わずか七歳の女一宮興子内親王が即位し明正天皇《めいしょうてんのう》となった。奈良時代の称徳天皇《しょうとくてんのう》の死去以来、八五九年ぶりの女帝である。幕府から老中《ろうじゅう》の酒井忠世《さかいただよ》と土井利勝《どいとしかつ》が上使《じょうし》として上洛した。後水尾天皇の即位に家康がみずから上洛したのと比べれば、かなり軽いあつかいである。

即位の翌々日、施薬院《せやくいん》で酒井・土井・板倉・崇伝が寄り合い、その場に武家伝奏《ぶけてんそう》の三条西実条、院執権となった中御門宣衡《なかみかどのぶひら》らが呼ばれ、武家伝奏の中院通村《なかのいんみちむら》を罷免《ひめん》し昵近衆《じっきんしゅう》である日野資勝《ひのすけかつ》を伝奏《てんそう》に補任《ぶにん》することを後水尾院にうかがうようにとの秀忠の上意が申し渡された。同日、後水尾院からは「何様《いかよう》にも武家次第」との返事が届き、中院の罷免と日野資勝の伝奏就任が決定した。ここにはもはや後水尾院が抵抗できる余地は残されていない。

さらに同月一六日、酒井・土井・板倉・崇伝の四人は、伝奏三条西実条と日野資勝をともない、摂政一条兼遐《いちじょうかねとお》の亭に出向き、そこに集まった他の摂家衆を前に、崇伝が口頭で秀忠と家光の上意を伝えた。

女帝を立てることは平安城始まって以来ないことであり、その上、後水尾天皇はまだ壮年であり、目出たく太子ができた時に即位をと思っていたが、去冬にわかに譲位なされ驚いている。しかし、この上は叡慮《えいりょ》次第と思うので即位に同意した。自分たちは遠国《おんごく》におり、また禁中向《きんちゅうむき》のことには無案内であるので、摂家衆はよく談合し天皇に意見を申し上げ、これまで行われてきた「御政事《みまつりごと》」が退転《たいてん》しないよう、また家々の学問について権現様(徳川家康)が定められたことを相違なく公家衆に申し渡すよう、もし万一無沙汰に及ぶようなことがあれば、摂家衆の落度《おちど》と考える、というものであった。

後水尾天皇の突然の譲位は、確かに幕府にとっては痛烈な一撃であり、幕府を慌てさせるものであった。しかし、幕府は、この機会をとらえて、朝廷の「政事」のあり方や院の行動に制限を加え、また、伝奏の任免に介入し、武家官位の幕府による独占を確認した。さらに、これまでどおり摂家を天皇・朝廷の意志決定に深く関わらせ、公家支配を行わせ、その不履行については「落度」とすることを明言することで、摂家を幕府の朝廷支配機構のなかに位置づけることを再度確認したのである。

オランダ・ポルトガルとの断交と奉書船制度

少し遡るが、元和七年(一六二一)に幕府がオランダ人・イギリス人に命じた三項目、すなわち日本人の国外への連れ出し禁止、甲冑・刀剣・槍・鉄砲・火薬などの軍需品の輸出禁止、日本近海における日本船・中国船・ポルトガル船などへの海賊行為の禁止は、オランダの日本貿易のあり方に変更をせまった。その一つのあらわれが、元和八年のオランダ艦隊によるポルトガル人の中国貿易の拠点であるマカオ攻撃であった。おそらく中国産生糸《きいと》の確保をねらったものであろう。しかし、この攻撃は失敗に終わった。

マカオ攻撃に失敗したオランダは、中国本土と台湾とのあいだにある澎湖島《ほうことう》に中国との出会い貿易の基地を確保するために要塞を築いた。しかし寛永元年（一六二四）、中国側の強硬な要求にあってこの要塞を放棄し、改めて台湾南部のタイオワンに城塞を築きそこへと移り、中国との出会い貿易の拠点とした。この出会い貿易は、当初平戸《ひらど》に拠点を持っていた中国人李旦《りたん》を介して行われたが、李旦の前貸の踏み倒しや契約の不履行にあい、交易は思惑どおりには進展しなかった。

寛永二年に李旦が死去し、李旦の配下であった許心素《きよしんそ》がそのあとを継いだ。許による中国本土との仲介貿易によって台湾のオランダ人は、ようやく中国産の生糸をかなり大量に手にいれることができた。ところが中国では新たな海賊鄭芝龍《ていしりゆう》が台頭し、寛永五年にアモイの許の本拠を攻撃し、許を殺害した。この結果、台湾と中国本土との交易は中絶を余儀なくされた。

こうした目まぐるしい勢力の交替がみられるなか、台湾のオランダ当局がタイオワンに入港した日本の朱印船《しゆいんせん》に輸出入税を課したため、それ以前より台湾に渡航し中国船との出会い貿易を行っていた朱印船とのあいだに軋轢《あつれき》が生じた。寛永四年、オランダ台湾総督ピーテル・ノイツは、台湾での状況を説明し、朱印船の台湾渡航の一時停止を求めて日本を訪れた。

寛永四年六月二〇日、平戸に到着したノイツは当初、オランダから派遣された「大使」と江戸には報じられた。ノイツは七月一五日、平戸を出発し、京都からは幕府より人馬が供されるなど朝鮮通信使並《なみ》の待遇をうけ、八月二二日、江戸に着いた。到着の翌日、使節の目的、献上品について尋ねられ、翌三日には将軍への書の写《うつし》の提出が求められた。

幕府では、この使節がオランダ国王からのものか、それともバタヴィアの東インド総督のものかが問題となった。ノイツは、総督が国王から大きな権限を託されたものであり、またムガール帝国をはじめ東アジアの国々も総督の名で外交関係を結んでいることを述べ、早急に将軍の拝謁がかなうよう要求した。しかし、一か月あまりの交渉のあと、酒井《さかい》忠世《ただよ》の屋敷での土井《どい》利勝《としかつ》からの申し渡しは、

将軍にあてた手紙は体裁が整わず、書式にかなっていない。またオランダ国王の臣下にすぎないものが将軍に手紙を送るべきでない。またこれまで船がバタヴィアから来たなどということは聞いたことがない。したがって、オランダ国王の使節とは見なせないので、謁見は許されず、このまま帰るように、

というものであった。幕府との交渉はまったく失敗に終わった。

慶長期（一五九六〜一六一五）にはフィリピン総督がなんの障害もなく家康や秀忠に書簡を呈していたことからすれば、幕府の姿勢は大きく転換したことになる。拝謁の拒絶、書簡の不受理の背景には、台湾貿易を独占していた長崎の末次平蔵や彼につながる幕府年寄らがいたが、ここで示された幕府の原則的な態度は、将軍と対等に外交関係を結びえるものは国王だけだ、というものであった。

台湾に戻ったノイツは、寛永五年、前年の報復として台湾に来た末次平蔵船を抑留しようとした。

その危機を逃れ帰国した末次船の船頭浜田弥兵衛《はまだやへえ》がこの一件を幕府に訴えたため、幕府は、この秋平戸に入港したオランダ船を抑留し、商館の閉鎖を命じた。この結果オランダとの貿易は、寛永九年に再開されるまで五年のあいだ途絶することになる。

同じ年、アユタヤの港外で朱印船がスペイン艦隊に捕縛され、所持していた朱印状を奪われるという事件が起きた。権威を汚された幕府は、その報復として長崎に来たポルトガル船を抑留した。ポルトガル船が抑留されたのは、当時、ポルトガルがスペイン皇帝の支配下にあったためである。この結果、寛永七年までポルトガルとの貿易も中断した。

こうした事件の影響は、朱印船制度にも現れた。将軍の出した朱印状が奪われることは、将軍の権威が傷つけられることであり、それを防ぐことが求められた。その結果、幕府は、朱印状の発行とともに長崎奉行宛の老中奉書を出し、その指示に従って長崎奉行から渡航許可状を発行する制度に改めた。いわゆる奉書船制度《ほうしょせんせいど》と呼ばれるものである。

朱印船制度改変の背景には、こうした朱印状をめぐる将軍権威の保持という課題だけでなく、他方で来航する中国船の増大があった。これらの中国船は、寛永七年には生糸三〇万斤を、寛永一〇年には二五万斤を日本にもたらした。この量は、ポルトガル船が一年に長崎に持ってくる生糸の量を凌駕《りょうが》するものであった。こうした中国船による生糸輸入の増加と確保が朱印船制度転換を後押ししたのである。

断絶した日本貿易を再開するためにオランダは、国王の使節としてではなく商人の頭、商館長として、また「譜代の御被官《ひかん》」として将軍に拝謁するという道を選び、寛永九年ようやく貿易再開にこぎ着けた。貿易再開の翌年、将軍の命でオランダ商館長は江戸へ参府し、将軍に拝謁した。これ以降、オランダ商館長の江戸参府が定着し、オランダは江戸時代を通して「通商の国」の一つとして位置づけられることとなった。

本丸と西丸

家光の将軍襲職以前、将軍秀忠のもとには酒井忠世・本多正純《ほんだまさずみ》・土井利勝《どいとしかつ》の年寄三人がおり、家光には酒井忠利《ただとし》と青山忠俊《あおやまただとし》が年寄として付けられていた。こうした年寄の構成は、家光が将軍となる前から変化する。

まず元和八年（一六二二）一〇月、秀忠は、家康に重く用いられその恩寵のもとに絶大な権力を保持し、家康の死後は秀忠の年寄衆の一人となった本多正純を改易《かいえき》し、ついで翌九年春に筆頭年寄の酒井忠世を家光付の年寄とし、その上で秀忠側近の井上正就《いのうえまさなり》・永井尚政《ながいなおまさ》を秀忠付の年寄に取り立てた。他方、家光の年寄には新たに酒井忠利の嫡男酒井忠勝《ただかつ》を加え、家光の年寄衆を強化した。こうした交替、選任は、将軍職の移譲と将軍宣下のための上洛という事態に対処するためのものであった。

そして家光の将軍襲職後、酒井忠利と青山忠俊とがあいついで年寄の地位を離れ、かわって内藤忠重《ないとうただしげ》と稲葉正勝《いなばまさかつ》が年寄に加わった。

このように幕府に大御所秀忠付の年寄と将軍家光付の年寄が並存するなか、幕府の意思は、家光の筆頭年寄酒井忠世と秀忠の筆頭年寄土井利勝とが合議した上で将軍・大御所に結果が伝えられ確定し、家光付年寄酒井忠世・酒井忠勝と秀忠付年寄土井利勝・永井尚政が連署する年寄連署奉書で大名たちに伝えられた。

一例をあげれば、寛永七年（一六三〇）、阿波《あわ》の蜂須賀《はちすか》氏が、淡路由良《あわじゆら》にあった番城《ばんじろ》を須本《すもと》に移そうとして、まず酒井忠世・土井利勝・酒井忠勝の三人にそれぞれ同文の願《ねがい》を提出した。幕府では、蜂須賀氏からの願《ねがい》を酒井忠世と土井利勝とが相談し、その結果をそれぞれ家光、秀忠に示しその承認をえ、酒井忠世・土井利勝・酒井忠勝・永井尚政の連署する年寄連署奉書でその許可を蜂須賀氏に伝えた。

こうした手順で幕府の意思をまとめることで、本丸の将軍、西丸《にしのまる》の大御所と分かれた二元的な政治が生み出す二つの権力のあいだの矛盾は、包みこまれ解消させられた。そしてこの体制は、秀忠死去後の家光への政権移譲を容易にしたのである。

秀忠の死

秀忠は、将軍職を家光に譲ってからも比較的健康であったが、寛永八年（一六三一）に入ると相次いで煩《わずら》った。二月一二日、次男の忠長《ただなが》の不行状を聞いて、それ以前から胸にあった「かたまり物」が痛み出し、大層苦しんだ。この「かたまり物」は家光が疱瘡《ほうそう》にかかったころからあったが、痛みはなかった。この痛みを抑えるために灸を据えるが合わず、食事もろくにできなくなった。そこで万病円という薬を飲んだところ痛みも治まり、三月末には食事も進むようになり回復した。

また、数年来煩っていた目が、この年の春ころから悪化し、眼科医の治療を受けたが、六月ころには片方の目は見えなくなった。この間、家光は毎日のように秀忠を西丸に見舞っている。

二月以来の病は、しばらく小康状態にあったが、七月一七日、紅葉山《もみじやま》の東照社《とうしょうしゃ》に参ったあといっきに悪化し、秀忠はその日から病臥《びょうが》の床についた。この時の病気は、回虫《かいちゅう》による腹痛「寸白《すんばく》」（寄生虫による病）とされたが、同時に胸の痛みも再発したようである。

七月二一日には、伊勢両宮をはじめ全国の大社、五山《ござん》などの寺院に病気平癒の祈禱が命じられた。また秀忠の病を聞いて、娘の中宮和子をはじめ天皇・院・公家・門跡から相次いで見舞の使者が江戸に下向してきた。江戸にいた大名たちも日々登城し、秀忠の病状をうかがった。また国元にいた大名たちも、秀忠の病の報に接し、見舞のために国元を出発するが、幕府から止められ、国元に帰った。

九月に入ると胸の痛みが激しくなり、原因は「癪《しゃく》」とされた。その後少し回復するが、閏一〇月下旬に「虫」が出て痰が詰まった。その痰を取り除くために薬を飲んだところ、痰《たん》は切れたものの、大栗ほどもある血の塊を二つも吐いた。一一月に入って、一夜に一八度も血を吐くようになり、震えや熱に悩まされ、脈も沈みがちとなった。

暮には病状は一層悪くなるが、寛永九年の元旦には家光を迎え、簡略ながら年頭の祝いをした。しかし、大名たちからの礼を受けることは叶わなかった。井伊《いい》直孝《なおたか》や土井利勝に後事を託し、秀忠は、正月二四日、夜四つ時（午後一〇時）に五四年の生涯を江戸城西丸に閉じた。

天下人の条件——エピローグ

織田信長《おだのぶなが》、豊臣秀吉《とよとみひでよし》、徳川家康《とくがわいえやす》、それぞれ右大臣《うだいじん》、関白《かんぱく》、将軍《しようぐん》となったが、それが彼らの最終目標であったわけではなかった。彼らがともに求めたのは、「天下人《てんかびと》」であることであった。右大臣、関白、将軍といった職は、「天下人」となるためには大きなステップであった。しかし、右大臣、関白、将軍であれば「天下人」たりえたかというとそうではない。これらの官職は「天下人」たることを担保するものではない。

いっぽう、彼らが「天下人」であることを認めさせるにあたって、朝廷のこうした官職が有効に働いたことも否定できない。その場合、信長、秀吉、家康がそれらの官職を「天下人」となるためにまた「天下人」であるために戦略的に求めた側面があろうが、もう一つの要素として天皇・朝廷が彼らを朝廷の官職の体系に取り込もうとする動きのあったことも見落としえない。天下人さらには将軍権力の成立とその特質を位置づけようとするとき、天皇・朝廷側の能動性を充分に考慮すべきであろう。

朝廷の官職がこうした性格であったとすれば、天下人であるための条件はどのようなものであっただろうか。その第一は、武力と武威《ぶい》である。それは、大名はじめ諸領主の頂点に立つこと、具体的にはすべての大名領主を動員することのできる軍事指揮権を掌握することであった。もう一つの条件は、それらの大名領主に領知を与えること、すなわち領知宛行《あてがい》権《けん》の掌握である。この二つを同時に獲得することで、「天下人」の地位は確固たるものとなる。

秀吉が秀次に関白職を譲ったあとも、大名に軍事動員を課したのは、関白の秀次ではなく、太閤《たいこう》の秀吉であり、秀忠が将軍となったのちも、家康による秀忠への権力移譲への配慮はさまざまにみられるものの、大名動員についても大名への領知宛行についても大御所家康がそれらを掌握しつづけた。将軍秀忠ではなく天下人秀忠は、家康の死後、諸大名を従え上洛し、また諸大名領主に対し領知宛行状を交付することで現実のものとなった。こうした関係は、秀忠と家光との間でも同様である。

秀忠死後の家光の課題は、天下人家光を衆人に認めさせることにあった。ここからは、次巻の領分である。

参考文献

朝尾直弘『日本の歴史17　鎖国』小学館、一九七五年
　『大系日本の歴史8　天下一統』小学館、一九八八年
　『将軍権力の創出』岩波書店、一九九四年
朝尾直弘編『日本の近世1　世界史のなかの近世』中央公論社、一九九一年
熱田　公『日本の歴史11　天下一統』集英社、一九九二年
荒野泰典『近世日本と東アジア』東京大学出版会、一九八八年
荒野泰典編『日本の時代史14　江戸幕府と東アジア』吉川弘文館、二〇〇三年
池　享編『日本の時代史13　天下統一と朝鮮侵略』吉川弘文館、二〇〇三年
池上裕子『日本の歴史15　織豊政権と江戸幕府』講談社、二〇〇二年
石上英一他編『講座・前近代の天皇2　天皇権力の構造と展開　その2』青木書店、一九九三年
奥野高広『織田信長文書の研究』上・下、吉川弘文館、一九六九・七〇年
小和田哲男『戦争の日本史15　秀吉の天下統一戦争』吉川弘文館、二〇〇六年
笠谷和比古『戦争の日本史17　関ヶ原合戦と大坂の陣』吉川弘文館、二〇〇七年
河内将芳『シリーズ権力者と仏教　秀吉の大仏造立』法蔵館、二〇〇八年
神田千里『戦争の日本史14　一向一揆と石山合戦』吉川弘文館、二〇〇七年
北島正元『日本の歴史16　江戸幕府』小学館、一九七五年
久保貴子『後水尾天皇』ミネルヴァ書房、二〇〇八年

熊倉功夫『朝日評伝選26　後水尾院』朝日新聞社、一九八二年
小林清治『秀吉権力の形成』東京大学出版会、一九九四年
　『奥羽仕置と豊臣政権』吉川弘文館、二〇〇三年
竹井英文「戦国・織豊期東国の政治情勢と「惣無事」」『歴史学研究』八五六、二〇〇九年
立花京子『信長権力と天皇』第二版　岩田書院、二〇〇二年
谷口克広『戦争の日本史13　信長の天下布武への道』吉川弘文館、二〇〇六年
辻達也編『日本の近世2　天皇と将軍』中央公論社、一九九一年
徳川義宣『新修　徳川家康文書の研究』徳川黎明会（発売　吉川弘文館）、一九八三年
中野　等『豊臣政権の対外侵略と太閤検地』校倉書房、一九九六年
　『秀吉の軍令と大陸侵攻』吉川弘文館、二〇〇六年
　『戦争の日本史16　文禄・慶長の役』吉川弘文館、二〇〇八年
中村孝也『徳川家康文書の研究』上・中・下之1・下之2、日本学術振興会（発売　丸善）、一九五八〜一九六〇年
　『徳川家康公伝』日光東照宮、一九六五年
中村武生「豊臣政権の京都都市改造」『豊臣秀吉と京都』文理閣、二〇〇一年
日本史研究会編『豊臣秀吉と京都』文理閣、二〇〇一年
橋本政宣『近世公家社会の研究』吉川弘文館、二〇〇二年
藤井讓治『江戸幕府老中制形成過程の研究』校倉書房、一九九〇年
　『日本の歴史12　江戸開幕』集英社、一九九二年
　『人物叢書　徳川家光』吉川弘文館、一九九七年

藤井讓治編『江戸時代の官僚制』青木書店、一九九九年
『幕藩領主の権力構造』岩波書店、二〇〇二年
『徳川将軍家領知宛行制の研究』思文閣出版、二〇〇八年
「「惣無事」はあれど「惣無事令」はなし」『史林』九三―三、二〇一〇年
『天皇の歴史5　天皇と天下人』講談社、二〇一一年
『日本の近世3　支配のしくみ』中央公論社、一九九一年
『織豊期主要人物居所集成』思文閣出版、二〇一一年
藤木久志『日本の歴史15　織田・豊臣政権』小学館、一九七五年
『豊臣平和令と戦国社会』東京大学出版会、一九八五年
藤木久志編『戦国大名論集17　織田政権の研究』吉川弘文館、一九八五年
藤田　覚『天皇の歴史6　江戸時代の天皇』講談社、二〇一一年
藤田達生編『小牧・長久手の戦いの構造』岩田書院、二〇〇六年
藤田恒春『豊臣秀次の研究』文献出版、二〇〇三年
藤野　保『新訂幕藩体制史の研究　権力構造の確立と展開』吉川弘文館、一九七五年
堀　新『日本中世の歴史7　天下統一から鎖国へ』吉川弘文館、二〇一〇年
『織豊期王権論』校倉書房、二〇一一年
堀　新編『信長公記を読む』吉川弘文館、二〇〇九年
三鬼清一郎編『織豊期の政治構造』吉川弘文館、二〇〇〇年
水本邦彦『全集日本の歴史10　徳川の国家デザイン』小学館、二〇〇八年
矢部健太郎「太閤秀吉の政権構想と大名の序列」『歴史評論』六四〇、二〇〇三年

山田邦明『全集日本の歴史8　戦国の活力』小学館、二〇〇八年
歴史学研究会・日本史研究会編『日本史講座5　近世の形成』東京大学出版会、二〇〇四年

略年表

西暦	和暦	事項
一五三四	天文三	5・11 織田信長、織田信秀の嫡子として誕生。
一五三七	六	豊臣秀吉、尾張中村の足軽の子として誕生（一五三六年説もあり）。
一五四二	一一	12・26 徳川家康、松平広忠の嫡子として誕生。
一五四三	一二	8・25 ポルトガル船が種子島に漂着、鉄砲伝来（一五四四年説もあり）。
一五四九	一八	7・22 ザビエル、鹿児島に来る。11・9 家康、今川の人質として駿府へ。
一五五一	二〇	3・3 織田信秀没し、信長があとを継ぐ。
一五五五	弘治元	4・20 信長、織田信友を滅ぼし清洲城に移る。
一五五八	永禄元	11・27 将軍足利義輝、京に戻る。
一五五九	二	2・2 信長上洛、義輝に謁見。
一五六〇	三	5・19 桶狭間の戦い、今川義元が敗死して信長勝利。
一五六二	五	1・15 信長と家康の同盟締結。
一五六四	七	2・28 家康、三河一向一揆を鎮圧。
一五六五	八	1・1 ルイス・フロイス、義輝に謁見。5・19 義輝、三好三人衆と松永久秀によって暗殺。
一五六七	一〇	8・15 信長、斎藤龍興を滅ぼし、本拠を岐阜に移す。9月 信長の妹・お市、浅井長政と結婚。10月 美濃国加納に楽市楽座令。
一五六八	一一	2・8 足利義栄、征夷大将軍となる。9月 義栄没。9・26 信長、義昭を奉じて入京。10・18 義昭、征夷大将軍となる。10月 信長、関所を撤廃。
一五六九	一二	2・2 信長、義昭の二条城造営開始。3・16 信長、撰銭令発布。4・8 信長、フロイスと初めて会見。京都での布教を許可。5・15 家康、遠江を平定。10・4 信長、伊勢を平定。

西暦	和暦	事項
一五七〇	元亀元	1・23 信長、義昭に五か条の条書をつきつける。6・28 姉川の合戦で信長勢、浅井・朝倉軍を破る。9・12 石山本願寺挙兵。12・13 信長、浅井・朝倉勢と和睦。この年、ポルトガル船、長崎に初入港、交易開始。
一五七一	二	9・12 信長、延暦寺を焼き討ち。
一五七二	三	9月 信長、義昭に一七か条の「異見書」をつきつける。10・10 武田信玄、遠江侵入開始。12・22 家康、三方原の戦いで信玄に敗れる。
一五七三	天正元	4・12 信玄没。7・18 室町幕府滅亡。7・28 天正改元。8月 信長、朝倉義景・浅井長政を滅ぼす。
一五七四	二	1月 越前に一向一揆勃発。4・2 石山本願寺挙兵。9・29 信長、伊勢長島一向一揆を殲滅。
一五七五	三	5・21 長篠の戦い。8・16 信長、越前一向一揆を鎮圧。11・4 信長、大納言任官。
一五七六	四	1月 信長、安土築城に着手。2・23 信長、安土に移る。4・14 石山本願寺、義昭と通じ挙兵。7・21 京都に南蛮寺完成。11・21 信長、正三位内大臣。
一五七七	五	2・13 信長、紀伊雑賀一揆を攻撃。6月 安土山下町に定書を下す。11・20 信長、従二位右大臣。
一五七八	六	3・13 上杉謙信没。4・9 信長、右大臣・右大将を辞任。
一五七九	七	5・11 信長、安土城天守に移る。5・27 安土宗論。
一五八〇	八	4・9 本願寺顕如、石山退去。6月 イギリス商船、平戸に来航。9・26 信長、大和に指出の提出を命ずる。
一五八一	九	2・23 ヴァリニャーノ、信長に謁見。9・11 信長、伊賀平定。10・25 秀吉、鳥取城攻略。
一五八二	一〇	1・28 ヴァリニャーノ、天正遣欧使節を連れ長崎発。3・11 信長勢、武田氏を滅ぼす。6・2 本能寺の変。6・13 山崎の戦い。6・27 清洲会議。10・15 秀吉、大徳寺で信長の葬儀を

		行う。
一五八三	一一	4・21 賤ヶ岳の戦い。4・24 柴田勝家、自害。9・1 秀吉、大坂城築城に着手。
一五八四	一二	3・6 織田信雄が家康と結んで伊勢・尾張に挙兵（小牧・長久手の戦い）。4・9 家康、長久手で秀吉軍を破る。6・28 スペイン商船、平戸に来航。11・15 秀吉、信雄と和睦、次いで家康とも和睦。11・22 秀吉、従三位権大納言。
一五八五	一三	3・10 秀吉、正二位内大臣。3・21 秀吉、根来・雑賀一揆を攻める。4・10 高野山を帰服させ武装解除。7・11 秀吉、関白。7・25 長宗我部元親、秀吉に降伏。8・26 秀吉、越中攻め。9・9 秀吉、豊臣改姓勅許。10・2 秀吉、島津家久に九州停戦を命じる。11月 秀吉、家康攻めを指示。
一五八六	一四	1・27 秀吉、家康と和睦。2・21 聚楽第着工。11・7 正親町天皇、譲位。11・25 後陽成天皇、即位。12・19 秀吉、太政大臣。12・4 家康、浜松から駿府に移る
一五八七	一五	3・1 秀吉、九州攻めのため大坂発。5・8 島津義久、秀吉に降伏。6・19 秀吉、伴天連追放令。9・7 肥後国・肥前国で国人一揆が起こる。9・13 秀吉、聚楽第に移徙。10・1 北野に大茶会を開催、一日で切り上げる。豊前国で一揆勃発。
一五八八	一六	4・14 後陽成天皇、聚楽第行幸。7・8 秀吉、刀狩令・海賊停止令発布。
一五九〇	一八	6・20 ヴァリニャーノ、少年遣欧使節とともに来日。7・5 北条氏直が秀吉に降伏、北条氏滅亡。7・13 秀吉、家康を江戸に転封。8・1 家康、江戸城に入城。8・9 秀吉、会津城に入る。10月 大崎・葛西で一揆。11・7 秀吉、聚楽第で朝鮮使節を引見。
一五九一	一九	閏1・8 ヴァリニャーノ、聚楽第で秀吉に謁見。閏1月 京にお土居造営。2月 九戸一揆起こる。2・28 千利休、自刃。5月 政宗、大崎・葛西一揆を鎮圧。8・21 身分法令発布。9・4 秀次・家康ら、九戸一揆鎮圧。12・25 秀吉、関白職と聚楽第を秀次に譲る。
一五九二	文禄元	1・5 秀吉、諸大名に朝鮮渡海を命じる。1・26 秀次、聚楽第に御陽成天皇の行幸を迎える。

西暦	和暦	事項
		3・6 秀次、人掃令発布。4・12 小西行長ら第一軍、釜山浦に到着（文禄の役）。5・3 行長・加藤清正、漢城攻略。5・18 秀吉、秀次宛に「三国国割計画」を送る。5・29 泗川沖海戦で日本軍敗北。6・15 行長、平壌占領。7・22 秀吉生母・大政所没。8・29 沈惟敬（明人）と行長、平壌で和平交渉。
一五九三	二	1・26 碧蹄館の戦い。4月 行長、沈惟敬と講和交渉。8・3 秀頼誕生。
一五九六	三	1月 伏見城、大規模普請開始。12月 内藤如安、明皇帝に謁し、冊封などの和議条件を約す。
一五九五	四	7・15 秀次、秀吉の命により自刃。8・3 秀吉、御掟五か条・御掟追加九か条制定。
一五九六	慶長元	閏7・12 畿内大地震。8・28 スペイン船フェリッペ号、土佐浦戸に漂着。9・1 秀吉、大坂城で明使節を引見。9・2 朝鮮への第二次侵攻を決定。12・19 二六聖人の殉教。
一五九七	二	6月 慶長の役始まる。8・28 足利義昭没。12・22 蔚山城の攻防戦始まる。
一五九八	三	1・4 蔚山城の戦い、明・朝鮮軍撤退。3・15 秀吉、醍醐の花見。8・18 秀吉没。11月 朝鮮より日本軍の撤退完了。
一五九九	四	1・10 秀頼、伏見城から大坂城に移る。閏3・3 前田利家没。石田三成失脚。閏3・13 家康、伏見城西丸に入る。9・28 家康、大坂城西丸に入る。
一六〇〇	五	3・16 オランダ船リーフデ号、豊後に漂着。家康、航海長のウイリアム・アダムスを大坂城に召す。6・16 家康、会津の上杉景勝攻め大坂出立。7・11 石田三成、毛利輝元を西軍の盟主として挙兵。8・1 伏見城落城。9・15 関ヶ原の合戦。9・27 家康、大坂城西丸に入る。10・1 三成・恵瓊ら斬死。10月 家康、諸将の領知没収と論功行賞を行う。
一六〇一	六	1月 幕府、禁裏御料の設定を行う。東海道に伝馬制度を設ける。3・23 家康、伏見城へ移る。8月 板倉勝重を所司代とす。10月 安南国阮潢に返書を送る（朱印船貿易開始）。
一六〇三	八	1月 家康、カンボジア王国に書状を送る。2・12 家康、征夷大将軍。4・22 秀頼、内大臣。

一六〇四	九	5・3 家康、糸割符制開始。7・17 家光誕生。8・26 家康、諸大名に郷帳と国絵図の提出を命じる。
一六〇五	一〇	2・24 秀忠、江戸を出立。4・12 秀頼、右大臣任官。4・16 秀忠、征夷大将軍。
一六〇六	一一	3・1 江戸城の本格的工事始まる（翌年に天守閣完成）。11月 宗義智、家康の国書を偽造し朝鮮に送る。12・8 慶長通宝の鋳造、永楽銭の通用停止。
一六〇七	一二	7・3 家康、駿府城の完成により伏見より移る。
一六〇九	一四	1月 家康、秀頼に方広寺大仏殿再建を勧言。4・5 島津軍、首里城を攻略。5・30 オランダ船、平戸に入港、通商を要求。6・28 宗氏、朝鮮と己酉条約を結ぶ。6月 官女密通事件起こる。7・7 琉球、島津氏の所領となる。7・25 オランダ船に貿易を許可。8月 オランダ、平戸に商館を建設。12・12 有馬晴信、ポルトガル船を撃沈、ポルトガルとの通商が途絶える。
一六一〇	一五	5月 家康、前年難破したフィリピン前臨時総督ビベロにウイリアム・アダムス建造の黒船を与え、メキシコに送る。8・8 島津家久、尚寧を伴い、家康に謁見、次いで28日、秀忠に謁見。
一六一一	一六	3・27 後陽成天皇譲位。3・28 家康上洛し、二条城で秀頼と会見。4・12 後水尾天皇即位。4・12 家康、在京の諸大名に三か条の条令に誓約させる。7・15 家康、ポルトガルの使節に会い、貿易許可。11・28 明国商人に長崎での貿易許可。
一六一二	一七	1・5 家康、東国諸大名に三か条の条令に誓紙を提出させる。3・21 岡本大八を処刑。キリシタン禁令が出される。
一六一三	一八	6・16 家康、「紫衣法度」「公家衆法度」を伝奏に申し渡す。9・1 家康、イギリスに通商を許可。9・15 遣欧使節支倉常長、出発。12・23 金地院崇伝「伴天連追放之文」を起草。
一六一四	一九	1・17 大久保忠隣、宣教師を長崎へ追放。7・26 方広寺鐘銘事件。9・24 幕府、高山右近・宣教師・信徒たちを日本から追放。10・1 大坂冬の陣。12・20 講和の誓紙をとりかわす。

西暦	和暦	事項
一六一五	元和元	4・6 大坂夏の陣。5・8 大坂城落城。秀頼、淀殿自害。閏6・13 一国一城令が出される。7・7「武家諸法度」公布。7・17「禁中并公家中諸法度」を下す。
一六一六	二	3・21 家康、太政大臣となる。4・17 家康没。7・16 家康へ東照大権現の神号勅許。8・8 中国以外の外国船来航を長崎・平戸に限定。
一六一七	三	4・8 竣工した日光東照社に家康の霊柩を移す。6・29 秀忠、上洛。8・26 朝鮮使節、伏見城で秀忠と謁見。後陽成上皇没。9月 秀忠、諸大名・公家・門跡に領知宛行状を与え、13日、江戸へ帰る。
一六一九	五	5・27 秀忠、上洛。6・2 福島正則改易。7~8月 大規模な大名転封。8・22 大坂を直轄とする。8・29 京都四条河原でキリシタン五二人を火刑。この年、菱垣廻船の開始。
一六二〇	六	1・23 大坂城の修築始まる。6・18 徳川和子入内。7・6 宣教師二人を乗せた平山常陳の朱印船拿捕、長崎奉行に連行される。8・26 支倉常長、帰国。
一六二一	七	7・27 幕府、武器輸出禁止など三項の命をイギリス、オランダ商館長に通達。9月 秀忠、シャム国使と引見、国書に答える。
一六二二	八	7・13 宣教師二人と平山常陳を処刑。8・5 宣教師ら五五人を長崎西坂で処刑（元和の大殉教）。10・1 本多正純改易。
一六二三	九	6・8 秀忠、上洛。7・27 家光、征夷大将軍。8・24 秀忠、禁裏御料一万石を献上、計二万石。閏8・1 秀忠、二条城にてシャム国使と引見。10・13 宣教師、原主水ら五〇人を江戸芝で火刑。11・13 イギリス、平戸商館を閉鎖。
一六二四	寛永元	3・24 幕府、スペインとの通商を拒絶。9・22 秀忠、本丸から西丸へ移る。11・3 家光、本丸へ移る。11・28 興子内親王（のちの明正天皇）誕生。和子、中宮となる。
一六二六	三	6・20 秀忠、上洛。8・2 家光、上洛。9・6 後水尾天皇、二条城行幸。9・12 秀忠、太

		政大臣、家光、左大臣。
一六二七	四	10・1 台湾総督ノイツ、家光の謁見叶わず江戸を発つ。
一六二八	五	5月 幕府、朱印船捕縛事件の報復として長崎入港のポルトガル船を抑留（ポルトガル貿易中断）。6・25 平戸に入港したオランダ船を抑留（オランダ貿易は一時途絶）。
一六二九	六	7・25 沢庵、玉室ら配流（紫衣事件）。9・6「武家諸法度」改定。10・10 家光の乳母福（春日局）天皇に拝謁。11・8 後水尾天皇、興子内親王に譲位。
一六三一	八	6・20 奉書船制度の実施。
一六三二	九	1・24 秀忠没。

あとがき

二〇数年前、『江戸幕府老中制形成過程の研究』（校倉書房、一九九〇年）を刊行した。その時、この本を贈った一人の研究者から、「こんなこともまだ研究がなかったのか」と言われたことがある。真意とは異なるかも知れないが、「江戸時代の政治史はこんなに遅れているのか」といわれたと受け取った。

一方、近年の近世史研究が分野別に深まるなか、そうした研究を読むとき、近世の政治史理解の貧弱さに驚くことがある。そこに示された理解は、高等学校の教科書のレベルである。それを非難するつもりはない。むしろそうした理解がいかに力を持っているか思い知らされた。しかし、近年の近世政治史研究の成果も捨てたものではないとの思いもあり、そうした成果を他分野・他時代の人びとにも共有していただきたいと思い、藤田覚さんから声を掛けていただいたのを機に、本シリーズの企画編集委員を引き受けた。

私ごとだが、最近「「惣無事」はあれど「惣無事令」はなし」（『史林』九三―三、二〇一〇年）という論文を書いた。内容は、藤木久志さんの「惣無事令」論の批判である。この論文では、氏の「惣無事令」論がいかなる史料を根拠に、またどのような過程を経て作り上げられたかを丹念に追うことで、氏の論が成り立たないことを論じた。しかし、そこでは自分自身がこの時代をどのように捉えているかをほとんど表現しえなかった。論点を絞ったことの宿命ではあったが。

この論文を藤木さんに送ったあと、その御返事に「ご批判をもとにして、どのような新しい立論が展開されるか、元に戻ってしまうのか、とても楽しみに思い期待しております」とのコメントがあった。言われるとおり、私自身の豊臣期像を提示する必要があった。それに応えようとして、本書と少し前に書いた『天皇の歴史5　天皇と天下人』（講談社、二〇一一年）がある。本書執筆を後押ししてくれた藤木さんのコメントに応ええたかは心許ないが、私なりのこの時期の時代像を政治史を中心に描きだしたつもりである。

本シリーズの当初の原稿締め切りは、二〇〇八年ころだったと思う。藤田さんは、ほぼ期限を守られて原稿を出された。それを見て慌てて本書の元となる原稿をひとまず書き上げたが、そのころ同じく吉川弘文館から刊行中であった『日本中世の歴史』シリーズ（全七巻、二〇〇九～二〇一〇年）の進行状況を睨んでいたこと、他の執筆者の原稿がなかなかそろわなかったことなどもあって、刊行開始は延び延びになっていた。その間に先にあげた『天皇と天下人』を書いたことで、元の原稿を大きく書き換えた。言い方は難しいが、本書の元があって『天皇と天下人』は書けたし、また『天皇と天下人』を書いたことで本書がこのような姿になったともいえる。私にとっては、二つの書はまさに姉妹編ともいうべきものである。

最後に、本書、本シリーズの刊行にあたって、吉川弘文館編集部の労に感謝したい。

二〇一一年九月二九日

藤井讓治

著者略歴

一九四七年　福井県に生まれる

一九七五年　京都大学大学院文学研究科博士課程修了、のち京都大学博士（文学）

現　在　京都大学名誉教授

〔主要著書〕

『天皇の歴史5　天皇と天下人』（講談社、二〇一一年）

『徳川将軍家領知宛行制の研究』（思文閣出版、二〇〇八年）

『幕藩領主の権力構造』（岩波書店、二〇〇二年）

『人物叢書　徳川家光』（吉川弘文館、一九九七年）

日本近世の歴史

日本近世の歴史1

天下人の時代

二〇一一年（平成二三）十一月十日　第一刷発行

二〇一七年（平成二九）四月一日　第二刷発行

著　者　藤《ふじ》井《い》譲《じょう》治《じ》

発行者　吉川道郎

発行所　株式会社　吉川弘文館

郵便番号一一三―〇〇三三

東京都文京区本郷七丁目二番八号

電話〇三―三八一三―九一五一〈代表〉

振替口座〇〇一〇〇―五―二四四

http://www.yoshikawa-k.co.jp/

印刷＝株式会社　三秀舎

製本＝誠製本株式会社

装幀＝河村　誠

ISBN978-4-642-06429-3

日本近世の歴史

刊行のことば

本シリーズは、織豊政権から始まり明治維新で終わる近世の歴史を、政治の流れを中心に最新の成果に基づいて叙述した通史である。

近世史研究は、政治史、社会史、経済史、対外関係史、思想史などの各分野ごとに深化、発展し大きな成果をあげてきた。ところが、政治史は政治史、社会史は社会史、経済史は経済史などと、あたかも独立した研究分野であるかのように没交渉であり、かつ他の分野の研究成果に無関心のまま研究を進めている。また政治史分野の研究は、いままでの通説的な理解を覆す多くの新たな成果を生みだしてきたが、近世前期と後期とが別個に行われ、近世全史を見通して研究がなされているとは思えない。その状況は、他の分野でも同様であるようにみえる。日本近世を対象とした現在の研究は、いくつもの部門史の管の寄せ集めでしかなく、しかも前期と後期では管が途中で詰まっているのが現状である。

これでは、部門史は発展してもいくつもの要素が有機的に結びついて成り立っている近世の全体像を描くことなどとてもできない。近世史研究の発展を図るためには、各部門史の研究の到達点を踏まえた総合的で通史的な書物が求められる。本シリーズは、対外関係史は当然のこととして、なるたけ社会史や経済史などの成果にも目配りしながらも、近世政治史研究の最新の到達点を平易に伝えることを目指して企画された。研究者のみならず一般読者が日本近世の全体像を豊かにするうえで、大きな寄与ができれば幸いである。

企画編集委員　藤田　覚
藤井讓治

日本近世の歴史

1 天下人の時代　藤井讓治著　2800円
2 将軍権力の確立　杣田善雄著　2800円
3 綱吉と吉宗　深井雅海著　2800円
4 田沼時代　藤田　覚著　2800円
5 開国前夜の世界　横山伊徳著　2800円
6 明治維新　青山忠正著　2800円

吉川弘文館（価格は税別）